Andreas Krenner

Die große Spielesammlung

für Schule und Jugendarbeit

300 Ideen für große und kleine Gruppen

aktualisierte Neuauflage

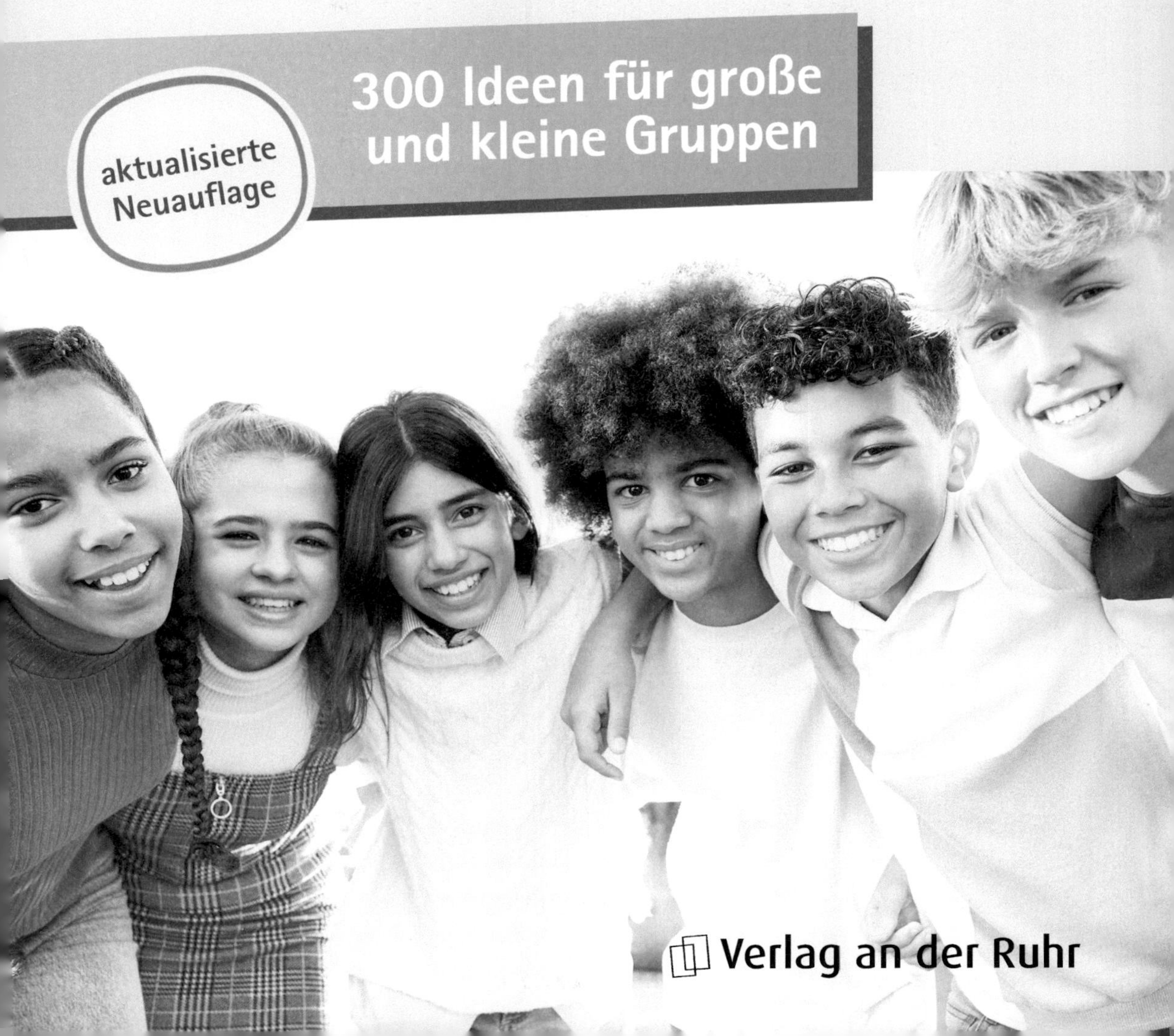

Verlag an der Ruhr

Impressum

Titel
Die große Spielesammlung für Schule und Jugendarbeit
300 Ideen für große und kleine Gruppen

Autor
Andreas Krenner

Umschlagmotiv
© Monkey Business Images – Shutterstock.com

Illustrationen
Icons im Innenteil: © Illerlok_xolms – Shutterstock.com

Druck
Heenemann GmbH & Co. KG, Berlin, DE

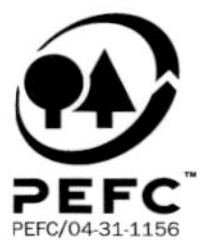

PEFC zertifiziert
Dieses Produkt stammt aus nachhaltig bewirtschafteten Wäldern und kontrollierten Quellen.
www.pefc.de

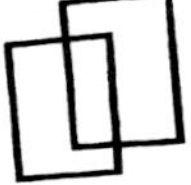

Verlag an der Ruhr
Mülheim an der Ruhr
www.verlagruhr.de

Geeignet für die Altersstufen 6–99

aktualisierte Neuauflage 2024
ISBN 978-3-8346-6678-9

Inhaltsverzeichnis

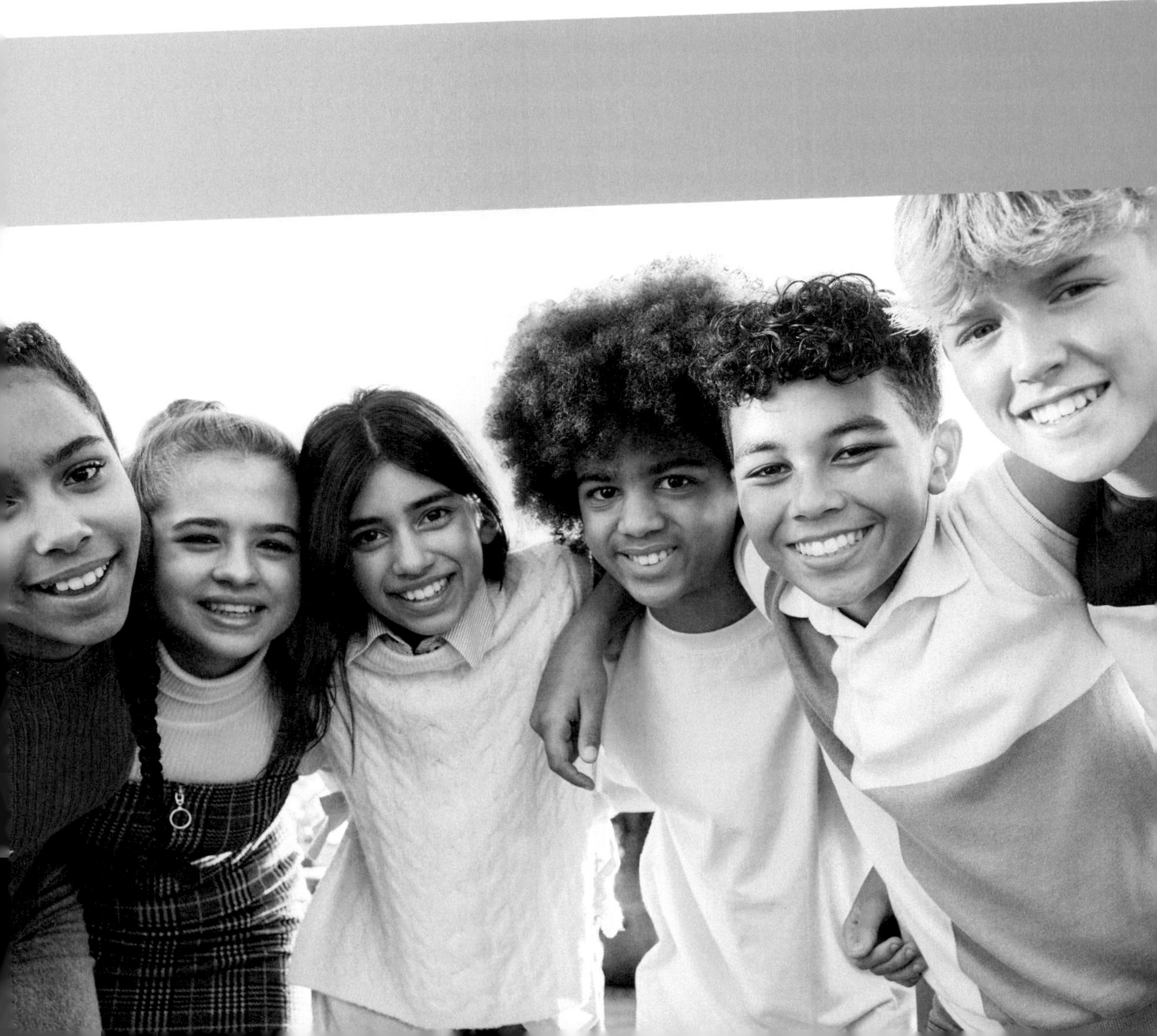

Vorwort

„Das Spiel ist ja eine Art Erholung, und der Erholung bedürfen wir darum, weil wir nicht in einem fort arbeiten können."

Wenn Sie diesen zeitlosen Satz lesen und innerlich zustimmend nicken, wird es Sie vielleicht etwas verwundern, zu hören, dass er vor über 2300 Jahren formuliert wurde. Er stammt von dem großen griechischen Philosophen Aristoteles und besitzt nach wie vor seine Gültigkeit.

Den Wunsch, schnell ein paar Spiele parat zu haben, die allen Spaß machen und nicht zu viel Material und Zeit benötigen, höre ich deshalb immer wieder bei meinen Workshops und Seminaren. Besonders gefragt sind dabei Ideen zu Themen wie „Soziales Lernen", „Konfliktregelung", „Kooperation", „Team und Gemeinschaft" – also im weitesten Sinne Angebote zur Gewaltprävention. Gern gehe ich dann auf diese Nachfragen ein und zeige den Kursteilnehmer*innen[1] ein paar passende Spiele aus meinem gesammelten Fundus. Daraus entstand die Idee, die beliebtesten Spiele zu sammeln und allen Interessierten in einem Buch zur Verfügung zu stellen. Herausgekommen ist dabei eine umfangreiche Fundgrube an Ideen, die Spiele aus allen Kategorien für jede Gelegenheit beinhaltet.

In der Umsetzung habe ich nun versucht, diese Spielesammlung so einfach und praxisnah wie möglich zu gestalten: Die Beschreibung beginnt jeweils mit kurzen Informationen zu Material, Ort, Anzahl der Teilnehmenden und Dauer der Spiele, dann folgt die kurze Beschreibung. Zur besseren Orientierung findet sich sowohl eine alphabetische Auflistung als auch eine Übersicht nach Spielkategorien im Anhang.

So hoffe ich, dass Sie möglichst viele Spiele dieses Buches in Ihren Spielgruppen ausprobieren – sei es in der Schule, im Verein, auf Ausflügen, Jugendfreizeiten oder bei einer Feier. Darüber hinaus wünsche ich mir, dass Sie und Ihre Teilnehmer*innen mit viel Motivation, Engagement und vor allem Freude an die Sache herangehen. Einen besonderen Dank möchte ich an dieser Stelle an meine Frau richten, die mich in meinem Ansinnen, dieses Buch zu schreiben, stets unterstützt hat. Sie war mir auch beim Überarbeiten der Erklärungen im Sinne der Vereinfachung und des besseren Verständnisses eine wichtige Hilfe. Auch von meinem Sohn Johannes habe ich wertvolle Tipps erhalten, die ebenfalls in diese Spielesammlung einfließen konnten.

Haben Sie viel Spaß mit den Spielen in diesem Buch!
Andreas Krenner

---

[1] Der Verlag an der Ruhr legt großen Wert auf eine geschlechtergerechte und inklusive Sprache. Daher nutzen wir neutrale Formulierungen oder das Gendersternchen, um alle Menschen unabhängig von Geschlecht oder Geschlechtsidentität einzuschließen. In Texten für Schüler*innen finden sich aus didaktischen Gründen neutrale Begriffe bzw. Doppelformen.

Theoretische Einführung

Gedanken zum Thema Spielen

> *„Beim Spiel kann man einen Menschen in einer Stunde besser kennenlernen als im Gespräch in einem Jahr."*
> *(Platon zugeschrieben)*

Zu Beginn möchte ich erläutern, warum Spielen ein enormes Förderpotenzial beinhaltet:

- **Spielen bedeutet Pause machen!**
  Pause von Schule, Arbeit, Alltag und Stress. Schon ein paar Minuten Spielen führen dazu, dass man abschalten und auf andere Gedanken kommen kann. Dies erhöht die Konzentrationsfähigkeit und Aufnahmebereitschaft.

- **Spiele bereiten Spaß!**
  Kinder können stundenlang miteinander spielen und es stellt sich die Frage, wo und wann diese Lust später verloren geht. Oft aber bedarf es nur ein paar einfacher Spiele, um auch aus Erwachsenen eine Gruppe von Menschen zu machen, die eine Menge Spaß am gemeinsamen Spiel haben können. Sehr treffend ist dazu ein Satz des Mediziners und Autors Oliver Wendell Holmes (1809–1894): „Der Mensch hört nicht auf, zu spielen, weil er älter wird. Er wird alt, weil er aufhört, zu spielen."

- **Spiele fördern die Konzentration!**
  Konzentrationsspiele schulen das Gedächtnis und fördern Denkfähigkeit und Aufmerksamkeit. Im besten Fall führen sie zu einem Abbau von Belastungen und Lernblockaden. Sie wirken sich aber auch positiv auf die Merk- und Lernfähigkeit von Jugendlichen und Erwachsenen aus.

- **Spiele fördern die Kreativität!**
  Im Spiel werden kreative Fähigkeiten zum Ausdruck gebracht, die Fantasie wird angeregt und die Wahrnehmungsfähigkeit gefördert. Im weitesten Sinne kann man Kreativität als Basiskompetenz für die Bewältigung der Probleme im Alltag ansehen. Es geht aber natürlich auch um den schöpferischen Prozess, um das Schaffen von Neuem.

- **Spiele fördern die Interaktion!**
  Gemeinsames Spielen bedarf einer Gruppe von Menschen und trainiert dabei das Sozialverhalten. Schließlich geht es um das Miteinander, um Zusammenarbeit und Teamfähigkeit, also Kompetenzen, die in der heutigen Zeit von besonderer Wichtigkeit sind.

➲ Spielen hilft, Aggressionen abzubauen!
Natürlich treten beim Spielen auch Konflikte auf und manchmal erlebt man Frustration. Im spielerischen Umgang damit kann es aber gelingen, Lösungsstrategien und Konfliktbewältigungsmodelle zu entwickeln, die im weiteren Leben hilfreich sind. Man lernt, mit Enttäuschung und Misserfolg umzugehen. Aber nicht nur das: Aggressionen und Wut können zudem gezielt und kontrolliert abgebaut werden.

➲ Spielen bedeutet Erwerb unterschiedlichster Kompetenzen!
Durch das Spiel wird die soziale, emotionale und kommunikative Kompetenz verbessert. Nicht nur die Fähigkeit, sich neuen Problemen zu stellen, sondern auch Toleranz, Einfühlungsvermögen und der Aufbau von Verständnis für die Menschen in der eigenen Umwelt werden gefördert.

➲ Spielen bedeutet Lernen!
Wir alle kennen den Ausdruck des „spielerischen Lernens" – man lernt gewissermaßen nebenbei. Auch bei diesen Spielen werden Kompetenzen gefördert, ohne dass der Lerneffekt im Mittelpunkt steht.

➲ Spielen bedeutet Persönlichkeitsentwicklung!
Im Spiel gehen Menschen oft über ihre Grenzen hinaus, es kommt zu einer Zunahme an Selbstvertrauen und Selbstbestätigung. Durch positive Erlebnisse im Spiel und durch die Erfahrung von Gemeinschaft kann das Selbstwertgefühl gehoben werden.

➲ Spielen bedeutet sinnvolle Freizeitbeschäftigung!
Mit den Spielen fördern Sie aktives Tun statt Passivität, d. h. aktive Lebensgestaltung anstelle von PC, TV und Smartphone!

Tipps für die Spielleitung

Bevor Sie die Spiele ausprobieren, sollten Sie einige generelle Hinweise beachten:

- **Spiele haben Regeln**. Erklären Sie diese den Teilnehmer*innen möglichst einfach und verständlich, sodass alle sie zu Beginn des Spiels verstanden haben. Wenden Sie die Regeln konsequent an und ändern Sie sie nicht im Verlauf einer Spielrunde.
- **Spielregeln sind nicht sakrosankt!** Sie sollen nach Bedarf, Lust und Laune abgeändert werden. Nehmen Sie Meinungen, Ideen und Vorschläge der „Spielexpert*innen", d. h. der Teilnehmer*innen, auf – auch wenn Sie meinen, dass sie nicht funktionieren! Probieren geht über Studieren! Oft wird aus einer Variation ein neues, lustiges Spiel, das vielleicht besser ist als das Original.
- Als **Spielleitung** sollten Sie allein schon wegen der Vorbildwirkung, **soweit es geht, selbst mitspielen**. Leben Sie die Lust zum Spielen vor, denn Authentizität bewirkt Autorität!
- **Wählen Sie die Spiele nach Verfügbarkeit der Zeit und Stimmungslage der Gruppe aus** bzw. passen Sie diese der jeweiligen Gruppe an.
- **Bieten Sie Spiele aus verschiedensten Bereichen an**. Abwechslung erhöht die Attraktivität der Spielzeit.
- **Erfinden Sie eine „Geschichte" rund um ein Spiel**. Die Teilnehmer*innen werden es Ihnen mit noch mehr Motivation danken.
- Führen Sie ein Spiel nicht zu lange durch bzw. spielen Sie es nicht „zu Tode", sonst verliert auch die beste Idee ihren Reiz. **Beenden Sie Spiele generell also lieber zu früh als zu spät**.
- Obwohl die meisten Menschen gern spielen und kaum jemand einmal ein Spiel verweigert bzw. eine Runde aussetzt, sollte auch das gestattet sein. **Jemanden zum Spielen zu zwingen, ergibt wenig Sinn**. Besser ist es, diese Person als Aufpasser*in, Schiedsrichter*in oder Helfer*in einzusetzen.
- Wichtig ist es, Kindern und Jugendlichen klarzumachen, dass Spiele in erster Linie Spaß machen sollen. Diskussionen um Gruppeneinteilungen, Reihenfolge der Spieler*innen o. Ä. stören nur. Erklären Sie den Teilnehmer*innen: **Streiten bedeutet Spielzeitverlust!**
- **Bei Spielen, bei denen die Teilnehmer*innen die Augen schließen müssen, verwende ich nur selten Augenbinden**. Ich habe die Erfahrung gemacht, dass sich die meisten Kinder und Jugendlichen daran halten, wenn es heißt, die Augen geschlossen zu halten. Meist genügt der Hinweis, dass man sich selbst den Spielreiz nimmt, wenn man dagegen verstößt. Die Entscheidung liegt aber letztlich bei Ihnen. Sie hängt auch stark von der Gruppe ab. Wichtig ist, dass man von einfachen Übungen ausgeht und den Schwierigkeitsgrad erhöht. Gerade bei solchen Spielen darf es keine Toleranz von Undiszipliniertheiten geben, denn hierbei steht Vertrauen an oberster Stelle.

Aufbau und Kennzeichnung der Spielesammlung

⁂ Art der Spiele und Übungen

Sie können aus einem Fundus an Kooperations-, Team-, Bewegungs-, Aufwärm-, Reaktions-, Geschicklichkeits-, Vertrauens- und Kennenlernspielen ebenso schöpfen wie aus einer Fülle an Wahrnehmungs-, Sinnes-, Stille-, Entspannungs- und Konzentrationsübungen. Außerdem gibt es Spiele „just for fun" sowie Übungen zum Aggressionsabbau oder zur Förderung von Kreativität und Fantasie.
Für die meisten Spiele treffen mehrere Bereiche zu, die als **Spielkategorie** angegeben sind.

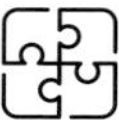

KO ➔ **Kooperation und Kommunikation**
Gemeinschaft, Team und Miteinander
Persönlichkeitsstärkung, Kommunikation, Konfliktbearbeitung

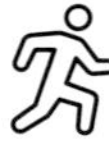

BE ➔ **Bewegung**
Bewegung und Aufwärmen
Reaktion und Geschicklichkeit
Körpererfahrung

FUN ➔ **„Just for fun"**
Spiel und Spaß
Nonsens

WN ➔ **Wahrnehmung**
Vertrauen, Sensibilisierung
Sinnes-, Stille- und Energieübungen
Entspannung und Aggressionsabbau

KR ➔ **Kreativität**
Fantasie
Darstellen und Improvisation

KT ➔ **Konzentration**
Denk- und Merkfähigkeit
Aufmerksamkeit

KL ➔ **Kennenlernen**
miteinander bekannt werden

⁘ Auswahl

Sie als Lehrkraft, Erzieher*in, Mitarbeiter*in im Verein usw. entscheiden zunächst, was Ihre Intention ist, wie lange Sie spielen wollen und mit wie vielen Personen. Sie sind der Experte bzw. die Expertin für Ihre Gruppe und wissen am besten, was diese braucht. Durch die Einteilung der Spiele in verschiedenste Kategorien können Sie dann schnell und flexibel eine Auswahl passender Spiele treffen. Die Suche ist dabei sehr einfach: Die Spiele sind in alphabetischer Reihenfolge sortiert, im Anhang finden Sie dazu eine passende Übersicht. Zusätzlich finden Sie die Spiele dort noch einmal nach den unterschiedlichen Kategorien geordnet abgedruckt, sodass Sie auch gezielt nach Spielen suchen können, wenn Sie eine bestimmte Fähigkeit trainieren wollen, eine neue Gruppe kennenlernen wollen usw.

⁘ Einfachheit

Die Spielanleitungen sind kurz und verständlich gehalten und durch eine einfache Gliederung leicht nachvollziehbar. Sie brauchen wenig bis gar keine Vorbereitungszeit, weshalb die Mehrzahl der Spiele auch spontan durchführbar ist.

⁘ Materialbedarf

Das benötigte Material beschränkt sich auf ein Minimum. So kommen ca. zwei Drittel aller Spiele gänzlich ohne Materialien aus. Beim Großteil der anderen Spiele benötigen Sie einfache Gegenstände, wie einen Ball, Stühle, Augenbinden, eine Münze, Zettel und Stifte, Kärtchen, Luftballons oder Musik. Nur ganz wenige Spiele bedürfen eines etwas größeren Aufwands.

⁘ Dauer

Die meisten dieser einfachen Spiele für zwischendurch dauern ca. zehn Minuten. Dies kann jedoch je nach Gruppengröße und Alter der Teilnehmer*innen etwas variieren. Steht neben der Zahl daher ein Plus (z. B. „10 Min. +"), bedeutet das, dass das Spiel zehn Minuten und länger dauert, die Zeit ist also eine Mindestangabe. Einige Spiele erfordern mehr Zeit, sodass sie sich weniger zum spontanen Spielen, sondern eher zum geplanten Einsatz eignen.

⁘ Ort und Raum

Prinzipiell genügt in den meisten Fällen ein normaler Seminar- oder Klassenraum. In einigen Fällen (v. a. bei den Bewegungsspielen) ist das Ausweichen in eine Turnhalle oder nach draußen von Vorteil.

∴ Alter

Die meisten Spiele sind für 6- bis 99-Jährige. Es liegt auch hier wieder an Ihrem Gespür, welches Spiel wo, wann und wie passend ist. Hierbei müssen Sie auch beachten, dass sich die Dauer eines Spiels verändern kann, wenn z. B. bei jüngeren Teilnehmer*innen der Erklärungs- oder Übungsbedarf größer ist als bei älteren Gruppenmitgliedern.

∴ Anzahl der Teilnehmer*innen

Die angegebene Anzahl der Teilnehmer*innen ist nur als Richtwert zu betrachten, auch hier können Sie aufgrund Ihrer Erfahrung die Zahl individuell anpassen. Bei den meisten Spielen ist die Mindestanzahl an Mitspieler*innen angegeben. Achten Sie auch darauf, ob eine gerade oder ungerade Zahl an Spieler*innen notwendig ist. Ggf. müssen Sie dann selbst mitspielen, eine Person setzt aus o. Ä.

Abfaller rückwärts

- **Spielkategorie:**
- **Ort:** Klasse, Seminarraum, Turnhalle
- **Material:** 1 Tisch oder 1 Turnkasten
- **Teilnehmende:** 10 +
- **Dauer:** 20 Min. +

So geht's

Diese Kooperationsaufgabe und Vertrauensübung stellt eine echte Mutprobe dar! Sie sollten das Spiel nur mit Gruppen durchführen, die Sie sehr gut kennen und auf die Sie sich absolut verlassen können.

1. Die Teilnehmer*innen nehmen Uhren und Ringe ab.
2. Dann stellen sie sich paarweise am Ende eines Tisches oder Turnkastens mit dem Gesicht zueinander in zwei Reihen auf.
3. Die zwei Personen, die ein Paar bilden, halten sich nun an den Unterarmen oder Handgelenken des jeweiligen Partners bzw. der jeweiligen Partnerin fest oder nutzen den Rautekgriff (eine Hand am eigenen Unterarm, die freie Hand an den angewinkelten Unterarm des Partners bzw. der Partnerin gegenüber), sodass eine feste Verbindung entsteht. Den Kopf strecken sie leicht nach hinten.
4. Eine Person stellt sich mit dem Rücken zur Gruppe auf das Tisch- oder Turnkasten-Ende. Bevor sie sich fallen lässt, fragt sie nach, ob alle bereit sind für diese Mutprobe: Ready? – Yes!
5. Dann lässt sich die Person, gestreckt und gespannt, rückwärts in das Netz der anderen Spieler*innen fallen. Wichtig ist, dass sie alle Muskeln anspannt, Hände und Arme anlegt und nicht in der Hüfte abknickt. Ansonsten liegt das Hauptgewicht beim Po und wenn das Netz der Gruppe nicht stabil genug ist, kann die fallende Person durchrutschen.

Anmerkungen

- Scherze oder Blödeleien dürfen bei diesem Spiel auf gar keinen Fall geduldet werden. Alle Gruppenmitglieder müssen konzentriert und bei der Sache sein, weil sie für die Sicherheit der fallenden Person verantwortlich sind!
- Ich habe diese Übung schon oft mit Gruppen, die ich für vertrauensvoll genug gehalten habe, probiert und nur gute Erfahrungen gemacht. Es gibt immer ein paar Mutige, die die Übung vorzeigen wollen und dann den anderen Teilnehmer*innen die Angst nehmen. Natürlich ist es legitim, wenn jemand auf diese Mutprobe verzichten will, aber ermutigen Sie als Spielleitung alle, sich an die Übung heranzuwagen. Es ist durchaus anzuraten, dass auch Sie dieses Wagnis eingehen, wenn es die Gruppe einfordert. Tun Sie es, Sie werden von Ihrer Gruppe ganz bestimmt aufgefangen werden.

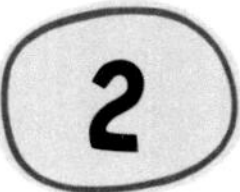

Abschied am Bahnhof

- **Spielkategorie:** ♡
- **Material:** keines, evtl. Augenbinden
- **Dauer:** 10 Min. +
- **Ort:** überall
- **Teilnehmende:** 10 +

So geht's

Ein anfänglich trauriges Ereignis endet in einem heillosen Durcheinander.

1. Es werden Paare gebildet, die sich, im Raum verteilt, gegenüberstehen.
2. Sie erzählen, dass eine der beiden Personen den besten Freund bzw. die beste Freundin und die Stadt verlassen muss. Die Freund*innen haben ihre ganze Kindheit und Jugend miteinander verbracht, doch nun sehen sie sich zum letzten Mal. Und so stehen sie jetzt am Bahnhof, wo der Zug in Kürze abfahren wird.
3. Sie fordern die Paare auf, sich Lebewohl zu sagen. Es kommt zu einer innigen Verabschiedung. Danach schließen alle Gruppenmitglieder auf Ihre Anweisung hin die Augen.
4. Dann trennen Sie die Paare, indem Sie je eine Person wegführen und irgendwo im Raum stehen lassen, sodass alle Teilnehmer*innen gut verteilt sind. Währenddessen erzählen Sie, dass der Zug nun langsam anfährt und man sich noch zuwinkt. Aus irgendeinem Grund bleibt der Zug aber nach kurzer Zeit plötzlich stehen und alle müssen wieder aussteigen. So bietet sich noch einmal die Chance, den Freund bzw. die Freundin zu sehen.
5. Alle beginnen nun, laut und mit noch immer geschlossenen Augen den Namen des Partners bzw. der Partnerin zu rufen. Die Paare versuchen, sich in diesem Tumult wiederzufinden.
6. Wenn sich die Paare gefunden haben, dürfen sie die Augen wieder öffnen. Sie sollten ihrer Freude nur kurz Ausdruck verleihen, wenn die anderen Gruppenmitglieder noch auf der Suche nach ihrem Partner bzw. ihrer Partnerin sind.

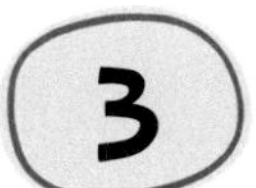

Acapulco-Sprung

- **Spielkategorie:**
- **Material:** keines, evtl. 1 Langbank
- **Dauer:** 15 Min. +
- **Ort:** überall
- **Teilnehmende:** 10 +

So geht's

Diese Kooperationsaufgabe und Vertrauensübung kann vor dem „Abfaller rückwärts" stehen, weil sie nicht so viel Mut erfordert.

1. Die Teilnehmer*innen nehmen Uhren und Ringe ab.
2. Dann stellen sie sich paarweise mit dem Gesicht zueinander auf. Die Teilnehmer*innen stehen also in zwei Reihen, eng aneinandergerückt.
3. Die Personen, die ein Paar bilden, halten sich nun an den Unterarmen oder Handgelenken des jeweiligen Partners bzw. der jeweiligen Partnerin fest oder nutzen den Rautekgriff (eine Hand am eigenen Unterarm, die freie Hand an den angewinkelten Unterarm des Partners bzw. der Partnerin gegenüber), sodass eine richtig feste Verbindung entsteht. Den Kopf halten sie leicht nach hinten.
4. Die Person, die dran ist, fragt kurz bei der Gruppe nach, ob diese bereit ist, und dann geht es los mit dem Acapulco-Sprung.
5. Die springende Person nimmt Anlauf und springt mit den Armen nach vorn in das Armgeflecht der Gruppe.

Anmerkung

In der Turnhalle kann man zur Vereinfachung eine leichte Erhöhung, wie z. B. eine Langbank oder ein Sprungbrett, verwenden, von der die Person abspringt, sodass diese etwas höher kommt.

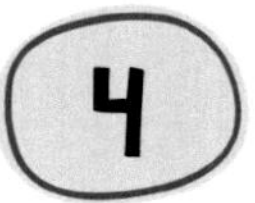

Adams Zeigefinger

- **Spielkategorie:** 
- **Material:** keines
- **Dauer:** 10 Min +
- **Ort:** größerer Raum, Turnhalle
- **Teilnehmende:** 10 +

So geht's

Michelangelos Meisterwerk gilt als Inspiration für dieses Spiel, bei dem alle mit ihren Zeigefingern zu einer Kette verbunden werden müssen.

1. Alle Teilnehmer*innen stehen im Raum verteilt und bewegen sich nicht.
2. Eine Person wird zum Adam erkoren oder meldet sich freiwillig.
3. Sie geht gemächlich durch den Raum und berührt irgendwann den Zeigefinger von jemand anderem.
4. Dieses Gruppenmitglied wurde nun ebenfalls „erschaffen" und so gehen die beiden ab diesem Zeitpunkt und auf diese Weise verbunden als Paar herum.
5. Beiden ist es erlaubt, andere in die „Erschaffungskette" miteinzugliedern. Wichtig ist, dass man sehr gefühlvoll und rücksichtsvoll agiert, damit die Kette nicht abreißt.
6. Dieser Prozess dauert so lange, bis sich alle mit den Zeigefingerspitzen berühren und langsam durch den Raum wandern.

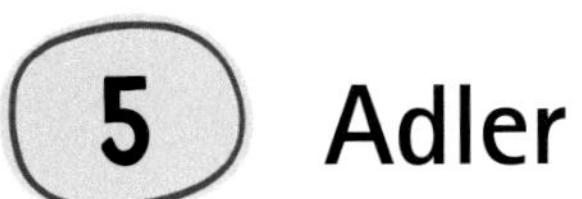

5 Adler

- **Spielkategorie:**
- **Material:** Decken oder Matten
- **Dauer:** 15 Min. +
- **Ort:** überall
- **Teilnehmende:** 9 +

So geht's

Der „Adler" ist eine besonders angenehme Abschluss- und Konzentrationsübung, die den Gruppenmitgliedern ein Gefühl von Wärme und Vertrauen vermittelt und die Erfahrung von Schwerelosigkeit bzw. Fliegen ermöglicht.

1. Es werden Gruppen mit ca. neun Personen gebildet. Stellen Sie jeder Gruppe eine Decke oder Matte zur Verfügung, auf die sich eine Person mit geschlossenen Augen in Bauchlage legen kann.
2. Die anderen acht Gruppenmitglieder knien rundherum und reiben ihre Handflächen. Wenn Sie das Kommando „Auflegen!" geben, platzieren alle gleichzeitig ihre warmen Handflächen sanft auf dem Rücken der liegenden Person.
3. Das nächste Kommando lautet „Druck!". Die Gruppenmitglieder beobachten den Atemrhythmus der Person unter sich und üben bei jedem Ausatmen einen gleichmäßigen Druck auf den Rücken aus. Beim Einatmen wird der Druck wieder vermindert und die Hände liegen wie am Anfang locker auf dem Rücken. Die Gruppe reagiert also einige Zeit lang auf den Atemrhythmus mit Druck und Lockerlassen.
4. Dies geht so lange, bis Ihre nächste Anweisung kommt: „Loslösen!" bedeutet, dass alle Gruppenmitglieder gleichzeitig ihre Handflächen vom Rücken der liegenden Person nehmen.
5. Nun greifen alle unter den Körper der liegenden Person, heben sie sehr schnell hoch (ohne Decke oder Matte!) und senken sie wieder bis knapp über den Boden ab. Einige Wiederholungen vermitteln das Gefühl des Fliegens. Bei dieser Übung ist darauf zu achten, dass der Kopf der liegenden Person beim Absenken den Boden nicht berührt! Es sollte ein Gruppenmitglied bestimmt werden, welches das im Blick behält.

Anmerkung

Voraussetzung für diese Übung sind höchste Konzentration, Behutsamkeit und Ruhe. Außerdem bedarf es einer guten, vertrauensvollen Atmosphäre innerhalb der Gruppe.

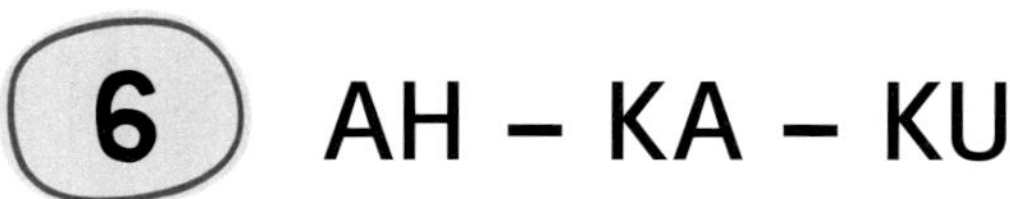

6 AH – KA – KU

- **Spielkategorie:**
- **Material:** keines
- **Dauer:** 10 Min. +
- **Ort:** überall
- **Teilnehmende:** 8 +

So geht's

Hinter der Abkürzung verbirgt sich eine einfache Konzentrationsübung mit erweiterbaren Möglichkeiten.

1. Die Teilnehmer*innen stehen im Kreis und haben die Aufgabe, die Laute „AH", „KA" und „KU" in Verbindung mit einfachen Bewegungen in einer fixen Abfolge schnell weiterzugeben.
2. Person 1 ruft „AH" und legt eine Hand flach auf die Stirn. Je nachdem, ob die Finger nach rechts oder links zeigen, ist das Gruppenmitglied links oder rechts davon (Person 2) an der Reihe.
3. Person 2 ruft „KA" und legt die flache Hand auf ihre Brust. Je nachdem, ob sie die linke oder rechte Hand genommen hat, ist das danebenstehende Gruppenmitglied dran, auf das die Finger zeigen.
4. Person 3 ruft „KU" und deutet mit ausgestreckter Hand auf irgendein Gruppenmitglied im Kreis.
5. Es folgt die nächste Dreier-Kombination, also wieder „AH – KA – KU", und dann geht das Spiel weiter, bis jemand einen Fehler macht. Mit der Zeit wird die Abfolge schneller und es entwickelt sich eine schöne Dynamik.

Varianten

- Bei einer großen Gruppe kann man auch mit Ausscheiden spielen. Eventuell können dabei die Teilnehmer*innen, die nicht mehr im Spiel sind, die anderen durch falsches Vorsagen stören und das Spiel so schwieriger machen.
- Erweiterung und Kombination mit anderen Konzentrationsspielen, wie „Yin – Yang-Schweigen" und „Bu – Shi – Dō" usw., sind möglich. Ein Wechsel von einer Dreier-Serie zur anderen kann erst dann durchgeführt werden, wenn eine der Serien abgeschlossen ist. Bsp.: Yin – Yang – Schweigen --> Ah – Ka – Ku --> Ah – Ka – Ku (man kann wechseln, muss aber nicht!) --> Bu – Shi – Dō ...

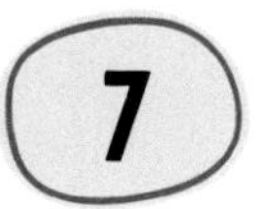

Aliens unter uns!

- **Spielkategorie:**
- **Material:** keines
- **Dauer:** 10 Min. +
- **Ort:** größerer Raum, Turnhalle
- **Teilnehmende:** 10 +

So geht's

Ein extrem gefährliches Alien ist auf der Erde gelandet. Das Problem ist, dass es lange unerkannt bleibt und dann blitzschnell zuschlägt, um den einen oder anderen Menschen zu genießen.

1. Die Teilnehmer*innen schließen die Augen. Sie als Spielleitung wählen eine Person aus, klopfen ihr auf die Schulter und machen sie so zum Alien. Anschließend dürfen die Teilnehmer*innen die Augen wieder öffnen.
2. Dann eröffnen Sie das Spiel, indem Sie erzählen, dass ein Alien unerkannt unter den Gruppenmitgliedern weilt, aber bald blitzartig zuschlagen und einen Menschen „fressen" wird. Die Person, die von Ihnen zum Alien ernannt wurde, setzt diese Anweisung um und fängt ein Gruppenmitglied per Handschlag.
3. Die gefangene Person wird nun Teil des Aliens. Zu diesem Zweck gibt sie dem Alien die Hand. Sie sind von nun an zu zweit unterwegs, um weitere Opfer zu finden und somit zu wachsen. Das Abschlagen von weiteren Gruppenmitgliedern ist ihnen nur mit den äußersten Händen möglich, da die beiden anderen Hände ja zusammenhängen.
4. Die Kette des Aliens wird länger und länger, bis irgendwann alle Gruppenmitglieder gefangen sind.
5. Das Durchbrechen der Kette oder das Durchschlüpfen ist nicht erlaubt.

Variante

Sobald eine Kette aus vier Personen besteht, teilt sich das Alien und es laufen zwei Zweiergruppen herum. Der Vorteil dieser Variante ist, dass die Ketten nicht so leicht „zerreißen".

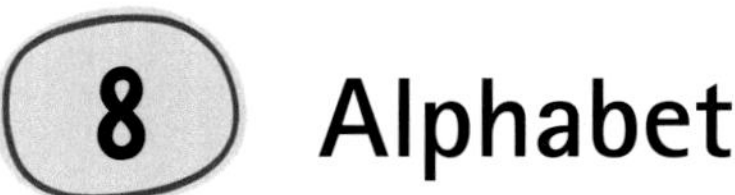

8 Alphabet

- **Spielkategorie:**
- **Material:** 1 längeres Seil
- **Dauer:** 10 Min. +
- **Ort:** überall
- **Teilnehmende:** 8 +

So geht's

Die Teilnehmer*innen formen das Alphabet, indem sie mit geschlossenen Augen versuchen, Buchstaben mit einem Seil nachzubilden.

1. Die Gruppenmitglieder stehen im Kreis und halten ein langes Seil fest.
2. Alle schließen die Augen. Sie als Spielleitung nennen einen Buchstaben.
3. Die Gruppe versucht nun, diesen mit geschlossenen Augen mit dem Seil zu formen. Sprechen und Kooperieren ist hier natürlich erlaubt und notwendig, um die Aufgabe zu bewältigen.

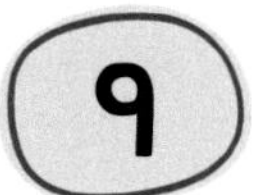

And the Oscar goes to ...

- **Spielkategorie:** ☺ 💡
- **Material:** Papier, kleine Zettel, Stifte
- **Dauer:** 45 Min. +
- **Ort:** Klasse, Seminarraum
- **Teilnehmende:** 10 +

So geht's

So kreieren Sie Hollywood-Feeling in der Klasse, einzig der rote Teppich fehlt.

1. Sie schreiben die Namen aller Gruppenmitglieder auf kleine Zettel. Alle ziehen einen davon.
2. In etwa fünf Minuten soll nun jedes Gruppenmitglied in ein paar Sätzen schriftlich begründen, weshalb die Person, die ihm zugeteilt wurde, es verdient hat, den Oscar zu erhalten. Dies kann auf Grundlage von tatsächlichen Stärken oder Fähigkeiten geschehen oder mittels ganz banaler Dinge bzw. kreativer, lustiger Einfälle: das schönste Lächeln, die beste Freundin, kann sich großartig über Sachen aufregen usw.
3. Im Anschluss beginnt eine Person mit der ersten Oscar-Verleihung. Wenn zuerst die Begründung vorgelesen wird und erst danach die Nennung des Namens erfolgt, besteht für die anderen die Möglichkeit, mitzuraten, um wen es sich handeln könnte.
4. Die aufgerufene Person kommt nach vorn, bedankt sich mit ein bis zwei Sätzen und macht weiter mit der nächsten Verleihung.

Anmerkung

Wenn die Gruppe nicht zu groß ist, kann man für jedes Gruppenmitglied eine kleine Oscar-Statue kaufen (im Online-Handel pro Stück für ein bis zwei Euro erhältlich).

„Anders" kennenlernen

- **Spielkategorie:**
- **Material:** Musik
- **Dauer:** 10 Min. +
- **Ort:** überall
- **Teilnehmende:** 10

So geht's

Das Spiel ist eine schräge Kennenlernübung.

1. Die Teilnehmer*innen gehen zur Musik durch den Raum.
2. Immer wenn Sie die Musik stoppen, grüßen die Gruppenmitglieder die nächstbeste Person mit Handschlag, sagen: „Gestatten: Anders ..." und fügen den eigenen Vornamen an (z. B.: „... Anders Kim"). Treffen dabei zwei Personen aufeinander, deren Vorname mit dem gleichen Buchstaben beginnt, dann klatschen sie die Hände des Partners bzw. der Partnerin ab und rufen erfreut: „We are the champions!"
3. Sie bringen immer wieder neue Vorstellungsaufgaben ein, z. B. „Anders + Hausnummer", „Anders + Schuhgröße", „Anders + Hobby" usw. Das Rufen wiederholt sich, wenn zwei Personen beim Begrüßen das gleiche Merkmal nennen.

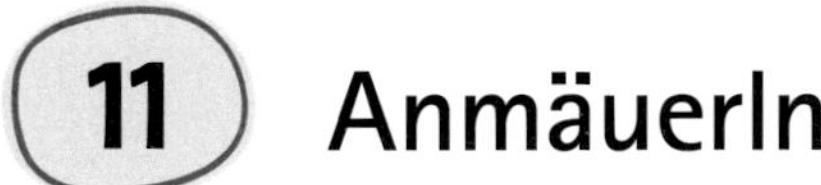

11 Anmäuerln

- **Spielkategorie:** ☺
- **Material:** Münzen, Knöpfe, runde Steine o. Ä.
- **Dauer:** 5 Min. +
- **Ort:** überall, wo eine Wand ist
- **Teilnehmende:** 2 +

So geht's

Dieses Spiel hat viele regional unterschiedliche Namen, wie z. B. „Fuchsen", und ist leider zu Unrecht in Vergessenheit geraten. Die Regeln sind bei diesem Spiel variabel und abhängig vom Ort.

1. Alle Gruppenmitglieder erhalten die gleiche Anzahl an Münzen, Knöpfen o. Ä.
2. Die Teilnehmer*innen stehen hinter einer Abwurflinie im Abstand von etwa anderthalb bis drei Metern zu einer Wand.
3. Dann werfen alle nacheinander ihre Münzen an die Wand.
4. Die Person, deren Münze am nächsten an der Wand liegt, hat gewonnen und darf alle geworfenen Münzen behalten. Dann startet die nächste Runde.
5. Wer keine Münze mehr hat, scheidet aus.

12 Anti-„Hans im Glück"

- **Spielkategorie:**
- **Material:** 1 Gegenstand pro Team
- **Dauer:** 60 Min. +
- **Ort:** z. B. Fußgängerzone
- **Teilnehmende:** 10 +

So geht's

Diese ein- bis zweistündige Teamaufgabe ist praktisch die Umkehr des Märchens „Hans im Glück", in dem der arme Bauernbursche bei jedem Tauschhandel verliert.

1. Die Teilnehmer*innen werden zu Beginn in beliebig große Teams eingeteilt und jede Gruppe erhält denselben Gegenstand (z. B. einen Apfel).
2. Die Aufgabe der Teams besteht nun darin, den Gegenstand in der Bevölkerung gegen einen größeren oder besseren einzutauschen.
3. Dieser neue Gegenstand soll natürlich wieder gegen etwas anderes eingetauscht werden usw.
4. Das Team, das nach der vorgegebenen Zeit mit dem größten bzw. tollsten Gegenstand zurückkehrt, hat gewonnen.

Arbeit am Vokal

- **Spielkategorie:**
- **Material:** keines
- **Dauer:** 10 Min. +
- **Ort:** überall
- **Teilnehmende:** 10 +

So geht's

Dies ist ein witziges, flottes Spiel für zwischendurch mit der Möglichkeit zur kreativen Erweiterung.

1. Alle Teilnehmer*innen stehen im Kreis.
2. Vor Beginn des Spiels werden die Vokale besprochen: A, E, I, O und U.
3. Anschließend führen Sie zunächst eine Bewegung für das „A" ein. Dazu zeigen Sie mit der linken Hand auf die Person links neben sich und sagen dabei „A". Das geht dann so reihum, bis alle Gruppenmitglieder einmal dran waren.
4. Jetzt kommt das „O" ins Spiel. Dabei zeigen Sie mit der rechten Hand auf die Person rechts von sich und sagen dazu „O". Auch das geht einmal reihum.
5. Als Zwischenphase beginnen Sie nun damit, das „A" nach links zu geben und das „O" nach rechts. Schwierigkeiten wird es anfangs vielleicht dort geben, wo sich die beiden Vokale treffen.
6. Schließlich wird das „U" (zuerst isoliert üben!) eingeführt. Während Sie „U" sagen, gehen Sie mit (schlafwandlerisch) ausgestreckten Armen auf eine Lücke zwischen zwei Gruppenmitgliedern zu und stellen sich zwischen die beiden Personen. Nun beginnt die Person rechts von Ihnen, die Bewegung zum „U" auszuführen, d. h., auch sie sagt „U" und wechselt dabei den Platz.
7. Schließlich werden „A", „O" und „U" gleichzeitig ins Spiel gebracht, was einigermaßen fordernd ist.
8. Wenn die Gruppe auch das gemeistert hat, können Sie sich gemeinsam mit den Teilnehmer*innen überlegen, wie man das „E" und das „I" einbauen könnte. Dabei sind die Ideen aller gefragt und die Entscheidung obliegt der Gruppe.

Anmerkung

Obwohl es anfangs chaotisch zugehen wird, ergibt sich auch bei dieser Konzentrationsübung irgendwann der richtige „Fluss".

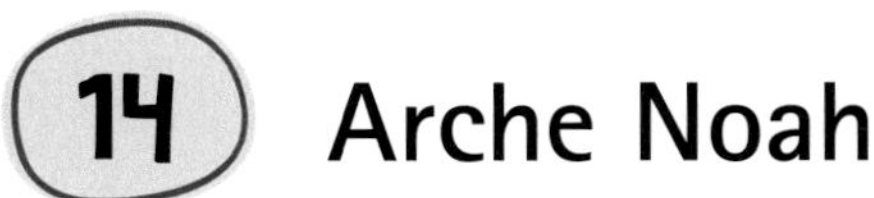

14 Arche Noah

- **Spielkategorie:**
- **Material:** keines
- **Dauer:** 10 Min. +
- **Ort:** überall
- **Teilnehmende:** 8 +

So geht's

„Arche Noah!" ist ein absolut „tierisches" Spiel.

1. Die Teilnehmer*innen sitzen im Kreis. Zu Beginn werden so viele Tierlaute wie möglich gesammelt.
2. Dann beginnen Sie das eigentliche Spiel mit dem Satz: „Noah baute eine Arche und nahm zwei Esel mit: iah – iah."
3. Das nächste Gruppenmitglied wiederholt den Satz, nennt ein neues Tier und fügt danach beide Geräusche an, z. B.: „Noah baute eine Arche und nahm zwei Esel und zwei Schweine mit: iah – iah, oink – oink."
4. Die Person, die als Nächstes an der Reihe ist, fügt ebenfalls wieder ein neues Tier mit entsprechendem Geräusch hinzu. Im Laufe des Spiels wird die Liste immer länger. Kann sich eine Person nicht mehr an alle Tiere oder Geräusche erinnern, scheidet sie aus dem Spiel aus.

15 At my right, at my left

- **Spielkategorie:**
- **Material:** keines
- **Dauer:** 10 Min. +
- **Ort:** überall
- **Teilnehmende:** 10 +

So geht's

Dieses Kennenlernspiel eignet sich nicht nur zum Merken der Namen, sondern auch zum Präsentieren und Vorstellen von Personen.

1. Ein*e Teilnehmer*in tritt etwas nach vorn und präsentiert die Personen, die rechts und links von ihm*ihr stehen.
2. Dann zeigt er*sie mit ausladender Geste auf eine andere Person im Kreis und stellt diese ebenfalls vor. Daraufhin darf diese Person weitermachen und auch drei Teilnehmer*innen vorstellen, z. B.: „At my right is Romy, at my left is Ömer and over there is Marlene." Natürlich funktioniert das Spiel auch auf Deutsch: „Zu meiner Linken/Rechten ist ... und dort steht ..."

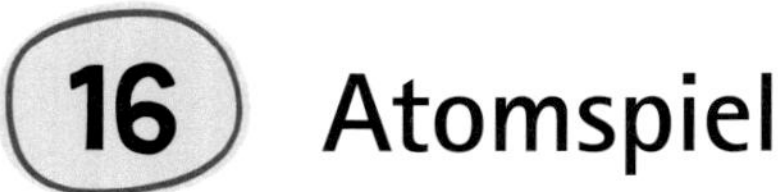

16 Atomspiel

- **Spielkategorie:**
- **Material:** keines
- **Dauer:** 10 Min. +
- **Ort:** überall
- **Teilnehmende:** 10 +

So geht's

Trotz des Namens besteht keine Gefahr, sondern es geht um eine hektische Suche nach der vorgegebenen Gruppengröße.

1. Alle Teilnehmer*innen laufen im Raum herum.
2. Dann geben Sie als Spielleitung ein Zeichen („Stopp!", Pfiff, Musik aus o. Ä.) und zeigen mit Ihren Fingern eine Zahl.
3. Nun sollen sich die Teilnehmer*innen so rasch wie möglich in der angezeigten Gruppenstärke zusammenfinden. Wer einmal keinen Anschluss an eine Gruppe findet, hat auch kein Problem, denn es geht gleich wieder weiter.
4. Die Übung wird mehrmals wiederholt, bis Sie schlussendlich die Zahl zeigen, in der sich Gruppen für eine neue Übung zusammenfinden sollen. So kommen die Teilnehmer*innen zufällig zusammen.

Variante

Man kann dieses Spiel auch ausgezeichnet zum Kennenlernen einsetzen. Dabei unterhalten sich die Teilnehmer*innen in ihren Zufallsgruppen jeweils kurz und stellen sich bei den anderen vor.

Aufgabenliste

- **Spielkategorie:**
- **Material:** A4-Zettel mit Anweisungen, evtl. Stifte
- **Dauer:** 15 Min. +
- **Ort:** überall
- **Teilnehmende:** 10 +

So geht's

Es handelt sich hierbei um ein Kennenlernspiel mit etwas Dynamik und Bewegung.

1. Jede*r Teilnehmer*in erhält ein DIN-A4-Blatt mit verschiedenen einfachen Aufgaben, die es zu erfüllen gilt.
2. Hat eine Person eine Aufgabe von der Liste erledigt, kann sie diese durchstreichen bzw. im Zettel einreißen (so kann man auf Stifte verzichten).
3. Es gewinnt die Person, die alle Aufgaben zuerst erledigt hat. Ziel des Spiels ist aber nicht das Gewinnen, sondern das lustige Treiben beim Erfüllen der Aufträge.

Beispiele möglicher Anweisungen

- Erzähle einem Mitspieler oder einer Mitspielerin eine Geschichte aus deinem Leben.
- Schüttle fünf Leuten die Hand.
- Verteile ein Lob an eine beliebige Person aus der Gruppe.
- Mache mit jemandem fünf Liegestütze oder Kniebeugen.
- Singe einer Person aus der Gruppe ein Lied vor.
- Mache einem Mitspieler oder einer Mitspielerin ein Kompliment.
- Schreibe jemandem deinen Namen auf die Hand.
- Klopfe drei Personen anerkennend auf die Schulter.
- Erzähle einer Person einen Witz.
- Wage mit jemandem ein Tänzchen.
- usw.

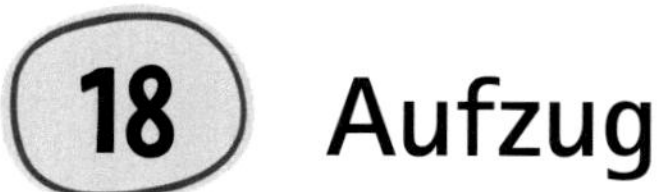

18 Aufzug

- **Spielkategorie:**
- **Material:** keines
- **Dauer:** 10 Min. +
- **Ort:** überall
- **Teilnehmende:** 6 +

So geht's

Hier handelt es sich um eine Gleichgewichts- und Kooperationsübung für zwei Personen.

1. Zwei Teilnehmer*innen etwa gleicher Größe sitzen sich auf dem Boden gegenüber, die Knie sind leicht angewinkelt und die Fußspitzen berühren sich.
2. Nun fassen sie sich bei den Händen und ziehen sich gegenseitig hoch.
3. Wenn das gelungen ist, werden die Paare aufgelöst. Man findet sich zu dritt zusammen und das Ganze wird in Dreiergruppen probiert, danach zu viert usw. – Ab einer Anzahl von sechs Personen wird es schon sehr schwierig!

19 Augen zu, Ohren auf

- **Spielkategorie:**
- **Material:** Wasser- oder Softbälle, evtl. Augenbinden
- **Dauer:** 10 Min. +
- **Ort:** Turnhalle
- **Teilnehmende:** 10 +

So geht's

Einfach ausprobieren, lustige Erlebnisse sind äußerst wahrscheinlich!

1. Die Gruppenmitglieder gehen zu zweit zusammen und verteilen sich im Raum, sodass sie sich in nicht zu großem Abstand gegenüberstehen. Eine der beiden Personen schließt die Augen.
2. Der*die Partner*in wirft ihr dann einen Wasser- oder Softball zu, wobei er*sie akustische Hinweise gibt, wann er*sie wirft. Nach einiger Zeit wird gewechselt.

Anmerkungen

- Natürlich kann man aus der Übung ein Wettspiel machen und z. B. zehn Würfe pro Paar durchführen. Wer hat am häufigsten gefangen?
- Dieses Spiel eignet sich auch für Teamvarianten.

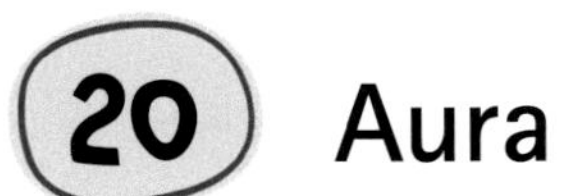

Aura

- **Spielkategorie:** ♡
- **Material:** keines
- **Dauer:** 6 Min. +
- **Ort:** überall
- **Teilnehmende:** 6 +

So geht's

Diese Übung dient nicht nur zur Sensibilisierung der Teilnehmer*innen, sondern macht auch Spaß.

1. Jeweils zwei Personen stehen einander gegenüber. Sie legen die Handflächen aneinander und schließen die Augen.
2. Nun gehen sie drei Schritte zurück, drehen sich einmal um die eigene Achse und gehen die drei Schritte wieder nach vorn.
3. Wenn sie glauben, fast beim Gegenüber zu sein, bleiben sie stehen und bewegen die Hände leicht vorwärts, um die Handflächen der anderen Person zu finden und zu berühren. Es dürfen dabei keine weiträumigen Suchbewegungen durchgeführt werden.
4. Erst danach öffnen die Teilnehmer*innen die Augen und kontrollieren, wie nahe sie einander gekommen sind.

21 Autowaschanlage

- **Spielkategorie:** ☺ ♡
- **Material:** keines
- **Dauer:** 10 Min. +
- **Ort:** überall
- **Teilnehmende:** 8 +

So geht's

Als das Auto wieder mal gründlich gereinigt werden muss, kommt es in eine äußerst günstige Waschanlage.

1. Die Teilnehmer*innen bilden zwei Reihen mit je vier oder fünf Personen und knien sich gegenüber.
2. Nun fahren nacheinander „Autos" (Personen, die sich auf allen vieren fortbewegen) durch die Reihen und werden dabei mit den Händen perfekt gesäubert. Dies wird pantomimisch ausgeführt und mit Lauten unterstützt: Nach der Einfahrt wird das Auto zuerst besprüht und gebürstet, danach wird es kräftig gewaschen und poliert. Vor der Ausfahrt rubbeln die Teilnehmer*innen noch die letzten Tropfen weg und trocknen das Auto ab.

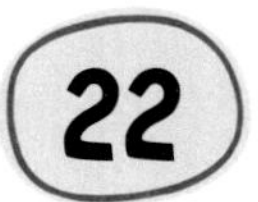

22 Baby-Fotos zuordnen

- **Spielkategorie:** 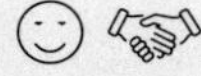
- **Material:** Baby-Fotos (von den TN mitzubringen), Papier und Stifte
- **Dauer:** ca. 2-mal 45 Min.
- **Ort:** Klasse, Seminarraum
- **Teilnehmende:** 12 +

So geht's:

Für diese kurzweilige und lustbetonte Kennenlernübung bedarf es etwas Vorbereitungszeit. Dafür ist vorprogrammiert, dass viel gelacht und gerätselt wird.

1. Im Vorfeld der Übung bitten Sie alle Gruppenmitglieder darum, Ihnen digital ein Foto zu übermitteln, das aus ihrer frühen Kindheit (Alter: ein bis drei Jahre) stammt.
2. Ist den Teilnehmer*innen eine digitale Übermittlung nicht möglich, so sollen sie Ihnen das Kindheitsfoto in einem Briefumschlag übergeben, den sie mit ihrem Namen beschriftet haben. Das Scannen müssen in diesem Fall Sie übernehmen.
3. Nun fügen Sie je sechs Baby-Fotos, jedes davon mit einem Rahmen versehen, auf eine A4-Seite in ein Dokument ein. Über oder neben jedes Foto schreiben Sie eine fortlaufende Nummer. Gibt es also z. B. 24 Gruppenmitglieder, so hat man vier A4-Seiten mit 24 Nummern bei den Fotos, beginnend mit 1. Sie erstellen für sich ein „Lösungsblatt" mit den jeweils richtigen Namen zu den Fotos.
4. Alle Teilnehmer*innen erhalten nun je ein A4-Blatt, auf dem eine Tabelle mit den Namen aller Gruppenmitglieder und zwei leeren Spalten dahinter abgebildet ist. Um Kopien zu sparen, können die Baby-Fotos in mehrfacher Zahl im Raum aufgehängt werden. Die Gruppenmitglieder sollen nun im Raum herumgehen und auf ihren Blättern eintragen, wer ihrer Meinung nach auf welchem Foto zu sehen ist. Hinter jedem Namen in der Tabelle steht am Ende also jeweils eine Zahl für das vermeintliche Foto.
5. Wenn alle fertig sind, tauschen die Teilnehmer*innen ihre Blätter untereinander aus und es geht an die Auflösung. Sie können abfragen, wen die Gruppe hinter Foto 1 usw. vermutet. Es wird aufgelöst und diejenigen, die die richtige Antwort haben, erhalten ein Häkchen in der zweiten Spalte hinter dem jeweiligen Namen. Die Person, die am Ende die meisten Bilder richtig zugeordnet hat, hat gewonnen.

Bahnschranken

- **Spielkategorie:** ♡
- **Material:** keines
- **Dauer:** 10 Min. +
- **Ort:** Turnhalle, outdoor
- **Teilnehmende:** 6 +

So geht's

Das Spiel klingt einfach, trotzdem haben viele Teilnehmer*innen Schwierigkeiten, auf die Sperre zuzulaufen, ohne zu bremsen. Anfangs stellt die Übung eine kleine Mutprobe dar.

1. Zwei Teilnehmer*innen stehen sich mindestens fünf Meter vor einem Turnhallen-Ende gegenüber und reichen sich locker die Hände. Sie bilden so die „Bahnschranken".
2. Die restlichen Teilnehmer*innen stehen auf der anderen Seite des Raumes.
3. Nun läuft jeweils eine Person schnell auf das Hindernis zu. Erst im allerletzten Moment reißen die beiden Teilnehmer*innen, die die Schranken bilden, jeweils eine Hand nach oben, die andere nach unten (wie eine Schere), sodass man ungehindert durchlaufen kann. Die Läufer*innen sollen nicht langsamer werden oder den Kopf einziehen.

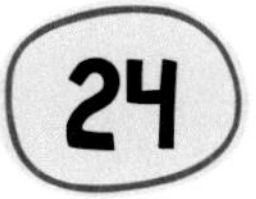

Balanceakt

- **Spielkategorie:**
- **Material:** 1 Langbank
- **Dauer:** 10 Min. +
- **Ort:** Turnhalle
- **Teilnehmende:** 8 +

So geht's

Gefragt sind in diesem Spiel Geschicklichkeit und gute Zusammenarbeit.

1. Zwei Gruppen mit je vier oder fünf Personen platzieren sich jeweils auf einem Ende der Langbank.
2. Die Aufgabe lautet nun, dass die beiden sich gegenüberstehenden Gruppen die Plätze tauschen sollen. Wie sie das bewerkstelligen, ist egal. Wichtig ist nur, dass niemand von der Bank hinunterfällt. Zudem muss die äußerste Person von links am Ende wieder ganz außen rechts stehen usw.

Variante

Die Übung wird mit einer umgedrehten Langbank durchgeführt.

Balancierende Stifte

- **Spielkategorie:**
- **Material:** 1 Stift pro Paar
- **Dauer:** 10 Min. +
- **Ort:** überall
- **Teilnehmende:** 8 +

So geht's

Das Spiel ist eine Geschicklichkeitsübung mit einem Stift für je zwei Personen.

1. Jedes Paar bekommt einen Schreibstift, den die beiden Teilnehmer*innen zwischen die Kuppen ihres jeweils rechten Zeigefingers klemmen.
2. Nun bewegen sie sich, ohne zu sprechen, durch den Raum, mal langsam, dann etwas schneller. Wichtig ist dabei nur, dass der Stift nicht herunterfällt. Es soll zu einem fließenden Wechsel der Führung kommen.

Variante

Die Teilnehmer*innen versuchen, die Übung mit geschlossenen Augen durchzuführen.

26 Ballwerfen mit Aufgaben

- **Spielkategorie:**
- **Material:** 1 kleiner Ball
- **Dauer:** 10 Min. +
- **Ort:** überall
- **Teilnehmende:** 8 +

So geht's

Eine einfache Konzentrationsübung mit einem Ball.

1. Alle Teilnehmer*innen stehen im Kreis.
2. Sie als Spielleitung beginnen und werfen den Ball zu einer beliebigen Person. Diese wirft zu einer anderen Person usw.
3. Zwischendurch geben Sie verschiedene Anweisungen, was die Gruppe tun muss, bevor jemand den Ball fängt, z. B.: „Alle Personen im Kreis müssen einmal geklatscht haben." „Nur die Person, zu der der Ball hinfliegt, zweimal klatschen." „Nur die Personen, die neben dem Fänger oder der Fängerin stehen, müssen zweimal klatschen!"

27 Bauen nach Worten

- **Spielkategorie:**
- **Material:** Klemmbausteine
- **Dauer:** 15 Min. +
- **Ort:** überall
- **Teilnehmende:** 6 +

So geht's

Ohne Kommunikation sind bestimmte Aufgaben einfach schwerer zu erledigen!

1. Die Gruppe wird in Paare aufgeteilt. Die jeweiligen Partner*innen erhalten eine bestimmte Anzahl gleicher Klemmbausteine.
2. Die beiden setzen sich Rücken an Rücken, eine Person ist der*die Baumeister*in, die andere Person führt den Bau durch.
3. Zuerst setzt der*die Baumeister*in vor sich seine*ihre Steine zu einer Skulptur o. Ä. zusammen.
4. Dann beschreibt er*sie sein*ihr Modell ganz exakt und genau. Der*die Partner*in soll es dabei schaffen, das Original nur durch das Zuhören völlig identisch zu kopieren.
5. Am Schluss vergleichen die beiden Original und Kopie.

Variante

Es kann vereinbart werden, dass Rückfragen gestattet sind.

28 Begrüßungsrekord

- **Spielkategorie:**
- **Material:** keines
- **Dauer:** 1 Min. +
- **Ort:** überall
- **Teilnehmende:** 8 +

So geht's

Dies ist eine Übung für den Anfang einer Veranstaltung (zum Tagesbeginn, Seminarstart) oder einfach nur für zwischendurch.

1. Die Mitspieler*innen begrüßen sich mit den Worten „Schön, dass du da bist!", schütteln sich dabei die Hände und schauen sich in die Augen.
2. Das Ganze geht in rasendem Tempo vor sich. Mehr als eine Minute Zeit sollte gar nicht nötig sein, bis sich alle begrüßt haben.

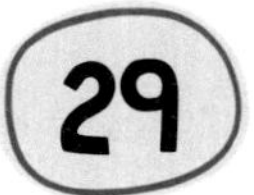

Begrüßungsvielfalt

- **Spielkategorie:**
- **Material:** keines, evtl. Musik
- **Dauer:** 10 Min. +
- **Ort:** überall
- **Teilnehmende:** 10 +

So geht's

Begrüßung einmal anders!

1. Alle Teilnehmer*innen gehen bzw. laufen durcheinander.
2. Sobald die Musik stoppt (bzw. Sie als Spielleitung ein anderes Signal geben), begrüßen sich alle Teilnehmer*innen auf die von Ihnen vorgegebene Art: laut – leise – nur mit den Ellbogen – Kopf an Kopf – in einer anderen Sprache – etwas länger in die Augen schauen und brummen – ohne einander anzuschauen – müde, schlapp – überschwänglich – höflich – frech – schüchtern – verliebt – überheblich ...

Variante

Jede*r Teilnehmer*in erfindet eine Begrüßungsart und heißt die anderen auf diese Weise willkommen.

Beschriftung

- **Spielkategorie:**
- **Material:** 1 Kajalstift bzw. abwaschbare Stifte
- **Dauer:** 10 Min. +
- **Ort:** überall
- **Teilnehmende:** 8 +

So geht's

Diese „Schmieraktion" zum Kennenlernen bringt allen Teilnehmer*innen viel Spaß!

1. Nachdem sich alle im Kreis aufgestellt haben, beginnen Sie und stellen sich vor.
2. Dann fragen Sie eine andere Person nach ihrem Namen und schreiben ihn mit dem Stift auf die Stirn dieser Person.
3. Der*die jeweilige Teilnehmer*in stellt sich kurz vor und wählt dann eine neu zu beschriftende Person aus.
4. Das Spiel ist zu Ende, wenn alle – inkl. Ihnen – ihre Namen auf der Stirn stehen haben.

Bewegungskanon

- **Spielkategorie:**
- **Material:** keines
- **Dauer:** 10 Min. +
- **Ort:** überall
- **Teilnehmende:** 12 +

So geht's

Der Bewegungskanon ist ein kleines, rhythmisches Bewegungsspiel für zwischendurch oder nach einer Pause.

1. Alle Teilnehmer*innen stehen im Kreis.
2. Im ersten Durchgang bitten Sie die Teilnehmer*innen, die folgenden Bewegungen nachzumachen:
   - Zuerst viermal in die Hände klatschen.
   - Dann viermal auf die Oberschenkel schlagen.
   - Danach viermal mit beiden Füßen abwechselnd auf den Boden stampfen.
   - Schließlich zweimal zwei Wörter im Takt sprechen, z. B. „Guten Morgen, guten Morgen".
3. Wenn dies ausreichend geübt wurde und der Ablauf allen Teilnehmer*innen klar ist, kommt die nächste Schwierigkeitsstufe. Nun werden die Teilnehmer*innen in zwei Gruppen eingeteilt und der Kanon beginnt. Die erste Gruppe beginnt mit dem Klatschen. Sobald die Mitglieder dieser Gruppe sich auf die Schenkel schlagen, beginnt die zweite Gruppe, zu klatschen usw.
4. Wenn auch das sitzt, kommt der schwierigste Teil: Sie teilen die Teilnehmer*innen in vier Gruppen und geben die Einsätze für den vierstimmigen Bewegungskanon.

Bewegungs-Memo

- **Spielkategorie:**
- **Material:** keines
- **Dauer:** 10 Min. +
- **Ort:** überall
- **Teilnehmende:** 12 +

So geht's

Eine aktive und lustige Form des bekannten Memory-Spiels wird hier vorgestellt.

1. Zwei Personen werden ausgewählt, die gegeneinander spielen. Sie verlassen zunächst kurz den Raum.
2. Die anderen Teilnehmer*innen finden sich paarweise zusammen und vereinbaren eine Bewegung, die durchaus lustig sein kann, z. B. Boxen, Laufen, Hampelmann, Bauchtanz usw. Die Paare üben sie ein paarmal, denn sie sollte möglichst identisch sein, um dann den Personen, die Pärchen suchen, vorgeführt zu werden.
3. Sie als Spielleitung fragen alle Ideen ab, um doppelte Bewegungen zu vermeiden.
4. Nachdem sich die Teilnehmer*innen, bunt gemischt, im Halbkreis aufgestellt haben, werden die beiden Wartenden hereingeholt und spielen nun gegeneinander.
5. Sie dürfen, wie beim bekannten Memory üblich, „aufdecken", indem sie zwei Personen auswählen, die jeweils ihre Bewegungen vorführen sollen. Das passiert durch Nennen des Namens oder Antippen der jeweiligen Personen.
6. Sind die Bewegungen identisch, gehört das Paar der Person, die es gefunden hat. Sie darf zwei weitere Personen auffordern, ihre Bewegungen vorzuführen. Stimmen die Bewegungen nicht überein, ist der*die zweite Spieler*in an der Reihe.
7. Es gewinnt die Person, die am Ende mehr Paare gefunden hat.

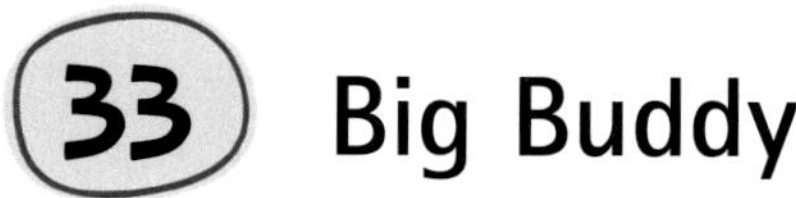

33 Big Buddy

- **Spielkategorie:**
- **Material:** keines
- **Dauer:** 10 Min. +
- **Ort:** überall
- **Teilnehmende:** 10 +

▶ So geht's

Diese Übung ist ein geniales und lustiges Reaktionsspiel, von dem man nicht genug bekommen kann.

1. Alle Teilnehmer*innen stehen im Kreis. Sie als Spielleitung sind der Big Buddy. Beginnend mit der Person links von Ihnen, zählen nun alle im Uhrzeigersinn durch und erhalten so ihre Platznummer (1, 2, 3 ...). Um sich die Zahl zu merken, hilft die Vorstellung, dass man auf einer Platte mit der jeweiligen Zahl steht.
2. Sie schwingen einen Arm von vorn nach hinten und sprechen dazu im Rhythmus: „Big Buddy, Big Buddy, Big Buddy!" Dabei stimmen die Teilnehmer*innen ein. Dies ist auch immer das Anfangsprozedere nach einem Fehler.
3. Dann nennen Sie irgendwann ohne Pause im gleichen Rhythmus nach Ihrem Namen eine Nummer, z. B.: „Big Buddy – Number twelve!"
4. Nun muss die Person mit der aufgerufenen Nummer sofort, ohne eine Pause zu machen, reagieren. Zuerst muss sie ihre eigene Nummer und dann die einer weiteren Person im Rhythmus nennen, z. B.: „Number twelve – number five!" Dann ist Nummer fünf an der Reihe usw. Auch Big Buddy kann gerufen werden: „Number twelve – Big Buddy!".
5. Es geht ab jetzt darum, keine Fehler zu machen, wie z. B. das Brechen vom Rhythmus, zu langsames Reagieren, vergessen, die eigene Nummer zuerst zu sagen, Versprecher o. Ä.
6. Jeder Fehler wird von der ganzen Gruppe mit dem Ausruf „Oh shit!" begleitet.
7. Wer einen Fehler macht, bekommt die letzte Nummer zugeordnet. Daraufhin rücken alle bis zur Lücke um ein Feld auf und haben ab diesem Zeitpunkt natürlich auch eine neue Nummer.
8. Dann starten Sie als Big Buddy wieder von Neuem. Aber auch Sie können Fehler machen und müssen in diesem Fall ebenso die letzte Nummer übernehmen. Dann rücken alle eine Position auf und die vormalige Nummer eins wird zum neuen Big Buddy.

Anmerkung

Die Schwierigkeit und der Reiz dieses Spiels bestehen darin, dass sich durch die Fehler und Positionswechsel ständig die Nummern der Teilnehmer*innen ändern. Konzentration und Reaktion sind gefragt!

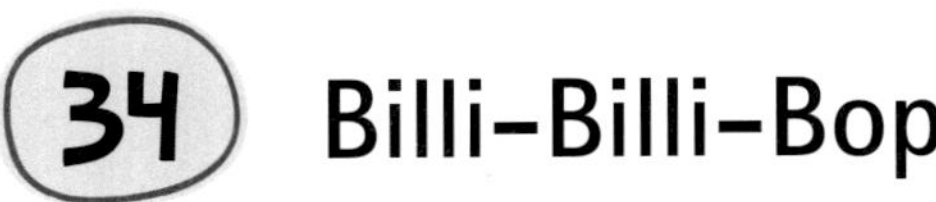

34 Billi-Billi-Bop

- **Spielkategorie:**
- **Material:** keines
- **Dauer:** 15 Min. +
- **Ort:** überall
- **Teilnehmende:** 10 +

So geht's

Diese Übung ist ein absoluter Renner in Jugendgruppen und ein Spaßspiel par excellence!

1. Alle Teilnehmer*innen stehen im Kreis; eine freiwillige Person (beim ersten Mal Sie als Spielleitung) befindet sich in der Mitte.
2. Sie zeigen deutlich auf jemanden im Kreis und sagen dazu „Billi-Billi-Bop". Doch noch bevor Sie bei „Bop" angelangt sind, muss Ihnen die Person, auf die Sie zeigen, mit „Bop" zuvorgekommen sein, sonst muss sie selbst in die Mitte. Dieser Ablauf wird ein paarmal ausprobiert und eingeübt.
3. Statt „Billi-Billi-Bop" zu sagen, können Sie in der Mitte beim Zeigen auf eine andere Person auch nur „Bop" sagen. Sie wird so gewissermaßen gefoppt, denn in diesem Fall darf die angesprochene Person nichts sagen. Sagt sie trotzdem „Bop", muss sie in die Mitte gehen. Auch hierzu können ein paar Proberunden durchgeführt werden.
4. Wenn das gut läuft, geht das Spiel erst richtig los, denn dann können Sie in der Mitte, statt „Billi-Billi-Bop" bzw. nur „Bop" zu sagen, von den Teilnehmer*innen auch Figuren bauen lassen. Dabei ist es grundsätzlich immer so, dass die Person, auf die gezeigt wird, etwas darstellen muss, das dann zusätzlich von den beiden benachbarten Teilnehmer*innen noch ergänzt wird. Es müssen also immer Dreier-Gebilde gebaut oder dargestellt werden. Natürlich muss auch hier die Person, die zu lange braucht oder einen Fehler bei der Ausführung macht, mit dem*der Teilnehmer*in im Kreis wechseln.

Beispiele

Natürlich wird man nicht alle Figuren auf einmal ins Spiel integrieren, sondern schrittweise, sodass sie sich langsam alle etablieren.

- **Laterne:** Die Person in der Mitte streckt beide Hände in die Höhe, die Nachbar*innen heben das Bein wie ein Hund.
- **Kamikaze:** Die Person in der Mitte geht etwas in die Knie, beugt sich nach vorn und imitiert einen Angriff im Sturzflug, indem sie eine „Fliegerbrille" andeutet. Die Nachbar*innen legen einen Arm auf ihren Rücken, den anderen strecken sie zur Seite (= Tragflächen).

- **Palme:** Die Person in der Mitte streckt beide Arme hoch, die Nachbar*innen ergänzen als Blätter und wedeln.
- **Elefant:** Die Person in der Mitte mimt einen Elefanten mit Rüssel, die Nachbar*innen stellen die großen Ohren dar.
- **Toaster:** Die Nachbar*innen stehen in Blickrichtung zur Person in der Mitte und halten die Arme parallel zum Körper (= Toaster), die Person in der Mitte ist der Toast und hüpft auf und ab.
- **Waschmaschine:** Ähnlich wie beim Toaster bilden die Arme der Nachbar*innen nun ein Gehäuse (ein Arm oben, einer weiter unten), die Person in der Mitte lässt den Kopf kreisen, was den Waschvorgang darstellen soll.
- **Kotzendes Känguru:** Die Person in der Mitte mimt mit den Händen vor dem Bauch den Beutel des Kängurus, die Teilnehmer*innen rechts und links davon „kotzen" hinein.
- **James Bond:** Die Person in der Mitte nimmt beide Arme ausgestreckt nach vorn und imitiert das Zielen mit einer Pistole, die Nachbar*innen himmeln sie an und sagen dabei: „Oh, James!"
- **Mikrowelle:** Die Teilnehmer*innen rechts und links bewegen ihre Finger auf und ab in Richtung Mitte und machen dazu ein prasselndes Geräusch („Bssss"). Die Person in der Mitte dreht sich einmal um die eigene Achse und sagt dann „Bing".
- **Schaukel:** Die beiden Nachbar*innen halten sich an den Händen fest, die mittlere Person setzt sich auf ihre Hände und legt die Arme um ihre Schultern.
- **Kugelfisch:** Die Nachbar*innen erschrecken die Person in der Mitte, woraufhin diese die Backen aufbläht und die Finger als Stacheln wegspreizt.

Anmerkung

Der Fantasie sind keine Grenzen gesetzt: Ich empfehle dringend das Erfinden neuer Figuren!

Blasebalg

- **Spielkategorie:**
- **Material:** keines
- **Dauer:** 2 Min. +
- **Ort:** überall
- **Teilnehmende:** 10 +

So geht's

Das Spiel ist einsetzbar als nettes Ritual zur Verabschiedung oder zum Veranstaltungsabschluss.

1. Die Teilnehmer*innen stellen sich eng im Kreis auf und strecken ihre Arme in die Mitte.
2. Dann ziehen alle gemeinsam während des geräuschvollen Einatmens Luft aus dem Kreis, indem sie ihre Arme von der Mitte zu sich heranholen.
3. Anschließend blasen die Teilnehmer*innen mit dem Ausatmen und gleichzeitigem Schieben der Arme die Luft wieder in die Kreismitte hinein.
4. Beim fünften oder sechsten Mal wird mit dem Ausatmen ein kräftiges „Hey!", „Bis morgen!", „Mahlzeit!", „Wiedersehen!" o. Ä. in die Runde gerufen.

36 Blickefokus

- **Spielkategorie:**
- **Material:** keines
- **Dauer:** 10 Min. +
- **Ort:** überall
- **Teilnehmende:** 10 +

So geht's

Diese Aufgabe erfordert hohe Konzentration und absolutes Sprechverbot.

1. Alle Teilnehmer*innen sitzen auf dem Boden im Kreis. Sie als Spielleitung beginnen die Übung und richten Ihren Blick auf eine*n Teilnehmer*in.
2. Alle anderen folgen Ihrem Blick und schauen ebenfalls die ausgewählte Person an.
3. Spürt diese alle Blicke auf sich ruhen, gibt sie dies durch ein einfaches Zeichen (z. B. leichtes Kopfnicken) zu erkennen. Dann blickt sie ihrerseits auf jemand anderen usw.

Braver Hirtenhund

- **Spielkategorie:** 🏃 ☺
- **Material:** keines
- **Dauer:** 10 Min. +
- **Ort:** Turnhalle
- **Teilnehmende:** 10 +

So geht's

Hinter dem „tierischen" Namen versteckt sich ein lustiges Fangspiel mit Hebefigur.

1. Die Gruppe besteht aus einem Hirtenhund und Schafen.
2. Die Person, die als Hirtenhund den*die Fänger*in spielt, steht auf einer Seite des Raums. Die übrigen Mitglieder der Gruppe, die Schafe, stehen auf der anderen Seite.
3. Nun sollen die Schafe das Feld überqueren, ohne vom Hirtenhund gefangen zu werden. Zurücklaufen ist ihnen nicht erlaubt.
4. Wenn der Hirtenhund ein Schaf durch Abschlagen fängt, bleibt diese Person sofort stehen. Der*die Fänger*in kann noch versuchen, weitere Schafe zu erwischen.
5. Sind keine Schafe mehr unterwegs, geht der Hirtenhund zu den eingefangenen Tieren. Er legt ihnen vorsichtig die flache Hand auf den Kopf und sagt dabei: „Braver Hirtenhund, 1-2-3." Dadurch wird das Schaf zum Hund und hilft bei der nächsten Runde beim Einfangen der Herde mit.
6. Das Spiel ist zu Ende, wenn keine Schafe mehr übrig sind.

Bravomaschine

- **Spielkategorie:** ☺
- **Material:** keines
- **Dauer:** 2 Min. +
- **Ort:** überall
- **Teilnehmende:** 6 +

So geht's

Dies ist eine schnelle Übung für ganz junge Teilnehmer*innen.

1. Sie als Spielleitung holen die gedachte Bravomaschine mit großen Gesten aus einer imaginären Wunderkiste heraus. Sie erläutern diesen und jeden weiteren Schritt für die Teilnehmer*innen. Sie kramen eine Kurbel hervor und schließlich kommt auch noch eine kleine Kanne Öl zum Vorschein, mit der die Maschine geschmiert wird.
2. Dann wird kräftig gekurbelt und alle Teilnehmer*innen beginnen in dem von Ihnen vorgegebenen Tempo, dazu „Brrrrrrrrrrrravoooooo" zu rufen. (Das können Sie ggf. einmal vormachen.)
3. Dies passiert einige Male. Am Ende sollte der Ruf möglichst laut und evtl. mit einer Bewegung der Arme nach oben gekoppelt sein.

Brückenbau

- **Spielkategorie:**
- **Material:** 2 Turnmatten pro Gruppe
- **Dauer:** 10 Min. +
- **Ort:** Turnhalle
- **Teilnehmende:** 12 +

So geht's

Für dieses einfache Wettspiel zum Auspowern braucht man nur ein paar Matten.

1. Die Gruppe bildet Mannschaften mit jeweils sechs bis zehn Mitgliedern.
2. Bis auf zwei Spieler*innen, die Brückenbauer*innen, befindet sich das gesamte Team auf einer Turnmatte. Diese liegt auf dem Boden und berührt mit der Breitseite eine Turnhallenwand. Eine zweite Matte schließt unmittelbar daran an, darf aber noch nicht betreten werden. Niemand – bis auf die Brückenbauer*innen – darf ab jetzt den Boden berühren.
3. Auf Ihr Kommando hin müssen die Teammitglieder auf die vor sich liegende Matte gehen. Die Brückenbauer*innen legen die frei gewordene Turnmatte in günstigem Abstand vor die erste. Wieder springen alle auf die vordere Matte, die Brückenbauer*innen treten in Aktion usw.
4. Gewonnen hat die Mannschaft, die zuerst die gegenüberliegende Wand erreicht hat.

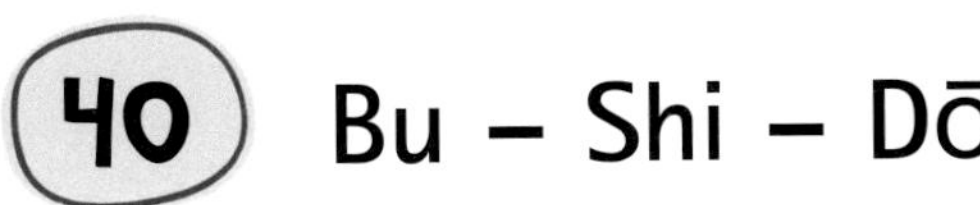

40 Bu – Shi – Dō

- **Spielkategorie:**
- **Material:** keines
- **Dauer:** 10 Min. +
- **Ort:** überall
- **Teilnehmende:** 8 +

So geht's

Das Wort „Bushidō" stammt aus dem Japanischen, heißt wörtlich übersetzt „der Weg des Kriegers" und bezeichnet den Verhaltenskodex der Samurai.

1. Alle Teilnehmer*innen stehen im Kreis.
2. Es gibt eine Abfolge von drei Lauten zu beachten: Der*die erste Teilnehmer*in schlägt sich mit der Faust auf die Brust und sagt dabei „Bu". Je nachdem, ob die linke oder rechte Hand genommen wurde, kommt nun der*die linke bzw. rechte Nachbar*in dran. Er*sie salutiert und sagt dazu „Shi". Je nachdem, ob die linke oder rechte Hand genommen wurde, ist dann eben der*die linke bzw. rechte Nachbar*in an der Reihe. Diese*r Teilnehmer*in sagt dann „Dō" und macht einen pantomimischen Karateschlag in Richtung Beine einer anderen Person.
3. Es geht wieder von vorn los mit „Bu" usw.

Anmerkung

Das Spiel ist ähnlich wie „Ah – Ka – Ku" und „Yin – Yang – Schweigen", nur etwas aktiver und ebenfalls sehr lustig. Man kann diese drei Spiele auch kombinieren. Ein Wechsel von einer Dreier-Serie zur anderen findet dann statt, wenn die jeweilige Serie beendet ist, z. B.: Yin – Yang – Schweigen --> Ah – Ka – Ku --> Ah – Ka – Ku (man kann wechseln, muss nicht!) --> Bu – Shi – Dō ...

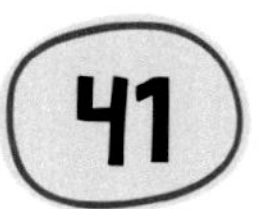

Buchstabenkette

- **Spielkategorie:** ☺ ◎
- **Material:** keines
- **Dauer:** 10 Min. +
- **Ort:** überall
- **Teilnehmende:** 4 +

So geht's

Die Buchstabenkette ist ein unglaublich lustiges Sprachspiel mit Lachgarantie!

1. Alle Teilnehmer*innen sitzen oder stehen im Kreis. Eine Person beginnt und sagt einen Buchstaben, z. B. „A".
2. Die Person daneben merkt sich diesen und nennt einen weiteren Buchstaben, z. B. „L". Reihum fügt nun jede*r einen weiteren Buchstaben hinzu, immer mit der Auflage, dass man ein existierendes Wort damit bilden kann. Es ist verboten, das entstehende Wort zusammenhängend laut auszusprechen. Bei Nachfragen wird immer nur die Abfolge der einzelnen Buchstaben genannt. Nicht gestattet sind Namen und geografische Bezeichnungen.
3. Dies geht so lange im Kreis weiter, bis eine Person nach einer Buchstabenfolge, bei der sie glaubt, dass diese kein sinnvolles Wort mehr ergeben kann, „Stopp!" sagt, z. B. an der Stelle „ A–L–L–E–I–N–U".
4. Nun muss die Person, die den letzten Buchstaben, also das „U", hinzugefügt hat, ihr gedachtes Wort sagen. Ergibt es einen Sinn, hier z. B. „Alleinunterhalter", dann beginnt der*die zweifelnde Teilnehmer*in von vorn. Gibt die Person ein Wort an, das es nicht gibt, dann startet sie mit einer neuen Runde. Welche Wörter zugelassen werden, entscheidet die gesamte Gruppe.

Anmerkung

Diese Version lebt ausschließlich vom Spaß und auch vom Zulassen nicht ganz alltäglicher Wörter.

Variante

Man kann das Spiel etwas wettbewerbsmäßiger gestalten. Dabei können die Personen, die Fehler machen, z. B. einen Schlechtpunkt erhalten, mit einem angeschwärzten Korken einen Punkt auf die Stirn gemalt bekommen oder sie müssen eines von drei erhaltenen Streichhölzern abgeben. Als Fehler gelten das Einbringen eines unsinnigen Wortes oder das Anzweifeln eines tatsächlich existierenden. Zu langes Überlegen kann auch bestraft werden.

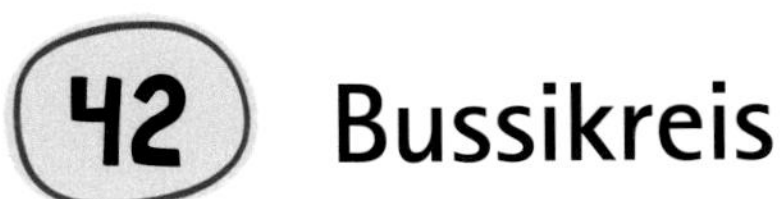

42 Bussikreis

- **Spielkategorie:** ☺
- **Material:** keines
- **Dauer:** 5 Min. +
- **Ort:** überall
- **Teilnehmende:** 10 +

So geht's

Das Spiel funktioniert wie „Klatschen im Kreis" und wird für viel Heiterkeit bei den Teilnehmer*innen sorgen.

1. Die Teilnehmer*innen stehen im Kreis. Sie als Spielleitung drehen sich zur Person neben sich und schicken ein Bussi (einen schmatzenden Kuss in die Luft vor die Wange) nach links weiter im Kreis.
2. Das Bussi geht nun auf die Reise durch den Kreis, man übernimmt es von einem*einer Nachbar*in, dreht sich und übergibt es der nächsten Person.
3. Nach ein paar Runden wird das Doppelbussi eingeführt. Man wendet sich dabei nicht wie bisher zur anderen benachbarten Person, sondern gibt lautlich zwei Bussis an die Person zurück, von der es kam. Das führt dazu, dass die Runde umgedreht wird.

Variante

Man kann das Bussi auch quer durch den Kreis schicken. Wer sich angesprochen fühlt, gibt den Kuss dann wieder an eine*n Nachbar*in weiter (er*sie kann sich die Richtung aussuchen).

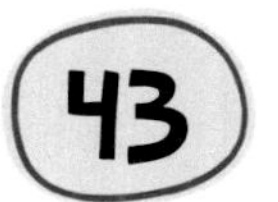

Cat and mouse

- **Spielkategorie:**
- **Material:** keines
- **Dauer:** 10 Min. +
- **Ort:** überall
- **Teilnehmende:** 10 +

So geht's

Es dauert zwar etwas, bis alle das Spiel verstanden haben, aber wenn es läuft, ist es sehr lustig.

1. Die Teilnehmer*innen bilden einen Kreis. Sie als Spielleitung übergeben der Person zu Ihrer Rechten symbolisch eine kleine Katze mit den Worten „This is a cat" (oder auf Deutsch: „Das ist eine Katze").
2. Diese Person fragt Sie daraufhin: „A what?" Sie antworten: „A cat."
3. Die Person erwidert: „Aaaah!", und wendet sich mit folgenden Worten an die Person zu ihrer Rechten: „This is a cat." Diese zweite Person antwortet: „A what?"
4. Die erste Person wendet sich wieder zurück an Sie und fragt: „A what?" Sie antworten: „A cat." Die erste Person gibt das an Person 2 weiter: „A cat."
5. Person 2 antwortet: „Aaaah!", und wendet sich wiederum an die Person rechts von sich: „This is a cat." Darauf folgen die Rückfragen usw. Die Frage „A what?" muss also immer wieder bis zu Ihnen zurückgehen.
6. Sie wenden sich nach einigen „Cat"-Übergaben an die Person zu Ihrer Linken mit den Worten: „This is a mouse." Das Prozedere läuft wie beschrieben ab, nur eben mit der „mouse". Richtig witzig wird es natürlich dann, wenn es irgendwo im Kreis zur Überlappung von Katz und Maus kommt.

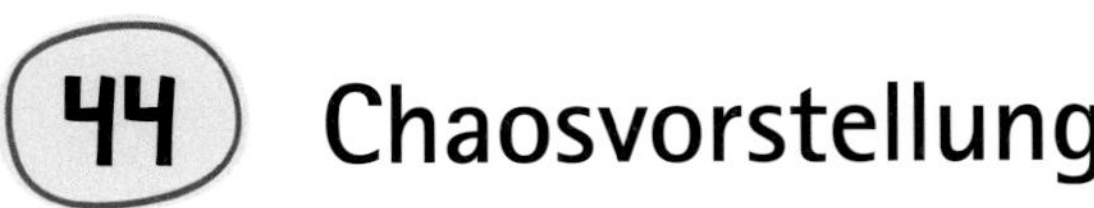

44 Chaosvorstellung

- **Spielkategorie:**
- **Material:** keines
- **Dauer:** 20 Min. +
- **Ort:** Klasse, Seminarraum
- **Teilnehmende:** 10 +

So geht's

Dieses Kennenlernspiel hat zum Ziel, dass sich alle Gruppenmitglieder kurz mit möglichst vielen anderen unterhalten.

1. Alle Teilnehmer*innen gehen kreuz und quer durch den Raum.
2. Wenn Sie in die Hände klatschen, finden sich die Teilnehmer*innen zu zweit zusammen und stellen sich gegenseitig Fragen zur Person, z. B. „Wie groß bist du?", „Wo wohnst du?", „Was ist dein Lieblingsfilm?"
3. Beim zweiten Klatschen gehen alle weiter. Beim dritten Signal suchen sich alle neue Partner*innen, die sie befragen, usw.
4. Nach mehreren Durchgängen kommen alle in einen Kreis.
5. Dann werden die Gruppenmitglieder reihum vorgestellt: Eine Person beginnt, ihre*n Nachbar*in zu beschreiben. Die anderen Teilnehmer*innen ergänzen und erweitern die Vorstellung mit den Informationen, die sie in den vorangegangenen Gesprächen von der jeweiligen Person erfahren haben.
6. Natürlich kann die vorgestellte Person selbst auch noch wichtige Dinge hinzufügen, die in der Gruppe nicht bekannt sind oder vergessen wurden.

Commander Curry

- **Spielkategorie:**
- **Material:** keines, evtl. Musik
- **Dauer:** 10 Min. +
- **Ort:** Turnhalle
- **Teilnehmende:** 10 +

So geht's

Dieses Bewegungsspiel besitzt einen hohen Nonsens-Faktor!

1. Sie beginnen mit dem Zuruf „Curry", woraufhin alle wie wild im Raum herumlaufen, weil das Essen so scharf war.
2. Beim Kommando „Bratwurst" legen sich alle Teilnehmer*innen auf den Boden.
3. Das Kommando „Sandwich" bedeutet, dass sich zwei Personen eng aneinanderstellen bzw. sich sogar übereinanderlegen müssen.
4. Hören die Teilnehmer*innen das Kommando „Hotdog", müssen sie sich zu dritt zusammenfinden. Auch hier ist Übereinanderlegen erlaubt.
5. Bei „Pommes" versammelt sich die gesamte Gruppe ganz eng im Kreis.

Den Gefühlen auf der Spur

- **Spielkategorie:**
- **Material:** Karteikärtchen o. Ä., auf denen Gefühle als Wort oder Bild dargestellt sind
- **Dauer:** 10 Min. +
- **Ort:** Klasse, Seminarraum
- **Teilnehmende:** 6 +

So geht's

Erkenne, welche Gefühle in einem Gespräch mitschwingen.

1. Sie teilen an alle Gruppenmitglieder Kärtchen aus, auf denen ein Gefühl zu sehen oder notiert ist (z. B. fröhlich, ausgelassen, traurig, niedergeschlagen, neidisch, hasserfüllt, ängstlich, gelangweilt …).
2. Nun spielt die erste Person ihr Gefühl nonverbal pantomimisch vor und die Gruppe muss es erraten.
3. Das Gruppenmitglied, das das Gefühl zuerst errät, ist als nächstes an der Reihe.

Der faule Apfel – oder: Was böse Worte bewirken können

- **Spielkategorie:**
- **Material:** 2 frische Äpfel
- **Dauer:** 2-mal 10 Min. (verteilt auf zwei Tage)
- **Ort:** Klasse, Seminarraum
- **Teilnehmende:** 10 +

So geht's

Oft bewirken Symbole oder Zeichen mehr als Worte. Diese Übung setzt auf die Kraft des Bildes und macht auf anschauliche Weise deutlich, wie sehr uns Schimpfwörter und gemeine Aussagen treffen.

1. Sie bringen zwei Äpfel mit. Einer davon ist unversehrt, den anderen lassen Sie mehrmals runterfallen. Das kann im Beisein der Teilnehmer*innen passieren oder schon vorher ohne ihr Wissen.
2. Den „gesunden" oder beschädigten Apfel sollte man vorher zwecks Wiedererkennung markieren oder die Unterscheidung erfolgt dadurch, dass man unterschiedliche Sorten oder Farben wählt.
3. Nun sollen die Teilnehmer*innen dem unversehrten Apfel lauter schöne, positive Dinge sagen, ihm stellvertretend für einen Menschen Komplimente machen usw. Beim anderen Apfel verhält es sich genau umgekehrt. Er hört nur Schimpfwörter, böse und gemeine Dinge.
4. Im Anschluss wird darüber gesprochen, wie es wohl den beiden Äpfeln, die stellvertretend für Menschen stehen sollen, „gehen wird".
5. Am (über)nächsten Tag schneidet man die beiden Äpfel an und lässt die Gruppenmitglieder darüber reden, was sie sehen. Im Gegensatz zum unversehrten Apfel wird der, der so viel Schlechtes und Negatives erfuhr, vermutlich braun und innen eher matschig sein. Er ist also im wahrsten Sinne des Wortes „angeschlagen". Wir können demnach die negative Wirkung von Wörtern erkennen und was sie imstande sind, in uns zu bewirken. Schlechtes Zutun anderer kann dazu führen, dass unsere Seele und unsere Psyche großen Schaden nehmen.

Anmerkung

Achten Sie darauf, dass keine diskriminierenden (z. B. rassistischen, queerfeindlichen, ableistischen usw.) Begriffe als Schimpfwörter verwendet werden.

Drachenschwanzjagd

- **Spielkategorie:**
- **Material:** keines
- **Dauer:** 10 Min. +
- **Ort:** überall
- **Teilnehmende:** 10 +

So geht's

Bei diesem chaosdynamischen Spiel beißt sich der Drache in den Schwanz.

1. Alle Teilnehmer*innen stellen sich in einer Reihe auf. Sie bilden eine lange Schlange, den „Drachen", indem sie sich an den Schultern der jeweils vor sich stehenden Person festhalten.
2. Nun versucht die vorderste Person als Kopf des Drachen, dessen Schwanz zu fangen.
3. Das Spiel endet, wenn der Kopf den Schwanz gefangen hat. Es gilt nicht, wenn der Drache dabei in mehrere Teile zerfällt.

Dracula

- **Spielkategorie:**
- **Material:** keines
- **Dauer:** 10 Min. +
- **Ort:** überall
- **Teilnehmende:** 10 +

So geht's

Trotz der Anwesenheit eines Vampirs besteht keine Gefahr für die Mitwirkenden.

1. Alle stehen in einem etwas größeren Kreis. Eine Person wird als Dracula bestimmt bzw. meldet sich freiwillig.
2. Graf Dracula fixiert eine Person im Kreis und steuert auf sein Opfer zu, worauf dieses mittels Blickkontakt rasch eine*n Retter*in sucht.
3. Wenn diese*r schnell genug den Vornamen der sich in großer Gefahr befindenden Person nennt, muss Dracula zurück in die Mitte und neu beginnen.
4. Berührt Dracula die Person vor der Namensnennung, wird diese zum neuen Vampirgrafen.

50 Drei Arme – zwei Beine

- **Spielkategorie:**
- **Material:** Matten
- **Dauer:** 10 Min. +
- **Ort:** Turnhalle
- **Teilnehmende:** 10 +

So geht's

Hier wird das Spiel „Gruppen-Knoten" um eine zusätzliche Dimension erweitert.

1. Es werden einige Matten in der Turnhalle verteilt.
2. Die Teilnehmer*innen laufen herum. Auf Ihren Zuruf müssen sie eine Figur bauen, die abhängig ist von den drei Zahlen, die Sie nennen: Zuerst wird die Zahl der Personen, die sich zusammenfinden müssen, genannt. Dann folgt die Anzahl der Beine sowie der Hände, die die Matte berühren dürfen. So bedeutet z. B. „5 – 6 – 7", dass fünf Personen sechs Beine und sieben Hände auf der Matte haben müssen.

51 Drei Hände – elf Finger

- **Spielkategorie:**
- **Material:** keines
- **Dauer:** 5 Min. +
- **Ort:** überall
- **Teilnehmende:** 6 +

So geht's

Glücksspiel einmal anders: Hilft der Zufall oder gibt es Strategien?

1. Die Teilnehmer*innen finden sich zu dritt zusammen.
2. Zu Beginn halten alle eine Faust hoch und zählen gemeinsam bis drei.
3. Bei „drei" strecken alle einen bis fünf Finger aus.
4. Ziel des Spiels ist es, dass die Summe der gezeigten Finger elf ergibt. Absprachen sind natürlich verboten! Gruppen, die die Summe getroffen haben, setzen sich hin und beobachten die anderen.

Variante

Gespielt wird mit beiden Händen, dann geht es um die Summe von 21 Fingern.

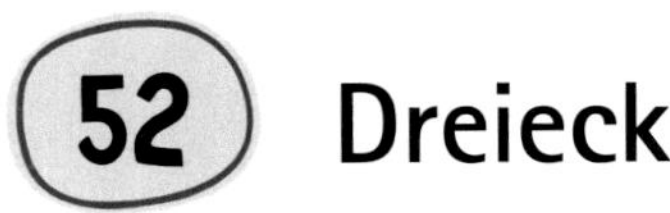

52 Dreieck

- **Spielkategorie:** ♡ ◎
- **Material:** keines
- **Dauer:** 10 Min. +
- **Ort:** Klasse, Seminarraum
- **Teilnehmende:** 9 +

◗ So geht's

In dieser Übung sollen möglichst nahtlose Bewegungsübergänge in einer Dreiergruppe stattfinden.

1. Je drei Personen bilden im Abstand von ca. anderthalb Metern ein Dreieck. Alle schauen in die gleiche Richtung.
2. Die Person im Dreieck, die ganz vorn steht, beginnt, sich langsam am Platz zu bewegen (Arme, Beine, Kopf, Körper). Diese fließenden Bewegungen machen die anderen beiden Teammitglieder möglichst zeitgleich und exakt nach. Im Idealfall sollte schwer erkennbar sein, wer führt.
3. Irgendwann dreht sich die vordere Person langsam um die eigene Achse nach links, macht also eine Dritteldrehung, wodurch ein anderes Teammitglied die vordere Position innehat und die Führung übernimmt.

53 Dreiwortgeschichte

- **Spielkategorie:**
- **Material:** keines
- **Dauer:** 10 Min. +
- **Ort:** überall
- **Teilnehmende:** 6 +

◗ So geht's

Förderung der Kreativität braucht nicht viel. Es genügen nur drei Wörter!

1. Die Teilnehmer*innen finden sich paarweise zusammen. Eine der beiden Personen gibt der anderen drei Wörter vor: ein großes Ding, ein kleines Ding und einen Namen.
2. Der*die Partner*in muss, ohne viel zu überlegen, mit den Vorgaben eine passende Kurzgeschichte mit Einleitung, Höhepunkt und Schluss erfinden.

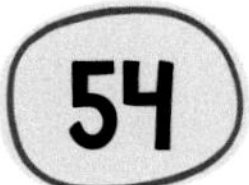

54 Durch das Spinnennetz

- **Spielkategorie:** ♡
- **Material:** keines, evtl. Augenbinden
- **Dauer:** 10 Min. +
- **Ort:** Turnhalle
- **Teilnehmende:** 12 +

So geht's

Das Spiel ist eine spannende Wahrnehmungsübung auch für größere Gruppen.

1. Alle Gruppenmitglieder sind Teil eines riesigen Spinnennetzes. Dazu legen sie sich mit dem Bauch auf den Boden und ergreifen Hände und Füße der anderen Mitglieder.
2. Eine Person bewegt sich am besten barfuß und mit geschlossenen Augen vorsichtig vorwärts. Sie muss sich durch Tasten mit den Füßen einen Weg durch das Netz bahnen und zum anderen Ende des Raums gelangen.
3. Wenn sich die Gruppenmitglieder auf den Rücken legen, wird das Spiel deutlich spannender.

Anmerkung

Achten Sie darauf, dass die Teilnehmenden äußerst vorsichtig unterwegs sind!

55 Eieruhrbombe

- **Spielkategorie:** ☺
- **Material:** 1 Eieruhr mit Klingel (alternativ: Smartphone mit Timer), 1 Schachtel o. Ä.
- **Dauer:** 10 Min. +
- **Ort:** überall
- **Teilnehmende:** 8 +

So geht's

Es ist nur eine Frage der Zeit, bis die Bombe hochgeht!

1. Man gibt die Eieruhr (oder das Smartphone) in eine kleine Schachtel und stellt sie auf ein bis zwei Minuten (Zeit variieren!).
2. Die Teilnehmer*innen sitzen in einem Kreis und reichen die Schachtel schnell weiter.
3. Wenn die „Bombe" in Form des Klingelns der Uhr hochgeht, schreit die Person, die sie gerade in der Hand hält, laut auf und scheidet aus. Dann startet das Spiel von Neuem.
4. Es gewinnt die Person, die zuletzt übrig bleibt.

Ein steiniger Weg

- **Spielkategorie:**
- **Material:** 1 Stein o. Ä. pro Person
- **Dauer:** 30 Min. +
- **Ort:** überall
- **Teilnehmende:** 6 +

So geht's

In dieser Übung kann auf anschauliche Weise über Probleme in der Gruppe bzw. Klasse gesprochen werden, ohne zu emotional zu werden.

1. Jede Person hat einen Stein in der Hand und erzählt, was sie in der Gruppe stört, wo es häufig zu Konflikten kommt, bei welchen Gelegenheiten gestritten wird usw.
2. Nach der Nennung eines negativen Verhaltens oder Problems wird jeweils ein Stein in den Kreis gelegt.
3. In einer zweiten Runde erklärt nun jedes Gruppenmitglied, was es tun kann bzw. was die anderen tun können, damit sich alle Beteiligten wieder besser und wohler fühlen.
4. In dieser Runde wird bei Nennung eines positiven Verhaltens, eines gruppenfördernden Prozesses usw. jeweils ein Stein aus dem Kreis entfernt.

Eins, zwei, drei

- **Spielkategorie:**
- **Material:** keines
- **Dauer:** 10 Min. +
- **Ort:** überall
- **Teilnehmende:** 4 +

So geht's

Diese Koordinations- und Konzentrationsaufgabe ist nicht ganz einfach!

1. Die Gruppenmitglieder stellen sich paarweise oder in Kleingruppen zusammen, außer zu dritt.
2. Zuerst beginnen sie, gemeinsam (in einer Endlosschleife) immer abwechselnd (!) bis drei zu zählen: „1 – 2 – 3 – 1 – 2 – 3 ..."
3. Dann wird die Zahl „1" durch Klatschen ersetzt, „2" und „3" bleiben Ziffern. Die Teams zählen weiter.
4. Wenn die Teams diese Variante beherrschen, wird nun zusätzlich die Zahl „2" durch einen kleinen Hüpfer ausgetauscht. Lediglich „3" bleibt als Ziffer bestehen.
5. Zum krönenden Abschluss wird die Zahl „3" durch Powackeln ersetzt.

58 Eisenbahntunnel

- **Spielkategorie:** ♡
- **Material:** keines
- **Dauer:** 10 Min. +
- **Ort:** überall
- **Teilnehmende:** 10 +

So geht's

Der „Eisenbahntunnel" ist ein nettes, einfaches Bewegungsspiel für viele Kinder.

1. Die Teilnehmer*innen knien nebeneinander auf dem Boden und stützen sich vorn mit den Händen ab. So bilden sie einen Tunnel, der durchaus ein paar Kurven haben kann.
2. Sie als Spielleitung führen eine Person zum Eingang des Tunnels.
3. Diese „Lokomotive" kriecht nun mit geschlossenen Augen durch den Tunnel und wird am Ende wieder von Ihnen oder einer anderen Person empfangen.
4. Dann gliedert sie sich hinten an und die Person am Eingang wird zur „Lokomotive".

59 Eitransport

- **Spielkategorie:**
- **Material:** Bänke, Medizinbälle, Eierkartons, 1 Tischtennisball und 1 Esslöffel pro Person
- **Dauer:** 15 Min. +
- **Ort:** Turnhalle, outdoor
- **Teilnehmende:** 12 +

So geht's

Zu Ostern wird dieses Spiel mit echten Ostereiern noch lustiger!

1. Zuerst wird mit einfachen Materialien (Bänke, Medizinbälle usw.) ein nicht zu schwieriger Parcours vorbereitet, den es zu bewältigen gilt. Idealerweise gibt es zwei, drei identische Parcours nebeneinander, sodass man um die Wette spielen kann.
2. Dann werden Teams gebildet, z. B. mit sechs Personen. Jedes Gruppenmitglied hat einen Tischtennisball in der Hand.
3. Auf Ihr Zeichen hin startet die jeweils erste Person mit einem Tischtennisball auf ihrem Löffel.
4. Sie muss nun die vorgegebene Strecke absolvieren und ihren Ball nur mithilfe des Löffels in den leeren Eierkarton platzieren.
5. Danach übergibt sie den Löffel an das zweite Teammitglied, das sich ebenfalls ein „Ei", also einen Tischtennisball, auf den Löffel legt und startet.
6. Es gewinnt die Mannschaft, die zuerst alle Eier im Karton platziert hat.

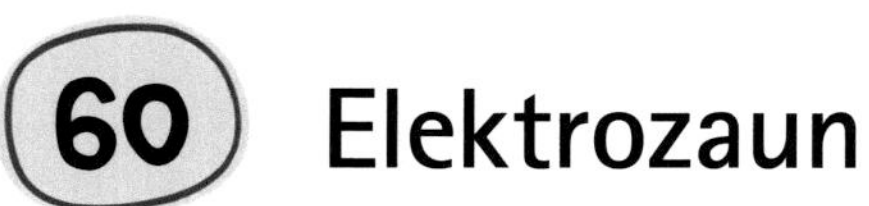

60 Elektrozaun

- **Spielkategorie:**
- **Material:** 1 oder 2 Hindernisständer, Schnur
- **Dauer:** 20 Min. +
- **Ort:** größerer Raum, Turnhalle, outdoor
- **Teilnehmende:** 10 +

So geht's

Die ganze Gruppe ist gefordert, alle Mitglieder unversehrt auf die andere Seite des Zauns zu bringen.

1. Zwei Gegenstände (Tisch, Heizköper, Sprossenwand, Hindernisständer o. Ä.) werden etwa in Hüfthöhe der Teilnehmer*innen mit einer Schnur verbunden. Die Höhe richtet sich nach den größeren Gruppenmitgliedern, sodass nur wenige über den „elektrisch geladenen Zaun" steigen oder springen können.
2. Alle Teilnehmer*innen sollen nun über den „Zaun" gelangen, ohne ihn zu berühren. Denn wenn dies geschieht, müssen alle wieder zurück auf die Ausgangsseite und die Aufgabe beginnt von Neuem. Hilfe der anderen Teammitglieder (Heben, Steigen auf andere usw.) ist erlaubt und erwünscht.

Varianten

- Alle Teilnehmer*innen müssen eine Kette bilden und dürfen sich nicht loslassen.
- Sollte eine Person das Hindernis berühren, muss sie eine Augenbinde aufsetzen. Die Aufgabe wird dann regulär fortgesetzt.
- Die ganze Aufgabe wird ohne Sprechen durchgeführt.

61 Emotionen an der Wand

- **Spielkategorie:** 
- **Material:** keines
- **Dauer:** 10 Min. +
- **Ort:** überall
- **Teilnehmende:** 4 +

So geht's

Bei dieser Übung geht es um das einfache, improvisierte Darstellen von Gefühlen.

1. Die Teilnehmer*innen werden in zwei Gruppen aufgeteilt. Ein Team beginnt und alle Mitglieder stellen sich nebeneinander in einer Reihe und mit dem Rücken zum Publikum an einer Wand auf. Die Mitglieder der anderen Gruppe bilden das Publikum.
2. Sie als Spielleitung nennen eine Emotion oder Eigenschaft. Alle Mitglieder der Gruppe an der Wand drehen sich gleichzeitig um und stellen die Emotion/Eigenschaft nach ihrer Vorstellung dar. Sie halten kurz diese Position, bleiben also im Freeze.
3. Wenn Sie in die Hände klatschen, lösen die Gruppenmitglieder die Haltung, drehen sich um und warten auf den Zuruf des nächsten Gefühls.
4. Nach einiger Zeit wechseln die Gruppen, das Publikum wird nun zu den Darsteller*innen.

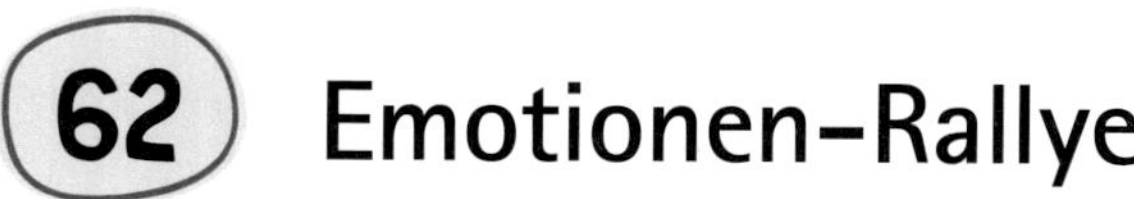

62 Emotionen-Rallye

- **Spielkategorie:**
- **Material:** 4 Sets mit je 20-30 Gefühlskärtchen
- **Dauer:** 15 Min. +
- **Ort:** Klasse, Seminarraum
- **Teilnehmende:** 12 +

So geht's

Hier ein flottes Spiel als möglicher Einstieg zum Thema Emotionen und Gefühle.

1. Es werden Gruppen mit etwa vier bis sechs Mitgliedern gebildet.
2. Im hinteren Bereich des Raumes liegen die vier voneinander getrennten Sets an Gefühlskärtchen. Jedem Team wird ein bestimmtes Set zugeordnet.
3. Auf der anderen Seite sitzen oder stehen die Mitglieder der jeweiligen Gruppen beisammen und versuchen, möglichst viele Punkte für ihr Team zu erspielen.
4. Auf Ihr Startzeichen hin startet nun die Rallye, die auf zehn Minuten begrenzt ist (evtl. Timer am Handy oder Sanduhr).
5. Das erste Teammitglied läuft zu seinem Stapel, nimmt ein Kärtchen, liest den Begriff, läuft zurück zur Gruppe und stellt das Gefühl pantomimisch dar.
6. Wenn das Gefühl erraten wird, bekommt das Team die Karte und somit einen Punkt. Sollte es die eigene Mannschaft nicht schaffen, auf die richtige Lösung zu kommen, wird das Kärtchen weggelegt und jemand anders spielt eine weitere Emotion aus dem Stapel vor.
7. Wenn jemand beim Abholen des jeweiligen Kärtchens vom Stapel meint, das Darstellen sei zu schwierig, könnte man die Regel einführen, dass die Spieler*innen zwei oder drei Karten skippen, also zur Seite legen dürfen.
8. So wird immer wieder abgewechselt, bis die zehn Minuten vorbei sind.
9. Es gewinnt das Team mit den meisten erratenen Kärtchen.

Anmerkung

Natürlich kann man bei der Auswahl der Emotionskärtchen steuern, welcher Altersgruppe man welches Gefühl zumuten kann.

Vorschläge für Karten

aggressiv, alt, angespannt, ängstlich, arrogant, aufgeregt, beleidigt, besorgt, betroffen, cool, einsam, entspannt, enttäuscht, erstaunt, freundlich, fröhlich, gelangweilt, glücklich, hinterlistig, lustig, müde, mutig, nervös, neugierig, schadenfroh, schüchtern, schuldbewusst, traurig, übermütig, überrascht, verärgert, verlegen, verletzt, verliebt, verzweifelt, vorsichtig, wütend, zornig

Energy jump – Zehnerspringen

- **Spielkategorie:**
- **Material:** keines
- **Dauer:** 5 Min. +
- **Ort:** überall
- **Teilnehmende:** 6 +

So geht's

Diese schnelle Aufwärm- und Bewegungsübung eignet sich auch für zwischendurch.

1. Die Gruppenmitglieder stehen im Kreis.
2. Alle Teilnehmer*innen springen auf ihrem Platz auf und ab und zählen dabei rückwärts von „10" bis „0" runter.
3. Wenn sie bei „0" angelangt sind, sagen sie die Zahl nicht. Stattdessen rufen sie „Hepp" und machen gleichzeitig einen kleinen Sprung in die Mitte des Kreises.
4. Dann springen sie sofort wieder zurück und zählen von „9" herunter, dann von „8" usw.; z. B. ab „4": „4 – 3 – 2 – 1 – Hepp (Sprung in den Kreis) → 3 (gleichzeitig Sprung zurück) – 2– 1 – Hepp (Sprung in den Kreis) → 2 (gleichzeitig Sprung zurück) – 1 ..."

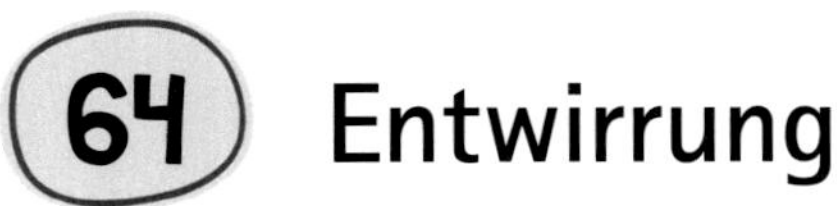

64 Entwirrung

- **Spielkategorie:**
- **Material:** keines
- **Dauer:** 10 Min. +
- **Ort:** überall
- **Teilnehmende:** 10 +

So geht's

Bei dieser Übung geht es darum, gemeinsam eine schwierige Aufgabe zu meistern.

1. Die Teilnehmer*innen stellen sich Schulter an Schulter in einen Kreis und strecken die Hände zur Mitte. Dann greift jedes Gruppenmitglied nach zwei Händen verschiedener Personen (dies ist wichtig, denn sonst funktioniert es nicht).
2. Sobald alle Hände gefasst sind, gehen die Teilnehmer*innen etwas zurück und versuchen, diesen „Gordischen Knoten" durch Über-, Unter- und Durchsteigen der Arme wieder zu entwirren. Dabei dürfen sie die Hände nicht loslassen, Sprechen ist allerdings erlaubt.
3. Wenn beim „Entknoten" alle Gruppenmitglieder Rücksicht aufeinander nehmen, löst sich der Knoten auf und es entsteht wieder ein Kreis. Eventuell kann dabei die eine oder andere Person verkehrt herum stehen.

Anmerkung

Entstehen beim Entwirren scheinbar unüberwindbare Probleme, so dürfen zwei Personen an einer Stelle einmalig die Hände lösen, um ein Weitermachen zu ermöglichen. Dabei soll die Gruppe gemeinsam entscheiden, wo gelöst werden soll.

Erlebnisse zuordnen

- **Spielkategorie:**
- **Material:** Karteikärtchen o. Ä., Stifte
- **Dauer:** 10 Min. +
- **Ort:** überall
- **Teilnehmende:** 4 +

So geht's

Wem traut man was zu?

1. Jedes Gruppenmitglied schreibt ein besonderes Erlebnis in seinem Leben auf, das man ihm (möglicherweise) nicht zutrauen würde.
2. Dann sammeln Sie die Kärtchen ein und mischen sie gut durch. Die Gruppe setzt sich im Kreis zusammen und jede*r erhält eines der Kärtchen.
3. Eine erste Person liest das besondere Erlebnis vor und darf dann dreimal raten, wer die Karte geschrieben hat und zu wem das Erlebnis gehören könnte. Errät sie die richtige Person nicht, offenbart diese sich der Gruppe.
4. Danach ist die nächste Person an der Reihe, liest den Text auf ihrer Karte vor, rät, wer das beschriebene Ereignis erlebt haben könnte, usw.

Variante

Da die Zuordnung gegen Ende der Runde immer einfacher wird, können Sie die Kärtchen nach dem Mischen auch im Raum verteilt aufhängen. Anschließend gehen alle Gruppenmitglieder herum und schreiben ihre Vermutung, wer die Kärtchen geschrieben haben könnte, darunter bzw. notieren sie auf einem persönlichen Zettel. Sind alle Kärtchen beschriftet, lesen Sie sie nacheinander vor und die jeweils dazugehörige Person gibt sich zu erkennen.

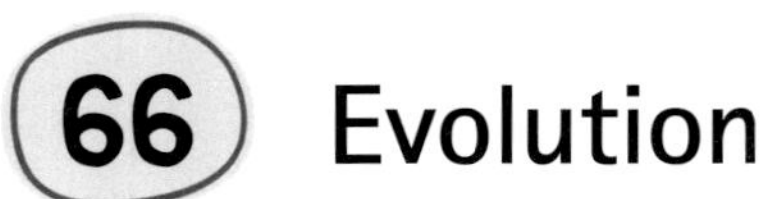

66 Evolution

- **Spielkategorie:** ☺
- **Material:** keines
- **Dauer:** 10 Min. +
- **Ort:** überall
- **Teilnehmende:** 10 +

So geht's

Das Spiel funktioniert ähnlich wie „Schere – Stein – Papier“, nur steigt man durch einen Sieg in der Evolution auf, während man bei einer Niederlage einen Schritt zurück macht.

1. Die Evolutionsreihe wird festgelegt, z. B.: Ei → Huhn → Dinosaurier → Affe → Mensch.
2. Alle Gruppenmitglieder fangen als Ei (auf dem Boden hockend) an. Es finden sich immer zwei Personen zusammen. Diese spielen dann „Schere – Stein – Papier“ gegeneinander: Die Spielenden zählen bis drei. Jede Person entscheidet sich für eine der drei Varianten, diese stellt sie auf „3“ mit einer Hand dar:
   - Schere: zwei gespreizte Finger
   - Papier: flache Hand
   - Stein: Faust

   Die Zeichen werden verglichen. Dabei gilt: Schere schneidet Papier (Schere gewinnt), Papier wickelt den Stein ein (Papier gewinnt), Stein schleift die Schere (Stein gewinnt). Entscheiden sich beide Spieler*innen für dasselbe Symbol, wird das Spiel als Unentschieden gewertet und wiederholt. Hat man verloren, bleibt man ein Ei, die siegreiche Person wird zum Huhn (etwas aufgerichtetere Körperposition, flattert mit den Flügeln usw.).
3. Danach finden sich neue Paare. Es spielen immer nur gleiche Tiere gegeneinander. Wenn sich zwei Hühner treffen, werden die Personen bei einer Niederlage wieder zum Ei, bei einem Sieg hingegen zum Dinosaurier (trottet im Raum herum). Wer als Dino verliert, wird wieder zum Huhn, die siegreiche Person wird zum Affen, der aufrecht auf zwei Beinen herumläuft usw.
4. Die Person, die das Duell zwischen zwei aufeinandertreffenden Affen gewinnt, bildet das Ende der Evolution. Der „hochentwickelte“ Mensch kann sich nun das ganze Spektakel in aller Ruhe ansehen, bis alle bis auf eine Person zu Menschen geworden sind oder das Zeitlimit erfüllt ist.

Fallende Bäume

- **Spielkategorie:**
- **Material:** 1 Decke oder Matte, evtl. Musik, evtl. Augenbinden
- **Dauer:** 15 Min. +
- **Ort:** überall
- **Teilnehmende:** 12 +

So geht's

Auch wenn der Name anders klingt, handelt es sich um eine sehr ruhige Vertrauensübung.

1. Es werden zwei Gruppen gebildet: Bäume und Holzfäller*innen.
2. Die Bäume verteilen sich im Raum, schließen die Augen und lassen die Arme locker hinunterhängen.
3. Die Holzfäller*innen (in Gruppen von ca. sechs Personen, im Bedarfsfall auch mehr) haben nun die Aufgabe, die Bäume zu fällen. Wenn ein Baum angetippt wird, spannt die jeweilige Person den Körper an. Dann kippt sie vorsichtig nach hinten und wird dabei von den Holzfäller*innen aufgefangen.
4. Gemeinsam und mit schaukelnden Bewegungen wird der Baum zur Unterlage (Decke, Matte) transportiert. Dazu kann eine entspannende Musik gespielt werden.

Anmerkung

Man sollte darauf achten, dass es bei dieser Übung möglichst ruhig bleibt.

Fälscherbande

- **Spielkategorie:**
- **Material:** Bildkarten, Stifte, Fotos o. Ä., leere DIN-A4-Blätter
- **Dauer:** 60 Min. +
- **Ort:** überall
- **Teilnehmende:** 6 +

So geht's

Diese etwas längere Übung eignet sich auch als Beschäftigungsmöglichkeit für Regentage oder Schlechtwetter (z. B. bei Projektwochen).

1. Alle Teilnehmer*innen erhalten eine Bildkarte, z. B. von bekannten Gemälden, Tieren, Fotos o. Ä. Diese zeichnen die Teilnehmer*innen nun, so gut es geht, auf ein leeres DIN-A4-Blatt ab.
2. Sind alle fertig, sammeln Sie die Originale wieder ein. Die Teilnehmer*innen geben das neu entstandene Werk, also die erste Fälschung, im Uhrzeigersinn weiter an den*die Nachbar*in.
3. Diese Person sieht nur die Kopie, die sie nun ihrerseits auf ein neues Blatt Papier malt, usw. Es werden also ständig Kopien von Kopien angefertigt. Das geht so lange, bis alle Teilnehmer*innen von jedem Bild eine Kopie gemacht haben. Sie sammeln die jeweiligen Vorlagen immer ein.
4. Am Ende werden alle Originale und die letzten Fälschungen miteinander verglichen – sehr lustige Endprodukte sind garantiert!

Anmerkungen

- Bei Gruppen ab zwölf Teilnehmer*innen kann man die Bildkarten doppelt nehmen und in zwei Gruppen arbeiten, sonst dauert das Spiel zu lange.
- Sie sollten die Zeit für das Anfertigen der Kopien begrenzen (z. B. auf zehn Minuten).

Fantastische Maschine

- **Spielkategorie:**
- **Material:** keines
- **Dauer:** 10 Min. +
- **Ort:** überall
- **Teilnehmende:** 12 +

So geht's

Die Maschine, die die Gruppenmitglieder bauen, wird von Mal zu Mal größer.

1. Alle Teilnehmer*innen finden sich in Gruppen von ca. vier bis sechs Personen zusammen.
2. In ein paar Minuten sollen sie eine Maschine bauen, die sich bewegt, etwas erzeugt, etwas verändert usw. Dabei ist Fantasie angesagt: Eine Person hämmert z. B. auf etwas Imaginäres ein, die nächste nimmt dieses fiktive Ding weg und schiebt es mit zischendem Geräusch weiter zur nächsten Person, die es anmalt, usw. Wichtig ist, dass sich die Gruppenmitglieder einfache Bewegungen ausdenken. Natürlich sind auch Geräusche möglich. Wichtig ist die Reproduzierbarkeit der Bewegungen/Geräusche.
3. Haben alle Personen ihren Ablauf gefunden, führt jede Gruppe ihre Maschine vor.

Variante

Die Gruppen können am Schluss alle Maschinen zu einer großen umbauen.

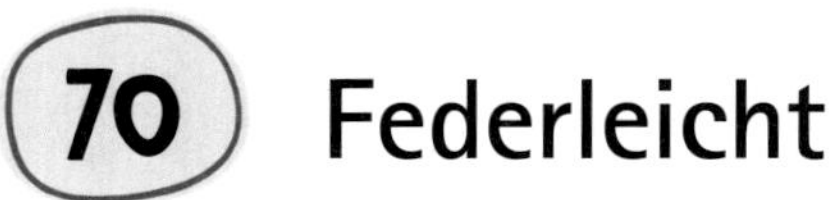

70 Federleicht

- **Spielkategorie:**
- **Material:** keines
- **Dauer:** 10 Min. +
- **Ort:** überall
- **Teilnehmende:** 7 +

So geht's

Die Übung bietet ein tolles Erlebnis, das man einmal ausprobiert haben sollte. Ein Austausch der Erfahrungen ist dabei erwünscht.

1. Es werden Gruppen mit sieben oder acht Personen gebildet.
2. Ein Teammitglied legt sich in Rückenlage auf den Boden, die Arme sind angelegt und die Augen geschlossen.
3. Die anderen knien sich um die liegende Person herum auf den Boden und berühren deren Kopf, Schultern, Arme, Bauch und Beine mit den flachen Händen – vorerst mit wenig Gewicht, dann zunehmend mit mehr.
4. Anschließend fassen die Teilnehmer*innen mit den Händen unter das liegende Gruppenmitglied und auf ein lautloses Zeichen hin heben sie die Person gleichmäßig und gleichzeitig hoch. Nun wird das Teammitglied kurz in der Luft gehalten. Auf ein Zeichen hin legen die anderen die liegende Person wieder sanft auf dem Boden ab. Beim Anheben und Herunterlassen muss besonders der Kopf gestützt werden; eine Person sollte extra damit beauftragt werden, darauf zu achten!

Anmerkung

Voraussetzung für diese Übung sind höchste Konzentration, Behutsamkeit und Ruhe.

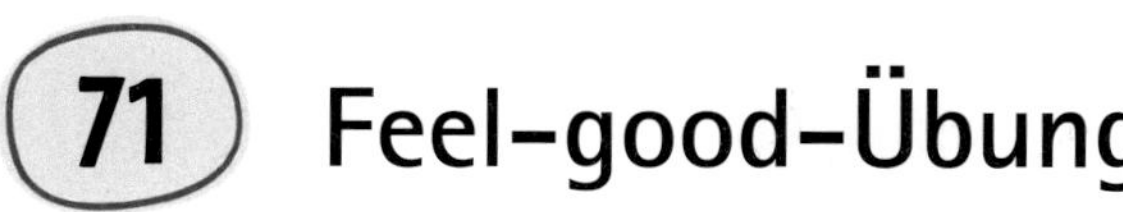

71 Feel-good-Übung

- **Spielkategorie:** ♡
- **Material:** keines
- **Dauer:** 5 Min. +
- **Ort:** überall
- **Teilnehmende:** 8 +

So geht's

Dies Spiel ist eine äußerst angenehme, schnell zu praktizierende Wohlfühlübung – für Paare oder Gruppen.

1. Die Teilnehmer*innen sitzen paarweise mit geschlossenen Augen Rücken an Rücken auf dem Boden. Sie konzentrieren sich auf den Atem und versuchen, einen gemeinsamen Atemrhythmus zu finden.
2. Langsam rutschen sie im Sitzen auseinander, bis sie flach auf dem Boden mit den Köpfen nebeneinander auf der Schulter des Partners bzw. der Partnerin liegen.

Varianten

- Man kann diese Übung auch im Stehen durchführen: Zuerst drücken die beiden Personen ihre Rücken fest gegeneinander. Dann gehen beide etwas in die Knie und rutschen sanft auseinander mit dem gleichen Effekt wie oben beschrieben.
- Die Übung kann auch in der Gruppe durchgeführt werden: Alle Gruppenmitglieder sitzen in zwei Reihen nebeneinander Rücken an Rücken auf dem Boden. Auf Ihr Zeichen hin rutschen alle Paare auseinander. Wieder liegen die Köpfe der einen Reihe auf den Schultern der anderen wie bei einem Reißverschluss. Das bewirkt ein tolles Gruppengefühl!

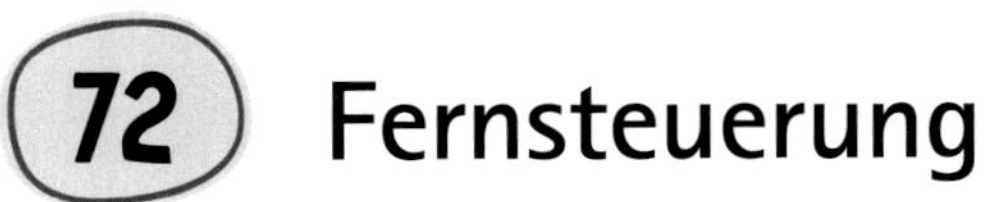

72 Fernsteuerung

- **Spielkategorie:**
- **Material:** Hindernisse unterschiedlichster Art, evtl. Augenbinden
- **Dauer:** 20 Min. +
- **Ort:** größere Klasse, Turnhalle
- **Teilnehmende:** 10 +

So geht's

Das Spiel funktioniert ähnlich wie der „Vertrauensparcours".

1. Die Gruppe wird halbiert, eine Hälfte geht aus dem Raum (sie sind die Roboter), die übrigen Personen (die Techniker*innen) bauen nun einen Parcours mit Hindernissen (in der Klasse z. B. aus Rucksäcken, Mappen, Stühlen, Tischen bzw. in der Turnhalle aus Hütchen, Reifen, Langbänken usw.).
2. Allen Techniker*innen wird nun je einer der draußen wartenden Roboter zugeordnet.
3. Die Techniker*innen bringen nun ihre Roboter, die die Augen geschlossen oder verbunden haben, zum Start.
4. Während nun also alle Roboter gleichzeitig unterwegs sind (mehr als fünf sollten es nicht sein), rufen ihnen ihre Techniker*innen ständig zu, wie schnell sie sich bewegen sollen, ob sie nach links oder rechts gehen müssen, wie weit es zu einem Hindernis ist usw. Je nachdem, wie groß der Raum ist und wie viele Personen mitspielen, können die Techniker*innen fest in der Mitte des Raums stehen oder vor bzw. neben ihren Robotern laufen und Anweisungen geben – natürlich nur, ohne andere zu behindern.
5. Das Spiel ist zu Ende, wenn alle Roboter den Parcours überwunden haben und am Ziel angekommen sind.

Varianten

- Dasselbe Spiel kann auch mit Wettbewerbscharakter durchgeführt werden: Die Zeit eines Paares wird gestoppt, es gibt Schlechtpunkte für Berührungen bzw. Verrücken von Hindernissen.
- In der Turnhalle können auch zwei bis vier Bahnen aufgebaut werden, auf denen mehrere Paare gleichzeitig gegeneinander antreten. Das ist deutlich schwieriger, weil mehrere Techniker*innen gleichzeitig Anweisungen geben.

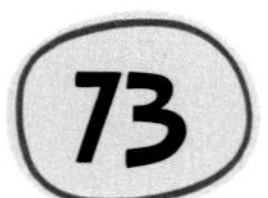

Finde deine Farbe

- **Spielkategorie:** ☺
- **Material:** 1 andersfarbiges Karteikärtchen o. Ä. pro Gruppe, evtl. Musik
- **Dauer:** 5 Min. +
- **Ort:** überall
- **Teilnehmende:** 8 +

So geht's

Mit diesem Gruppenfindungsspiel können einfach, aber schnell nach dem Zufallsprinzip Teams gebildet werden.

1. Je nach Anzahl werden die Teilnehmer*innen zufällig in drei bis fünf Gruppen eingeteilt (je nachdem, wie viele Teams man bilden möchte). Jeder Gruppe wird eine Farbe zugeordnet und jedes Gruppenmitglied erhält ein entsprechendes Farbkärtchen.
2. Dann ertönt flotte Musik (oder Sie geben ein Startsignal) und alle Personen bewegen sich im Raum. Solange die Musik läuft, dürfen die Mitspieler*innen ihre Farbkärtchen tauschen.
3. Sobald die Musik stoppt (oder wenn Sie ein Zeichen geben), halten alle ihre Karte in die Höhe. Nun müssen sich die neuen Gruppen möglichst rasch finden, an den Händen fassen, im Kreis auf den Boden setzen und ruhig sein. Die Gruppe, der das am schnellsten gelingt, hat gewonnen.

Variante

Mit dem Spiel auf Englisch – „Find your colour" – kann man gut die Farben auf Englisch einführen oder wiederholen.

Fingerschnappen

- **Spielkategorie:**
- **Material:** keines
- **Dauer:** 5 Min. +
- **Ort:** überall
- **Teilnehmende:** 8 +

So geht's

Fingerschnappen ist ein lustiges Reaktionsspiel für zwischendurch.

1. Die Gruppe versammelt sich in einem Stehkreis.
2. Alle strecken die linke Hand zur Person links von sich aus. Gleichzeitig legen die Teilnehmer*innen den Zeigefinger der rechten Hand auf die flach ausgestreckte linke Hand der Person zu ihrer Rechten.
3. Anschließend erzählen Sie irgendeine Geschichte. Sobald das Wort „Schnapp" fällt, müssen alle Teilnehmer*innen versuchen, einerseits ihren Zeigefinger wegzuziehen, andererseits den Zeigefinger der anderen Person zu schnappen.

75 Fische im Netz

- **Spielkategorie:**
- **Material:** keines
- **Dauer:** 10 Min. +
- **Ort:** Turnhalle, größere Klasse
- **Teilnehmende:** 10 +

So geht's

Fischers Fritz fischt frische Fische.

1. Es werden zwei Gruppen gebildet.
2. Die Mitglieder der ersten Gruppe stellen sich mit weit gegrätschten Beinen hin und schließen die Augen. Sie sind die Fischer*innen.
3. Die restlichen Teilnehmer*innen versuchen nun als Fische, unbemerkt durch die Beine der anderen zu schlüpfen.
4. Glaubt ein*e Fischer*in, dass gerade ein Fisch unter ihm*ihr her schwimmt, dann schließt er*sie die Beine, fängt so den Fisch ein und hält ihn fest.
5. Das Spiel endet, wenn alle Fische gefangen sind.

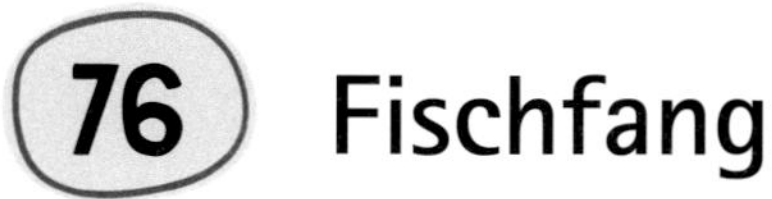

76 Fischfang

- **Spielkategorie:**
- **Material:** keines
- **Dauer:** 10 Min. +
- **Ort:** Turnhalle, größere Klasse
- **Teilnehmende:** 10 +

So geht's

Je mehr Fische die Teilnehmer*innen fangen, desto besser.

1. Auf einer Seite der Turnhalle stehen zwei Fischer*innen, die sich an einer Hand halten. Auf der anderen Seite tummeln sich die Fische.
2. Die Fische versuchen, auf die gegenüberliegende Seite der Halle zu kommen. Aufgabe der Fischer*innen ist es, Beute zu machen, indem sie einen Fisch einkreisen und ihn in ihrem Netz fangen, d. h., dass sie sich bei den Händen fassen und den Fisch zwischen sich einschließen. Durchschlüpfen durch das geschlossene Netz ist nicht erlaubt.
3. Wurde ein Fisch gefangen, wird diese Person ebenfalls zum*zur Fischer*in und fasst eine*n der beiden anderen Fischer*innen an der freien Hand. Sie kreisen weiter Fische ein und die beiden äußeren Personen machen dabei das Netz mit ihren Händen zu usw.
4. Das Spiel endet, wenn alle Fische gefangen sind.

77 Fliegende Fische

- **Spielkategorie:**
- **Material:** keines
- **Dauer:** 10 Min. +
- **Ort:** überall
- **Teilnehmende:** 10 +

So geht's

Das Spiel ist eine kleine Mutprobe, aber auch eine wirklich coole Kooperationsübung.

1. Die Teilnehmer*innen nehmen Uhren und Ringe ab und stellen sich paarweise gegenüber auf.
2. Die Paare halten sich nun an den Unterarmen oder Handgelenken des jeweiligen Partners bzw. der Partnerin (oder im Rautekgriff) fest. Ihre Köpfe neigen sie leicht nach hinten.
3. Die Gruppe geht kurz in die Knie und eine Person springt in die Gasse.
4. Die springende Person wird nun von der Gruppe in die Luft geworfen, anfänglich leicht, dann immer höher. Auf diese Weise kann sie auch weitertransportiert werden. Gemeinsame Kommandos sind dabei hilfreich (z. B.: „Und hopp!").

Fliegender Teppich

- **Spielkategorie:**
- **Material:** 2 Decken, Planen oder Folien
- **Dauer:** 10 Min. +
- **Ort:** Klasse, Seminarraum
- **Teilnehmende:** 12 +

So geht's

Eine weitere Aufgabe, bei der man sich immer näher kommt und die ein wenig Körperkontakt beinhaltet.

1. Es werden Gruppen mit jeweils fünf bis zehn Personen gebildet. Jedes Team bekommt einen „fliegenden Teppich" in Form einer Decke, breitet diese auf dem Boden aus und stellt sich darauf.
2. Anschließend erklären Sie, dass es mit dem Teppich Probleme gibt und er aus Sicherheitsgründen verkleinert werden muss. Nun versuchen die Teams, die Decke zuerst halb so groß, dann sukzessive so klein wie möglich zu falten, ohne dass ein Gruppenmitglied hinuntersteigt. Als Sicherheitsregel gilt: Andere Personen auf die Schultern zu nehmen (o. Ä.), ist verboten.
3. Es gewinnt die Gruppe mit dem kleinsten Platzbedarf und allen Mitgliedern auf dem „Teppich". (Für fünf Personen kann man ca. einen Quadratmeter Decke berechnen.)

Varianten

- Sie können auch die Geschichte vom Rettungsboot und dem rettenden Wendemanöver erzählen: Die Gruppe ist in Seenot geraten, konnte aber zu einem Rettungsboot (der Decke) gelangen. Allerdings gibt es zwei Probleme: Erstens treibt das Boot mit der Seite nach oben auf dem Meer. Das zweite Problem sind die gefährlichen Haie. Das heißt: Zeit ist kostbar. Die Gruppenmitglieder haben daher die Aufgabe, die Decke, auf der sie stehen, umzudrehen. Dabei darf niemand die Decke verlassen, um nicht zu ertrinken bzw. ein Opfer der Haie zu werden. Es gilt also, möglichst schnell Strategien zu entwickeln und auszuprobieren, um das Boot wieder in die richtige Position zu bekommen.
- Anstelle der Decke können die Teams auch alte Zeitungen bekommen, die sie nach und nach kleiner reißen müssen.

Flugscheiben-Golf

- **Spielkategorie:**
- **Material:** Flugscheiben und Hindernisse (Körbe, Reifen, Kisten, Schachteln, Kübel usw.)
- **Dauer:** 30 Min. +
- **Ort:** Turnhalle, outdoor
- **Teilnehmende:** 4 +

So geht's

Das Flugscheiben-Golf ist ein etwas längeres Spiel, das sich daher besonders für Projektwochen, Klassenfahrten usw. eignet.

1. Bei dieser Golf-Variante müssen die Flugscheiben auf ein Ziel, das „Loch", geworfen werden. Die Teilnehmer*innen bauen dazu gemeinsam einen Sechs-Loch-Parcours auf. Die Hindernisse können z. B. aus Kastenteilen oder Reifen, bestehen, die „Löcher" sind kleine Tore bzw. aufgestellte Schachteln, Kübel, Kisten o. Ä. Die Abwurfpositionen müssen gekennzeichnet sein.
2. Nacheinander bewältigen die Teilnehmer*innen den Parcours. Durch die verschiedenen Stationen können mehrere Personen gleichzeitig unterwegs sein. Gewonnen hat, wer die wenigsten Würfe benötigt.

Anmerkungen

- Distanz und Anzahl der Hindernisse hängen vom Spielort ab: In der Turnhalle werden es weniger „Löcher" sein, während man im Outdoorbereich größere Entfernungen und mehr Hindernisse aufbauen kann.
- Im Innenbereich empfehlen sich Soft-Flugscheiben.

Variante

Man kann auch in Mannschaften spielen: Gewonnen hat dann das Team, das den gesamten Parcours mit den wenigsten Würfen absolviert hat.

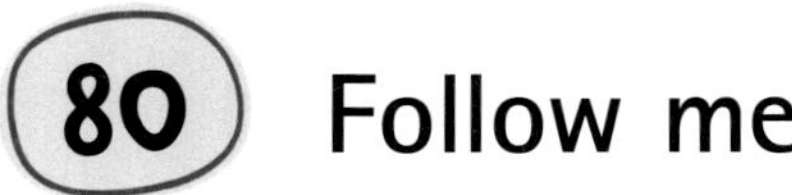

80 Follow me

- **Spielkategorie:**
- **Material:** keines
- **Dauer:** 10 Min. +
- **Ort:** überall
- **Teilnehmende:** 8 +

So geht's

Das Spiel eignet sich zum Aufwärmen, da alle eingebunden und aktiv sind.

1. Alle Teilnehmer*innen stehen im Kreis, nur Sie als Spielleitung befinden sich in der Mitte.
2. Sie geben eine Bewegung vor, die von allen nachgemacht werden muss.
3. Nach nicht allzu langer Zeit zeigen Sie auf eine Person, die nun in die Mitte geht und eine neue Bewegung vorführt. Es sollte ein fließender Wechsel stattfinden, sodass die Gruppe nie zum Stillstand kommt.

81 Förderband

- **Spielkategorie:**
- **Material:** keines
- **Dauer:** 10 Min. +
- **Ort:** überall
- **Teilnehmende:** 10 +

So geht's

Henry Ford, der Erfinder des Fließbandes, hätte seine Freude an dieser Übung.

1. Die Teilnehmer*innen liegen eng nebeneinander auf dem Rücken. Sie liegen in zwei Reihen wie ein Reißverschluss, d. h., bei einer Person zeigen die Beine nach links, bei der anderen nach rechts. Der Kopf rutscht bis zur Schulterpartie der Person nebenan, die Köpfe liegen nebeneinander. Dann heben alle die Arme und strecken die Hände horizontal aus.
2. Eine Person wird mit Ihrer Hilfe auf das Förderband gelegt. Nun wandert diese Person über die gestreckten Arme der Gruppe und wird vom „Fließband" bis ans Ende befördert. Dies ist durch das enge Beisammenliegen und das Strecken, Halten und Heben der vielen Hände gar nicht so schwierig, wie es klingen mag. Wichtig ist eine gute Körperspannung der zu transportierenden Person.
3. Sie oder eine andere Person helfen beim Abgang. Wer dran war, legt sich ans Ende des Förderbandes und die nächste Person ist an der Reihe.

82 Fortbewegungs-Impro

- **Spielkategorie:**
- **Material:** 3 Stühle
- **Dauer:** 15 Min. +
- **Ort:** Klasse, Seminarraum
- **Teilnehmende:** 6 +

So geht's

Bei dem Spiel handelt es sich um eine sehr lustige Art der Improvisation.

1. Zwei Stühle stehen nebeneinander, ein weiterer in der Mitte dahinter. Der*die Fahrer*in sitzt links vorn, daneben eine weitere Person, hinter ihnen noch jemand auf dem Rücksitz.
2. Die fahrende Person eröffnet die Szene, indem sie durch ihr Verhalten, ihre Geräusche, ihren Einstiegssatz angibt, welches Fahrzeug sie fährt, z. B. Ballon, Lokomotive, U-Boot, Rikscha, Rettungswagen usw. Die beiden Mitfahrenden erfinden passende Rollen dazu.
3. Nach etwa 30 Sekunden geben Sie ein Zeichen, woraufhin der*die Fahrer*in aussteigt. Die anderen rücken nach und ein neues Gruppenmitglied steigt hinten ein. Der*die neue Fahrer*in führt ein neues Fahrzeug ein usw.

83 Foto-Klick

- **Spielkategorie:**
- **Material:** keines
- **Dauer:** 15 Min. +
- **Ort:** überall
- **Teilnehmende:** 10 +

So geht's

Beim Fotografieren mit den Augen wird die Merkfähigkeit trainiert.

1. Es werden Paare gebildet. Eine Person ist der Fotoapparat, sie schließt die Augen.
2. Das zweite Teammitglied ist ein*e Tourist*in, der*die den Fotoapparat vorsichtig durch den Raum führt. Zu diesem Zweck fasst er*sie das Teammitglied an der Hand oder Schulter.
3. Wenn sie ein nettes Motiv findet, bleibt die sehende Person stehen, um ein Foto zu machen. Sie drückt auf den Auslöser, z. B. leicht auf den Scheitel der anderen Person, und diese öffnet für einen kurzen Moment die Augen. Dies passiert z. B. fünfmal, wobei sich der Fotoapparat die Motive merken muss.
4. Danach kommen alle zusammen und die Fotoapparate erzählen von den geknipsten Bildern. Anschließend gibt es einen Rollentausch.

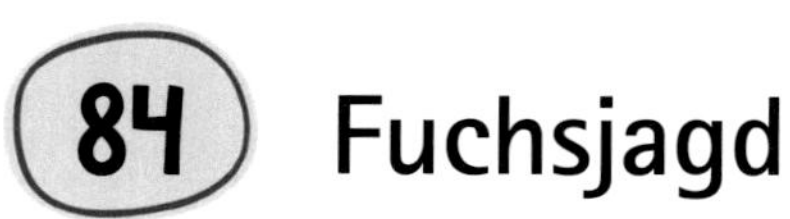

84 Fuchsjagd

- **Spielkategorie:**
- **Material:** keines
- **Dauer:** 10 Min. +
- **Ort:** größerer Raum, Turnhalle, outdoor
- **Teilnehmende:** 10 +

So geht's

Schnelle Wechsel sind in diesem dynamischen Laufspiel an der Tagesordnung.

1. Alle Teilnehmer*innen sind paarweise im Raum verteilt. Jeweils eine Person steht vorn, die andere dahinter. Sie sind Füchse, die sich in einem Fuchsbau vor dem*der Jäger*in verstecken.
2. Sie als Spielleitung wählen ein Paar aus. Eine Person wird zu einem Fuchs, der noch keinen Platz im Bau gefunden hat, die andere nimmt als Jäger*in die Verfolgung auf und versucht, den Fuchs zu fangen.
3. Der Fuchs kann sich retten, indem er sich vor irgendein Paar stellt und so in den Bau gelangt. Da nur zwei Füchse im Bau Platz haben, muss die hintere Person sofort davonlaufen, denn der*die Jäger*in ist nun hinter ihr her. Schnelle Wechsel beschleunigen das Spiel und machen es auch lustiger für alle.
4. Ist ein Fuchs gefangen, muss dieser danach ebenfalls Füchse jagen.

Variante

Wenn das Spiel gut läuft und es mehr als 15 Teilnehmer*innen gibt, kann auch ein zweites Paar in der Funktion von Jäger*in und flüchtendem Fuchs unterwegs sein. Achtung: Der*die Jäger*in muss immer dem richtigen Fuchs nachlaufen, es gilt hier also, gut aufzupassen!

Fünf-Finger-Feedback

- **Spielkategorie:**
- **Material:** 1 Plakat
- **Dauer:** 10 Min. +
- **Ort:** überall
- **Teilnehmende:** 4 +

So geht's

Dieses einfache Feedback kann in vielen Situationen eingesetzt werden.

1. Sie stellen ein Plakat her, auf das eine große Hand gemalt ist. Die Finger werden mit folgenden Satzanfängen beschriftet:
   - Daumen: Daumen hoch für ...
   - Zeigefinger: Darauf möchte ich hinweisen ...
   - Mittelfinger: Im Mittelpunkt stand für mich ...
   - Ringfinger (mit Ring): Mein persönliches Schmuckstück (Highlight) war ...
   - Kleiner Finger: Etwas zu kurz für meinen Geschmack kam ...
2. Das Plakat wird für alle sichtbar aufgehängt. Alle Gruppenmitglieder beenden reihum die Sätze.

86 Gänsehautgarantie

- **Spielkategorie:**
- **Material:** keines
- **Dauer:** 2 Min. +
- **Ort:** überall
- **Teilnehmende:** 2 +

So geht's

Vorsicht: Das Spiel ist ziemlicher Nonsens!

1. Zuerst sprechen Sie folgende Gruselgeschichte vor, zu der Sie die Bewegungen in den Klammern an einer Person vorführen.
   - „Sechs Stiche im Rücken ..." (mit der Faust im Rhythmus auf den Rücken „stechen")
   - „... die Spinne im Haar ..." (mit den Fingern die Nackenhaare kraulen)
   - „... das Blut rinnt hinunter ..." (mit den Händen den Rücken abwärtsstreichen)
   - „... die Gänsehaut ist da!" (etwas fester ins Genick fassen)
2. Nachdem Text und Bewegung geübt wurden, stellen sich die Gruppenmitglieder hintereinander im Kreis auf. Dann sprechen sie die Zeilen theatralisch mit und führen die Bewegungen am Rücken der vor ihnen stehenden Person aus.

Geburtstagsaufstellung

- **Spielkategorie:**
- **Material:** 1 Stuhl pro Person und 1 zusätzlicher Stuhl
- **Dauer:** 30 +
- **Ort:** Klasse, Seminarraum
- **Teilnehmende:** 10 +

So geht's

Sich annähern, berühren, kooperieren und Rücksicht aufeinander nehmen – darum geht es bei dieser Kennenlernübung.

1. Es wird ein Stuhlkreis gebildet, allerdings mit einem Stuhl mehr, als es Personen gibt.
2. Sie bitten alle, sich auf einen Stuhl zu stellen.
3. Der freie Stuhl wird als 1. Januar gekennzeichnet und ist der Ausgangspunkt für die kommende Übung.
4. Aufgabe ist es, sich, entsprechend der Geburtstage, in der richtigen Reihenfolge aufzustellen. Wer also als Erste*r im Jahr Geburtstag hat, steht gleich auf dem Stuhl neben dem Ausgangspunkt usw.
5. Natürlich darf niemand den Boden berühren. Jedwede Hilfe der anderen beim Hin- und Herbewegen auf den Stühlen ist aber ebenso erlaubt und erwünscht wie das Kommunizieren untereinander.
6. Sobald die Gruppe die Übung beendet hat, kann das Resultat überprüft werden.

88 Geräusche erkennen

- **Spielkategorie:** ♡
- **Material:** verschiedene Alltagsgegenstände (Kugelschreiber, Streichhölzer, Tüte, Blatt Papier ...), 1 Schachtel o.Ä.; evtl. Augenbinden
- **Dauer:** 10 Min. +
- **Ort:** Klasse, Seminarraum
- **Teilnehmende:** 6 +

So geht's

Dies ist eine gute Übung für das Training des Gehörsinns.

1. Die Teilnehmer*innen sitzen in einem Stuhlkreis und schließen die Augen.
2. Sie nehmen einen Gegenstand aus einer Schachtel und machen damit ein Geräusch, z. B. Zündholz anreiben, Kugelschreiber klicken, Gummiring schnalzen, Plastiktüte zerknüllen, Blatt Papier zerreißen usw.
3. Nach dem gehörten Geräusch öffnen die Teilnehmer*innen die Augen, zeigen auf und raten, was es war, bzw. schreiben es auf einen Zettel.

Varianten

- Die Teilnehmer*innen hören z. B. zehn Geräusche hintereinander. Erst danach schreiben sie auf, was sie gehört haben. Dies kann eventuell auch in Zweiergruppen geschehen.
- Für schwächere Gruppen kann man eine Liste von Dingen auf einen Zettel schreiben und die Teilnehmer*innen brauchen nur anzukreuzen, was sie gehört haben.

Geräusche orten

- **Spielkategorie:** ♡
- **Material:** keines, evtl. Augenbinden
- **Dauer:** 10 Min. +
- **Ort:** größerer Raum, Turnhalle
- **Teilnehmende:** 10 +

So geht's

Sich inmitten vieler anderer Geräusche ganz auf sein Gehör zu verlassen, ist mitunter nicht so einfach!

1. Es werden Paare gebildet. Die beiden Teammitglieder machen jeweils ein Geräusch (oder Wort, Signal ...) aus, das auch längere Zeit durchgehalten werden kann.
2. Die Paare stellen sich in zwei Reihen gegenüber auf. In der ersten Reihe schließen alle auf Kommando die Augen und drehen sich um. In der zweiten Reihe tauschen die Partner*innen währenddessen die Plätze.
3. Auf Ihr Zeichen hin dürfen sich die Personen mit den geschlossenen Augen wieder umdrehen. Ihre Partner*innen beginnen, das vereinbarte Geräusch zu machen.
4. Die Personen mit geschlossenen Augen versuchen nun, das zu ihnen gehörende Geräusch zu orten. Sie lauschen so lange, bis sie es hören, und gehen dann zu ihrem Teammitglied, das sie schon mit offenen Armen empfängt. Die Paare, die sich schon gefunden haben, müssen sich absolut ruhig verhalten, um auch denjenigen, die noch auf der Reise sind, die Chance zu geben, ihr Geräusch zu orten.
5. Das Spiel ist beendet, wenn alle ihr Teammitglied gefunden haben.

Anmerkung

Manche Geräusche sind dominanter als andere, manche sind ähnlich. Es kann also eine Weile dauern, bis eine Person ihr Geräusch hört. Hier geht es aber auch nicht um Schnelligkeit, sondern darum, sicher zum Teammitglied zu gelangen.

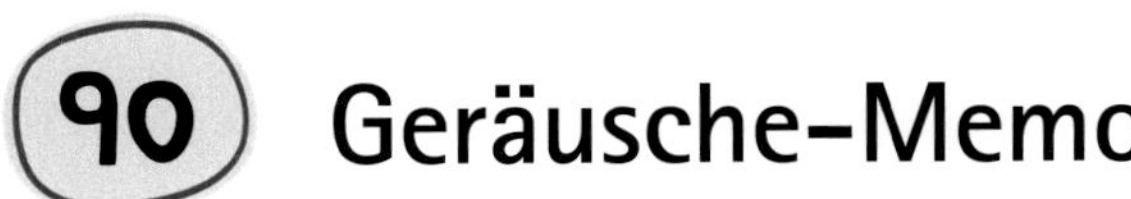

90 Geräusche-Memo

- **Spielkategorie:**
- **Material:** keines
- **Dauer:** 10 Min. +
- **Ort:** überall
- **Teilnehmende:** 12 +

So geht's

Das bekannte Memory-Spiel einmal anders – in der Tierlautversion ist das Spiel extrem lustig.

1. Zwei Personen werden ausgewählt, die gegeneinander spielen. Zu diesem Zweck verlassen sie den Raum.
2. Die anderen finden sich nun paarweise zusammen. Jedes Paar macht nun ein Geräusch oder einen Tierlaut aus. Sie überprüfen, ob es doppelte Geräusche gibt.
3. Nachdem sich alle, bunt gemischt, im Halbkreis aufgestellt haben, werden die beiden Wartenden hereingeholt und spielen nun gegeneinander. Sie dürfen, wie beim bekannten Memory-Spiel üblich, „aufdecken" und sich zwei Geräusche anhören. Das passiert durch Aufrufen der Namen oder Antippen der jeweiligen Teilnehmer*innen, die dann das vereinbarte Geräusch machen.
4. Sind die Geräusche identisch, gehört das Paar der Person, die sie gefunden hat. Es gewinnt, wer am Ende mehr Paare gefunden hat.

Variante

Die Teilnehmer*innen füllen jeweils zwei kleine Dosen oder Schachteln mit verschiedensten Dingen: Reis, Kugeln, Steine, Wasser usw. Bei dieser Version werden die Dosen geschüttelt, damit die beiden Memo-Spieler*innen das Geräusch hören.

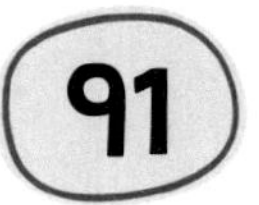

Geräusche-Oase

- **Spielkategorie:**
- **Material:** keines
- **Dauer:** 10 Min. +
- **Ort:** überall
- **Teilnehmende:** 6 +

So geht's

Diese Übung bietet eine wunderbare, angenehme Erfahrung, einfach zum Wohlfühlen!

1. Alle Teilnehmer*innen sitzen im Kreis, eine Person setzt sich in die Mitte. Sie kann nun ein Thema auswählen, z. B. „Auf der Wiese", „Im Wald", „Am Strand", „Am Fluss" ...
2. Die Person schließt die Augen und die anderen Teilnehmer*innen beginnen nun, eine passende Geräuschkulisse aufzubauen, z. B.: Wiese: leichter Wind (ein wenig Luft blasen), Tierlaute (Vögel, Insekten, Grillenzirpen), Rascheln der Gräser ...

Geschichte im Kreis

- **Spielkategorie:**
- **Material:** Stühle
- **Dauer:** 10 Min. +
- **Ort:** Klasse, Seminarraum
- **Teilnehmende:** 10 +

So geht's

Spontanität und Kreativität sind gefragt, denn nur dann wird die Geschichte gut!

1. Alle Teilnehmer*innen sitzen im Kreis. Eine Person beginnt mit einem Wort, sie sagt z. B. „Eines".
2. Die nächste Person fügt möglichst schnell ein Wort hinzu (ohne zu wiederholen), z. B. „Tages" usw. Es soll eine kurze, nette, spannende, unheimliche, lustige ... Geschichte entstehen, ohne dass die Gruppenmitglieder viel darüber nachdenken.

Anmerkungen

- Ist eine Geschichte nicht gut oder läuft das Ganze zäh, dann sollte man neu beginnen.
- Auf Bindewörter, wie „aber", „weil", „und" ..., sollte man eher verzichten, weil es die Geschichte zu kompliziert macht und den Fluss stört. Kurze Sätze sind weit besser für den Fortgang des Geschehens geeignet.

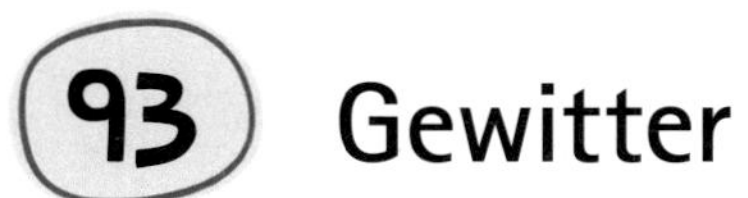

93 Gewitter

- **Spielkategorie:** ♡
- **Material:** Stühle
- **Dauer:** 10 Min. +
- **Ort:** Klasse, Seminarraum
- **Teilnehmende:** 10 +

So geht's

Diese nette Stilleübung hat einen sehr angenehmen Abschluss.

1. Alle Teilnehmer*innen sitzen im Kreis und haben die Augen geschlossen.
2. Sie als Spielleitung teilen mit, was sich wettermäßig gerade tut. Sie geben dazu jeweils ein Geräusch in der Runde weiter. Dieses geht reihum, bis es wieder bei Ihnen angekommen ist.
3. Zum Schluss reiben die Teilnehmer*innen die Hände aneinander und legen die warmen Hände auf Rücken, Schultern und Oberarme der Person rechts von sich. Es folgt eine Weile lang Stille.

Beispiele

- Wind kommt auf. (*Windgeräusch machen*)
- Die ersten Regentropfen fallen. (*Hände leicht aneinanderreiben*)
- Der Regen wird heftiger. (*Hände klatschen*)
- Platzregen ist im Anmarsch. (*auf Oberschenkel schlagen*)
- Ein starkes Gewitter mit Donner zieht auf. (*zusätzlich mit Füßen stampfen*)
- Der Donner hört auf. (*nur noch auch Oberschenkel schlagen*)
- Der Regen lässt nach, nur einzelne Tropfen fallen noch. (*Finger schnipsen*)
- Nieselregen fällt sacht. (*Hände leicht reiben*)
- Der Wind lässt nach. (*Windgeräusch machen*)
- Der Regen hat aufgehört und die Sonne scheint wieder. (*Schlussbewegung ausführen*)

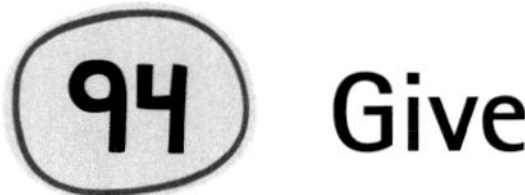

Give me five

- **Spielkategorie:** ♡
- **Material:** keines
- **Dauer:** 6 Min. +
- **Ort:** überall
- **Teilnehmende:** 6 +

So geht's

Diese Sensibilisierungsübung ist eine lustige Erweiterung zum „Aura"-Spiel.

1. Zwei Personen stehen einander gegenüber. Sie legen die Handflächen aneinander und schließen die Augen.
2. Nun gehen sie drei Schritte zurück, drehen sich einmal um die eigene Achse und gehen die drei Schritte wieder nach vorn.
3. Wenn sie glauben, fast beim Gegenüber zu sein, bleiben sie stehen und schlagen – immer noch mit geschlossenen Augen – wie bei „Give me five!"/„High five" ein, sodass im Idealfall die Hände beider Personen direkt aufeinanderklatschen. Man muss dabei allerdings darauf achten, dass das Klatschen abgestoppt wird, damit nicht das Gesicht der anderen Person getroffen wird!

Glücksbahn

- **Spielkategorie:** ♡
- **Material:** 1 längere Papierbahn, z. B. Tapetenrolle, Stifte, evtl. Musik
- **Dauer:** 30 Min. +
- **Ort:** Klasse, Seminarraum
- **Teilnehmende:** 8 +

So geht's

Es soll ein riesiges „Glücksbild" in der Gruppe erstellt werden.

1. Die Teilnehmer*innen stehen oder sitzen um eine Papierbahn herum und überlegen zuerst, was sie glücklich macht, bzw. sie erinnern sich an Situationen, in denen sie glücklich waren.
2. Dann malen und zeichnen alle (evtl. zu passender Musik) gleichzeitig, was Glück für sie bedeutet. (Dies kann bildlich, aber auch abstrakt sein.)

Grimassen-Memo

- **Spielkategorie:**
- **Material:** keines
- **Dauer:** 10 Min. +
- **Ort:** überall
- **Teilnehmende:** 12 +

So geht's

Die vielleicht lustigste Variante des bekannten Memory-Spiels.

1. Zwei Personen werden ausgewählt, die gegeneinander spielen dürfen. Zu diesem Zweck verlassen sie kurz den Raum.
2. Die anderen finden sich nun paarweise zusammen. Jedes Paar denkt sich eine Grimasse aus, die sie einüben, um diese dann vorführen zu können. Sie versichern sich, dass keine Grimasse doppelt vorkommt.
3. Nachdem sich die Teilnehmer*innen bunt gemischt im Halbkreis aufgestellt haben, werden die beiden Wartenden hereingeholt, die nun gegeneinander antreten.
4. Sie dürfen, wie beim bekannten Memory-Spiel üblich, „aufdecken" und sich zwei Grimassen anschauen. Das passiert durch Aufrufen oder Antippen jeweils zweier Personen, die dann die vereinbarte Grimasse vorführen.
5. Ist die Grimasse identisch, gehört das Paar der Person, die es gefunden hat. Es gewinnt, wer am Ende mehr Paare gefunden hat.

Gruppen-Knoten

- **Spielkategorie:**
- **Material:** Matten, evtl. Musik
- **Dauer:** 15 Min. +
- **Ort:** Turnhalle, größerer Raum
- **Teilnehmende:** 8 +

So geht's

Einfache Aufgaben müssen in diesem lebendigen Spiel rasch erledigt werden.

1. Die Teilnehmer*innen haben einige Matten im Raum verteilt und laufen dazwischen umher.
2. Auf Ihr akustisches Signal (Pfiff, Musikstopp) hin bleiben alle stehen.
3. Sie stellen nun eine Aufgabe, die es zu erledigen gilt, z. B. „acht Knie, fünf linke Ellbogen" usw. Die Teilnehmer*innen finden sich in Zufallsgruppen zusammen und müssen, entsprechend der Angaben, mit der richtigen Anzahl der genannten Körperteile die Matte berühren.

Gruppen-Puzzles

- **Spielkategorie:**
- **Material:** 1 kompletter Puzzlesatz pro Gruppe
- **Dauer:** 10 Min. +
- **Ort:** überall
- **Teilnehmende:** 12 +

So geht's

Das Spiel bietet eine etwas andere Art zum Zusammenfinden von Zufallsgruppen.

1. Sie bereiten verschiedene Puzzles mit einer bestimmten Anzahl an Teilen vor (je nachdem, wie viele Gruppen mit wie vielen Personen gebildet werden sollen).
2. Alle erhalten ein Puzzleteil, das noch nicht gezeigt werden darf.
3. Auf Ihr Startzeichen hin versuchen alle möglichst schnell, die anderen Gruppenmitglieder zu finden.
4. Gewonnen hat die Gruppe, die ihr Puzzle zuerst zusammengesetzt hat.

Guten Morgen!

- **Spielkategorie:**
- **Material:** Musik
- **Dauer:** 10 Min. +
- **Ort:** Klasse, Seminarraum
- **Teilnehmende:** 10 +

So geht's

Das Spiel ist ein freundlicher und auflockernder Einstieg in den Tag.

1. Alle Teilnehmer*innen gehen zur Musik im Raum herum.
2. Wenn Sie die Musik stoppen, reichen alle der Person neben sich die Hand und begrüßen sie mit „Guten Morgen/Abend/...".
3. Die Hand darf nicht losgelassen werden, bis man einer anderen Person die zweite Hand zur Begrüßung gereicht hat.

Hai – Hase – Vogel

- **Spielkategorie:**
- **Material:** keines
- **Dauer:** 10 Min. +
- **Ort:** überall
- **Teilnehmende:** 10 +

So geht's

Das einfach anmutende Spiel hat mehr Tiefe, als man denkt!

1. Die Gruppenmitglieder üben drei verschiedene Zeichen ein:
   - Hai = eine Hand mit den Fingern nach oben auf den Kopf setzen (= Haifischflosse)
   - Hase = beide Hände seitlich am Kopf platzieren (= zwei Hasenohren)
   - Vogel = eine Hand von der Nase nach vorn strecken (= Schnabel)
2. Zwei Personen stellen sich Rücken an Rücken. Dann zählen beide gemeinsam „1, 2, 3".
3. Bei „3" drehen sich beide mit einem Sprung um die halbe eigene Achse zueinander und machen dabei eines der drei Zeichen. Absprachen sind natürlich nicht erlaubt. Das Ziel ist erreicht, wenn beide Personen dasselbe Tier zeigen.
4. Dann passiert dasselbe in Dreier-, Vierer-, Fünfergruppen usw. Den Abschluss bildet die Übung mit der gesamten Gruppe.

Anmerkung

Es wird natürlich passieren, dass einige Gruppen rasch fertig werden, andere gar nicht. Bevor die Stimmung kippt, sollte man unterbrechen und nachfragen, welche Strategien die schnellen Gruppen angewendet haben, um erfolgreich zu sein.

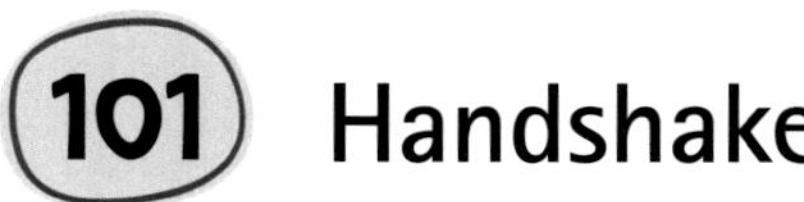

101 Handshakes

- **Spielkategorie:**
- **Material:** kleine Zettel
- **Dauer:** 6 Min. +
- **Ort:** überall
- **Teilnehmende:** 10 +

So geht's

Die Variante von „Nummernshake" dient zur Paar- oder Gruppenfindung.

1. Alle Teilnehmer*innen erhalten einen Zettel mit einer Zahl von eins bis fünf, die geheim gehalten werden muss. Bei dieser Übung darf nicht gesprochen werden.
2. Dann gehen alle im Raum herum und suchen das Team oder die Gruppe, zu der sie gehören. Dies passiert, indem sie anderen Personen, die sie unterwegs treffen, die Hände schütteln. Entspricht die Anzahl des Schüttelns der eigenen Geheimzahl, dann hat man ein Gruppenmitglied gefunden.
3. Das Händeschütteln geht so lange weiter, bis sich die gesamte Gruppe zusammengefunden hat.

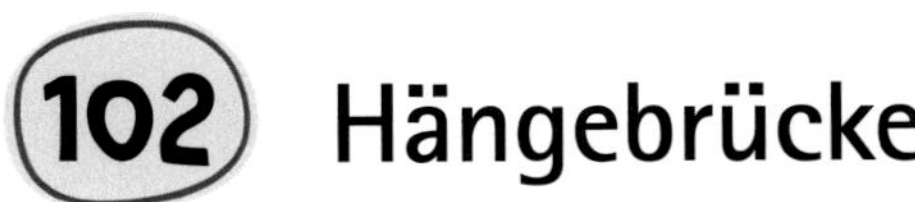

102 Hängebrücke

- **Spielkategorie:**
- **Material:** 8–12 abgerundete Vierkanthölzer (ca. 1 m lang und 4–5 cm stark)
- **Dauer:** 20 Min. +
- **Ort:** überall
- **Teilnehmende:** 17 +

So geht's

Diese Übung sollte eher am Ende der Vertrauensübungen stehen.

1. Es werden Paare gebildet. Jedes Paar erhält einen Stab, den es ganz fest in Hüfthöhe zwischen sich hält.
2. Dann bilden die Paare eine Gasse, sodass man auf den acht bis zwölf „Trittflächen" durch sie hindurchgehen kann.
3. Eine Person steigt über einen Stuhl o. Ä. auf den ersten Stab und geht sofort auf den zweiten, dritten usw. So wandert sie über diesen „Steg" durch die Gasse.

Anmerkung

Wichtig ist, dass die Person, die „oben" geht, das Gewicht möglichst auf zwei Stufen verteilt und nicht zu lange auf einer verweilt! Als Hilfsmittel kann man sich an den Köpfen der anderen Teilnehmer*innen etwas Halt suchen. Motorisch Geschickte werden es auch ohne diese Hilfe schaffen.

Variante

Wenn alle Teilnehmer*innen die Übung beherrschen, kann das Paar, über deren Stäbe gerade jemand gegangen ist, wieder nach vorn laufen, sich dort aufstellen und so die Brücke verlängern.

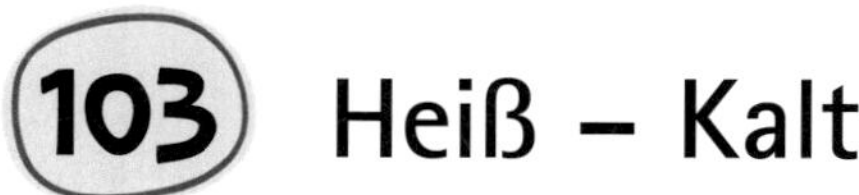

103 Heiß – Kalt

- **Spielkategorie:** ☺ ♡
- **Material:** keines
- **Dauer:** 10 Min. +
- **Ort:** überall
- **Teilnehmende:** 2 +

So geht's

Dieses altbekannte Suchspiel macht immer wieder Spaß.

1. Eine Person wird aus dem Raum geschickt. Die restlichen Gruppenmitglieder suchen einen Gegenstand aus (z. B. ein Buch, eine Mappe ...) und verstecken diesen irgendwo im Raum.
2. Die wartende Person kommt wieder herein und muss diesen nun suchen. Nähert sie sich dem gesuchten Gegenstand, sagt die Gruppe „heiß" (oder „heißer"); entfernt sie sich, sagen die Teilnehmer*innen „kalt" (oder „kälter"). Stattdessen kann auch gesummt werden. Die Lautstärke des Summens gibt an, ob man sich dem Gegenstand nähert oder sich von ihm entfernt.
3. Die Teilnehmer*innen geben so lange Hinweise, bis der Gegenstand gefunden wurde.

Variante

Eine witzige Erweiterung kann man vornehmen, indem die Gruppe vorher eine Tätigkeit ausgemacht hat, die der*die Suchende ausführen muss, z. B.: Fenster öffnen, Schuh binden, Licht aufdrehen, Nase putzen, jemanden berühren o. Ä. Dies dauert um einiges länger, ist aber recht amüsant.

Hey, my name is Joe!

- **Spielkategorie:**
- **Material:** keines
- **Dauer:** 10 Min. +
- **Ort:** überall
- **Teilnehmende:** 8 +

So geht's

Dieses lustige Aufwärmspiel eignet sich zum Einstieg oder für zwischendurch, es ist auch mit Großgruppen leicht durchzuführen.

1. Zuerst werden mit den Gruppenmitgliedern folgende Zeilen geübt (vor- und nachsagen):
   - → Hey, my name is Joe!
   - → I work in a button-factory.
   - → One (lang gesprochen) day ...
   - → ... my boss came up to me.
   - → Hey Joe! Are you busy?
   - → Yes, man!
   - → Press the button with your right hand.
2. Funktioniert das Sprechen, kommt beim letzten Satz („Press the button with ...") immer eine neue Aktivität dazu, d. h.: Bei „right hand" wird die rechte Hand im Rhythmus nach vorn gestreckt und ein imaginärer Knopf gedrückt. Bei „left hand" werden beide Hände bewegt, bei „left foot" zu den Händen der linke Fuß usw., bis man mit dem ganzen Körper mitmacht.
   Bei jedem weiteren Durchgang folgen dann: „left hand", „right foot", „left foot", „head", „ass".

Anmerkung

Im Internet kann man sich verschiedene Versionen ansehen, um eine Vorstellung von dem Rhythmus und den Bewegungen zu bekommen.

Hilf mir! – Aaaah! – Na warte!

- **Spielkategorie:**
- **Material:** keines
- **Dauer:** 10 Min. +
- **Ort:** Turnhalle, größerer Raum
- **Teilnehmende:** 10 +

So geht's

Nonsens pur findet bei diesem Fangspiel statt. Das Chaos ist vorprogrammiert!

1. Die Teilnehmer*innen finden sich paarweise zusammen, stellen sich nebeneinander im Raum auf und haken sich unter.
2. Sie suchen nun zwei Freiwillige, eine*n Jäger*in und eine Person, die gejagt wird.
3. Die davonlaufende Person kann sich jederzeit retten, indem sie sich bei einem Paar einhängt und dazu schreit: „Hilf mir!"
4. Die Person, die sich nun in der Mitte der Dreierkette befindet, ruft panisch „Aaaah!" und der*die Teilnehmer*in am äußeren Ende der Kette wird sofort zum*zur neuen Fänger*in. Sie wendet sich mit einem grimmigen „Na warte!" an die Person, die zuvor gejagt hat und jetzt ihrerseits davonlaufen muss.

Variante

Das Spielprinzip bleibt das Gleiche, allerdings befinden sich die Paare in Bauchlage.

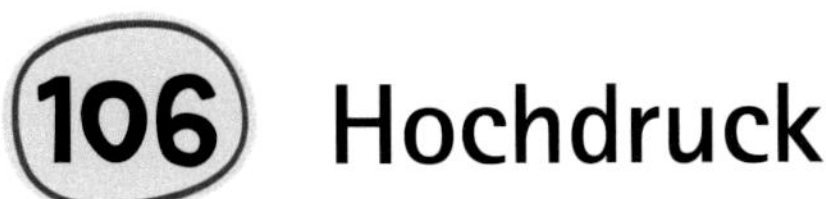

106 Hochdruck

- **Spielkategorie:**
- **Material:** keines
- **Dauer:** 10 Min. +
- **Ort:** überall
- **Teilnehmende:** 6 +

So geht's

Eine Gruppe kann nur gut funktionieren, wenn sie kooperiert.

1. Die Gruppenmitglieder sitzen zu zweit Rücken an Rücken auf dem Boden, die Arme sind eingehakt und die Beine leicht angewinkelt.
2. Nun versuchen die Paare, gemeinsam, ohne Zuhilfenahme der Arme, aufzustehen. Es funktioniert bestens mit Druck und Gegendruck.
3. Nach einigen erfolgreichen Versuchen wird die Aufgabe dann in Dreier- bzw. Vierergruppen durchgeführt.

107 Hollywoodschaukel

- **Spielkategorie:**
- **Material:** keines
- **Dauer:** 10 Min. +
- **Ort:** überall
- **Teilnehmende:** 7 +

So geht's

Einfach zum Wohlfühlen: Rein in die „Schaukel", entspannen und genießen.

1. Es werden Gruppen mit sieben oder neun Mitgliedern gebildet. Zwei Reihen (also drei bzw. vier Personen) stehen sich gegenüber und geben sich die Hände; eine Person bleibt übrig.
2. Dann gehen die Paare in die Knie und die übrig gebliebene Person legt sich mit dem Blick nach oben auf ihre Arme.
3. Nun wird sie von den anderen etwas hochgehoben und eine Weile geschaukelt.
4. Danach tauscht sie mit einem Gruppenmitglied den Platz und die nächste Person ist dran.

108 Hör auf deinen Namen

- **Spielkategorie:** ♡
- **Material:** keines
- **Dauer:** 10 Min. +
- **Ort:** überall
- **Teilnehmende:** 10 +

So geht's

An diese schöne Stilleübung kann man z. B. eine Fantasiereise anschließen.

1. Alle Teilnehmer*innen stehen im Kreis und schließen die Augen.
2. Wenn es ruhig geworden ist, flüstern Sie den Namen einer Person.
3. Diese öffnet die Augen, geht einmal um den Kreis, bis sie wieder an ihrem Platz angelangt ist. Dort setzt sie sich.
4. Die Übung geht so lange weiter, bis alle Teilnehmer*innen ruhig im Kreis sitzen.

109 Hörspiel

- **Spielkategorie:** ♡
- **Material:** keines
- **Dauer:** 20 Min. +
- **Ort:** überall
- **Teilnehmende:** 8 +

So geht's

In dieser Übung gilt es, das kreative Potenzial der Gruppenmitglieder abzurufen, deren Aufgabe es ist, eine kurze Hörgeschichte zu erarbeiten.

1. Es werden Kleingruppen mit vier bis sechs Personen gebildet.
2. Jede Gruppe denkt sich eine einfache Situation im alltäglichen Leben aus und erfindet ein kleines Hörspiel dazu. Solche Situationen könnten z. B. sein: Fußballspiel, Attacke von Bienen auf einen Bären mit Appetit auf Honig, Hochzeitsfeier, Pausenhof, am Bahnhof usw.
3. Dann kommt es zur Aufführung des Hörspiels der einzelnen Gruppen. Dazu schließen die Personen, die sich die Geschichte anhören, die Augen und versuchen, herauszufinden, wo das Ganze spielt und was passieren könnte.

Ich bin du – Identitätswechsel

- **Spielkategorie:**
- **Material:** keines
- **Dauer:** 10 Min. +
- **Ort:** überall
- **Teilnehmende:** 10 +

So geht's

Bei diesem lustigen Spiel, das anfangs für Verwirrung sorgen wird, sind gutes Reaktionsvermögen und Flexibilität gefragt.

1. Die Teilnehmer*innen stellen sich zu zweit nebeneinander auf, sodass sie als Paare erkennbar sind. Eine Person steht allein.
2. Alle merken sich den Namen ihres Teammitglieds, das neben ihnen steht, denn ab jetzt werden die Identitäten getauscht. Bsp.: Lian steht neben Amira. Somit wird Lian jetzt zu „Amira", sie ist nun „Lian".
3. Eine Person (z.B. Max) steht allein und ruft einen Namen, z.B. „Amira". Sofort läuft Lian (der ja nun „Amira" heißt) von Amira weg. Sie versucht, ihn daran zu hindern, und muss ihn aufhalten, wobei eine Berührung genügt.
4. Gelingt es Lian, zu Max zu laufen, bilden die beiden ein neues Paar und tauschen ihre ursprünglichen Identitäten: So ist Lian nun „Max" und dieser ist „Lian".
5. Die Person, die allein steht (in dem Fall Amira), macht weiter und ruft den nächsten Namen.

Anmerkung

Man nimmt immer den Namen der Person neben sich an und muss sofort darauf reagieren. Dies ist insofern schwierig, besonders am Anfang, weil alle auf ihren eigenen Namen programmiert sind und, sobald sie diesen hören, loslaufen – was bei diesem Spiel falsch ist.

Ich bin im Zentrum

- **Spielkategorie:**
- **Material:** Musik
- **Dauer:** 20 Min. +
- **Ort:** Klasse, größerer Raum
- **Teilnehmende:** 8 +

So geht's

Bei dieser Übung stehen alle Teilnehmer*innen einmal im Zentrum.

1. Die Teilnehmer*innen gehen zur Musik durcheinander im Raum herum.
2. Sobald Sie die Musik stoppen, bleiben alle stehen.
3. Sie rufen nun den Namen einer Person, die sich auf den Boden setzen muss.
4. Alle anderen laufen nun zu dieser Person hin und bilden um sie einen Steh- oder Sitzkreis. Ggf. loben sie die sitzende Person oder jubeln ihr zu.
5. Sobald die Musik wieder erklingt, geht das Spiel weiter.

Ich hab da eine Frage

- **Spielkategorie:** 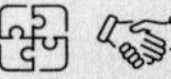
- **Material:** pro Person 5 weiße und je 1 rotes und 1 grünes A6-Kärtchen, Stifte
- **Dauer:** 30-40 Min.
- **Ort:** Klasse, Seminarraum
- **Teilnehmende:** 10 +

So geht's

Nachdem einer Person eine Frage gestellt wurde, schätzt die Gruppe ein, ob mit Ja oder Nein geantwortet wird.

1. Alle befinden sich in einem Sitzkreis und erhalten fünf weiße und je ein rotes und grünes A6-Kärtchen.
2. Zunächst schreibt man fünf beliebige persönliche (Ja-/Nein-)Fragen auf die weißen Zettel, wie z. B. „Tanzt du gerne?" oder „Spielst du Tennis?".
3. Wenn das geschehen ist, zieht jemand eine Karte aus dem in der Mitte abgelegten Fragenpool. Die darauf stehende Frage wird laut vorgelesen und z. B. der benachbarten Person gestellt.
4. Bevor diese antwortet, kommt vorher noch die Einschätzung der Gruppe – nämlich ob die Person mit Ja oder Nein antworten wird. Dementsprechend halten alle auf ein gemeinsames Zeichen hin die grünen (für Ja) bzw. roten Kärtchen (für Nein) in die Höhe.
5. Dann wird das Rätsel aufgelöst, indem die angesprochene Person ihre rote oder grüne Karte zeigt.
6. Anschließend kann noch ein Austausch darüber erfolgen, wie man zur Frage steht und welche Meinung man dazu hat.
7. So geht das reihum, bis alle Fragen und Gruppenmitglieder dran waren.

Variante

Natürlich kann man die Vorgangsweise insofern vereinfachen, dass die gestellte Frage an alle gerichtet ist. So erhält man durch das Hochheben der verschiedenfarbigen Kärtchen rasch einen Überblick über die Antworten und Meinungen der Gesamtgruppe.

Ich heiße ... und mache gerne so!

- **Spielkategorie:**
- **Material:** keines
- **Dauer:** 10 Min. +
- **Ort:** überall
- **Teilnehmende:** 10 +

So geht's

In diesem Spiel wird das Vorstellen mit Bewegungen verbunden.

1. Die Teilnehmer*innen bilden einen Kreis. Die erste Person stellt sich mit ihrem Namen und einer für sie typischen Bewegung vor. Zu diesem Zweck spricht sie den Satz: „Ich heiße ... und mache gerne so!", wobei sie eine Bewegung vorführt, z. B. einen Hampelmann-Sprung, Daumendrehen, Gitarrespielen usw.
2. Die anderen wiederholen das Gehörte, formen es auf „du" um und sagen z. B.: „Du heißt Kim und machst gerne so!" Dazu wird die gezeigte Bewegung von allen nachgemacht.
3. Alle stellen sich nun auf diese Weise vor.

Ich sitze im Grünen

- **Spielkategorie:**
- **Material:** Stühle
- **Dauer:** 10 Min. +
- **Ort:** Klasse, Seminarraum
- **Teilnehmende:** 10 +

So geht's

Dieses Spiel ist besonders für jüngeres Publikum und zum Kennenlernen geeignet.

1. Alle Teilnehmer*innen sitzen im Stuhlkreis, ein Stuhl bleibt frei.
2. Die Person rechts davon rutscht um einen Platz nach links (also im Uhrzeigersinn) weiter und sagt: „Ich sitze im Grünen ..."
3. Die Person daneben rückt ebenfalls nach und ergänzt mit „... und warte ..."
4. Es rutscht auch noch die nächste Person nach und schließt mit „... auf Anouk."
5. Die angesprochene Person versucht nun, blitzschnell auf den leeren Platz zu wechseln, ohne vorher von ihren beiden Sitznachbar*innen geschnappt zu werden.
6. Schafft es Anouk, dann geht es beim frei gewordenen Platz mit dem obigen Satz weiter, wenn nicht, muss die alte Lücke geschlossen werden.

Im finsteren Wald

- **Spielkategorie:**
- **Material:** keines, evtl. Augenbinden
- **Dauer:** 10 Min. +
- **Ort:** Turnhalle
- **Teilnehmende:** 12 +

So geht's

Die Teilnehmer*innen üben vorsichtiges Gehen durch einen unbekannten, finsteren Wald.

1. Alle Teilnehmer*innen verteilen sich im Raum. Sie sind Bäume, wobei die Abstände zwischen ihnen nicht allzu groß sein sollten.
2. Je eine Person bewegt sich nun mit geschlossenen Augen im Wald, möglichst ohne viel anzustoßen. Sie streckt die Arme nach vorn und versucht langsam und vorsichtig, sich einen Weg zwischen den Bäumen zu bahnen und ans andere Ende des Waldes (z. B. bis zur Wand) zu gelangen.

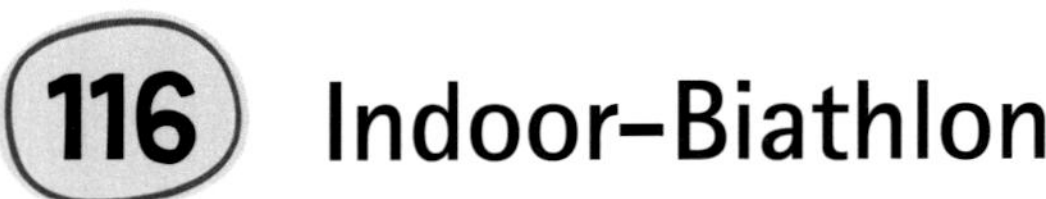

116 Indoor-Biathlon

- **Spielkategorie:**
- **Material:** Schachteln, Körbe oder Kübel, Wurfgegenstände, Matten, Markierungshütchen
- **Dauer:** 10 Min. +
- **Ort:** größere Klasse, Turnhalle
- **Teilnehmende:** 10 +

So geht's

Die Wintersportart gibt es hier in abgespeckter Version für die Turnhalle.

1. In der Turnhalle oder in einem größeren Raum wird durch Markierungshütchen o. Ä. eine Laufrunde abgesteckt. Zusätzlich braucht man eine kleine „Strafrunde". Es werden mehrere Staffeln (am besten drei oder vier) gebildet.
2. Außerdem benötigt man je nach Anzahl der teilnehmenden Staffeln Schachteln oder Körbe, in welche die Teilnehmer*innen je drei Gegenstände (Tennis- oder Federbälle, Papierkugeln, Plastikchips o. Ä.) von einer vorgegebenen Linie werfen müssen.
3. Die jeweils ersten Personen einer Staffel starten von einer Matte (Turnhalle) bzw. einem Tisch (Klasse), laufen die Runde zum „Schießstand" und werfen dort dreimal auf das Ziel. Für jeden Fehlversuch muss eine Strafrunde gelaufen werden.
4. Je nachdem, ob und wie oft die Person getroffen hat, läuft sie ggf. die Strafrunde(n) und kehrt dann zum Start zurück. Dort übergibt sie durch Abklatschen an das nächste Gruppenmitglied.
5. Gewonnen hat die Staffel, deren Mitglieder als Erstes wieder am Start sind.

Anmerkung

Wenn der Raum groß genug ist, kann man einen zweiten „Schießstand" anbieten.

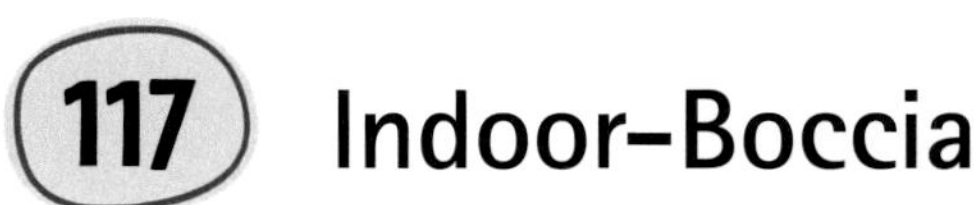

117 Indoor-Boccia

- **Spielkategorie:** ☺
- **Material:** Mühlesteine, Münzen, Kreidestückchen o. Ä.
- **Dauer:** 20 Min. +
- **Ort:** Klasse, Seminarraum
- **Teilnehmende:** 4–8

So geht's

Die Indoor-Version von Boccia bietet sich auch als Pausenspiel oder Zeitvertreib am Nachmittag an.

1. Es bilden sich zwei Gruppen mit je zwei bis vier Personen. Wenn man z. B. mit Mühlesteinen spielt, gibt es das Team Schwarz und das Team Weiß. Bei zwei oder drei Mitspieler*innen erhalten alle Teilnehmer*innen zwei Steine, bei vier Personen pro Team haben alle nur einen.
2. Die Gruppen bestimmen irgendeine Startlinie. Von dieser aus wirft eine Person den „Pallino" (der kleine Ball = Setzkugel), der in diesem Fall z. B. ein Stück Kreide sein kann, etwas weiter entfernt hin.
3. Ziel der Teams ist es nun, die eigenen Steine näher am Kreidestück zu platzieren als die gegnerische Partei. Ein Mitglied von Team A beginnt, dann ist Team B an der Reihe. Danach muss das Team, das schlechter liegt, Person um Person werfen lassen, bis eine davon näher an den Pallino wirft als das beste Mitglied des anderen Teams. Solange die gegnerische „Kugel" also besser liegt, ist dieses Team am Zug.
4. Ein Durchgang ist beendet, wenn alle Mühlesteine beider Teams geworfen wurden. Dann kommt es zur Auswertung: Für jede „Kugel", die nach einem Durchgang näher am Pallino liegt als die beste des gegnerischen Teams, wird jeweils ein Punkt gewertet. Sind z. B. zwei Steine vom Team A näher bei der Setzkugel bzw. dem Kreidestück als irgendeiner von Team B, hat Team A zwei Punkte.
5. Das siegreiche Team beginnt einen neuen Durchgang mit dem Werfen des Pallinos.
6. Das Spiel ist zu Ende, sobald eine Mannschaft z. B. zehn Punkte erreicht.

Variante

Das Spiel kann auch mit Einzelwertung gespielt werden: Zur Unterscheidung können die Teilnehmer*innen entweder etwa gleich große Steine/Münzen/Mühlesteine mit Nummern oder Farbpunkten nehmen. Alle Teilnehmer*innen werfen nacheinander ihre Steine. Am Ende eines Durchgangs erhält die Person, deren Stein am nächsten am Pallino liegt, drei Punkte, für den zweiten Platz gibt es zwei Punkte und der dritte Platz bekommt einen Punkt.
Dann beginnt die siegreiche Person mit dem nächsten Durchgang. Das Spiel endet, wenn die vor Beginn vereinbarte Punkteanzahl erreicht wurde.

Jahreszeiten eines Baumes

- **Spielkategorie:**
- **Material:** keines
- **Dauer:** 10 Min. +
- **Ort:** überall
- **Teilnehmende:** 10 +

So geht's

Bei dieser schönen Entspannungsübung werden die Jahreszeiten eines Baumes durchlebt.

1. Es werden Paare gebildet. Person 1 schließt als Baum die Augen, Person 2 agiert dahinterstehend mit dem „Baum".
2. Sie bitten Person 1, ihre Aufmerksamkeit zu den Füßen zu leiten, die Wurzeln wachsen zu lassen, einen guten Stand zu finden und gut verwurzelt zu sein. Dann soll sie dreimal tief ein- und ausatmen.
3. Anschließend erzählen Sie die Geschichte des Baumes im Jahreskreis z. B. anhand folgender Stichpunkte:
   - **Herbst:** Wind, Nieselregen, Regen, Sturm
   - **Winter:** Schneeflocken fallen, eine dicke Schneeschicht lastet auf den Ästen
   - **Frühling:** Sonne, der Schnee schmilzt, neue Äste sprießen, ein Wildschwein reibt sich am Baum
   - **Sommer:** Früchte wachsen, volle Pracht, ein Specht klopft

   Person 2 simuliert die Wettereinflüsse auf den Baum, z. B. indem sie mit Druck auf den Armen die Last des Schnees darstellt, die Äste leicht im Wind bewegt usw. – also alles analog zu Ihrer Schilderung.
4. Am Ende streift Person 2 Person 1 (Baum) mit den Händen vom Kopf über den Rücken bis zu den Unterschenkeln ab. (Das Gesäß sollte ausgespart werden.) Dann schüttelt Person 2 die Arme und ihre Energie aus.
5. Im Anschluss werden die Rollen getauscht.

Ja-Nein-Verbot

- **Spielkategorie:**
- **Material:** keines
- **Dauer:** 10 Min. +
- **Ort:** überall
- **Teilnehmende:** 4 +

So geht's

Alles darf man sagen, nur nicht „Ja" oder „Nein".

1. Sie gehen mit einer Person die Wette ein, dass diese es nicht schafft, z. B. eine Minute lang auf eine Ihrer Fragen zu antworten, ohne „Ja" oder „Nein" zu benutzen.
2. Dann sucht sich die Person ein Fragegebiet aus (Hobby, Schule, Familie, Urlaub usw.) und los geht es mit Ihren schnellen Fragen. Fangfragen sind durchaus erlaubt, z. B. könnten Sie sagen: „Du hast ‚Ja' gesagt!", woraufhin die Person antwortet: „Nein, stimmt nicht!" – somit wäre die Wette schon verloren!

Variante

Man kann das Spiel auch in Zweiergruppen durchführen. Sobald jemand „Ja" bzw. „Nein" gesagt hat, stellt die andere Person die Fragen.

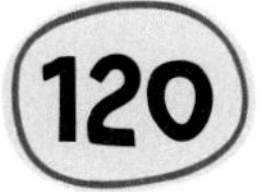

Japanischer Skulpturenpark

- **Spielkategorie:**
- **Material:** keines
- **Dauer:** 15 Min. +
- **Ort:** überall
- **Teilnehmende:** 10 +

So geht's

Die Gruppe begibt sich nach Japan und baut dort einen Themenpark mit Statuen.

1. Es werden zwei Gruppen gebildet. Die Mitglieder der einen Gruppe stellen sich einen wunderschönen Steingarten vor und verschönern diesen durch das Hinzufügen von Steingebilden, die sie selbst darstellen. Mögliche Themen sind z. B.: Garten des Hasses, der Liebe, des Friedens, der Habgier, der Konsumsucht, der Hoffnung, des Zornes, der Sternzeichen …
2. Die Mitglieder der anderen Gruppe spazieren dann durch den Garten und bestaunen die herrlichen Statuen und Skulpturen.

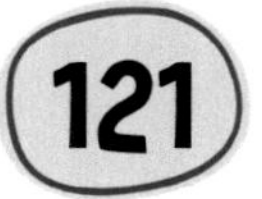

Karottenernte

- **Spielkategorie:**
- **Material:** keines
- **Dauer:** 10 Min. +
- **Ort:** Klasse, Turnhalle
- **Teilnehmende:** 10 +

So geht's

Mit diesem Spiel gelingt Aggressionsabbau auf spielerische Art.

1. Alle Gruppenmitglieder (bis auf einen Bauern bzw. eine Bäuerin) legen sich mit dem Bauch auf den Boden und bilden einen Kreis, ihre Köpfe zeigen zur Kreismitte.
2. Anschließend hängen sie sich bei den jeweiligen Nachbar*innen mit den Armen ein, sodass eine möglichst stabile Verbindung entsteht. Sie sind nun die Karotten, die darauf warten, geerntet zu werden.
3. Dann kommt der Bauer bzw. die Bäuerin und versucht, die Karotten aus der Erde zu ziehen. Dazu wählt er*sie eine beliebige Person aus, packt sie an den Beinen und zieht und zerrt daran so lange, bis sich die Karotte aus dem Boden herausgelöst hat.
4. Wenn das geschafft ist, unterstützt die „ehemalige Karotte" bei der Ernte. Die Karotten schließen möglichst rasch den Kreis und versuchen, die weitere Ernte zu erschweren, was diese zu einer schweißtreibenden Arbeit für die Bauern bzw. Bäuerinnen macht.

Anmerkung

Besonders lustig ist es, zu sehen, wenn drei, vier und mehr Personen an einer „Karotte" ziehen.

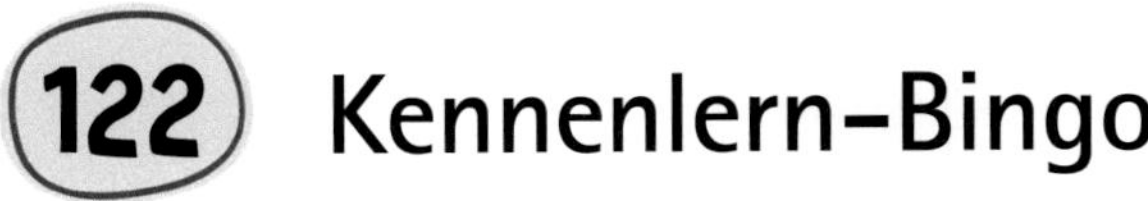

122 Kennenlern-Bingo

- **Spielkategorie:**
- **Material:** 1 DIN-A4-Blatt mit Fragevorgaben
- **Dauer:** 15 Min. +
- **Ort:** überall
- **Teilnehmende:** 10 +

So geht's

Dieses Spiel eignet sich zum Auflockern der Atmosphäre bei neuen Gruppen, zum Seminarstart oder Kennenlernen.

1. Die Gruppenmitglieder erhalten ein Arbeitsblatt mit einem Raster von 3 x 3 bzw. 4 x 4 Kästchen. In jedem steht jeweils eine Aufgabe (s. u.).
2. Alle Teilnehmer*innen gehen nun im Raum herum und versuchen, durch Fragen Personen zu finden, die den Anforderungen in den Kästchen entsprechen. Sie schreiben dann den jeweiligen Namen dort hinein. Sie als Spielleitung können noch darauf hinweisen, dass das Ziel des Spiels darin besteht, mit möglichst vielen Gruppenmitgliedern in Kontakt zu kommen und sie genauer kennenzulernen.
3. Wer alle Kästchen ausgefüllt hat, ruft „Bingo". Die anderen dürfen aber noch ein bisschen weiterspielen. Je mehr Bingos, desto besser.

Beispiele

Finde eine Person, die ...

- ... eine Sprache sprechen kann, die du nicht verstehst.
- ... schon weiß, wo sie den Sommerurlaub verbringen wird.
- ... zu Fuß zur Schule geht.
- ... eine Brille/ein Haustier/... hat.
- ... die gleiche Sportart/Musikgruppe/Fernsehserie/... mag wie du.
- ... mindestens zwei Geschwister hat.
- ... ein Musikinstrument spielt.
- ... usw.

Kennenlernen mit Speed

- **Spielkategorie:**
- **Material:** keines
- **Dauer:** 10 Min. +
- **Ort:** überall
- **Teilnehmende:** 10 +

So geht's

Dieses schnelle und effiziente Spiel dient zum Einprägen von Namen.

1. Die Gruppe steht im Kreis, alle nennen ihren Namen.
2. Nun versuchen die Teilnehmer*innen, so schnell wie möglich die Vornamen im Kreis zu sagen. Jede Person nennt den eigenen Namen, wendet sich zur Person zu ihrer Linken, die ebenfalls ihren Namen nennt, usw.
3. Sie stoppen die Zeit. Aus den zuerst deutlich unterscheidbaren Namen wird bald eine kaum mehr auseinanderzuhaltende Wortschlange.

Varianten

- Die Gruppe kann zu Beginn schätzen, wie schnell sie sein wird.
- Die Teilnehmer*innen müssen die Vornamen der Personen rechts und links von sich sagen.

Kennenlerngeschichten

- **Spielkategorie:**
- **Material:** keines
- **Dauer:** 30 Min. +
- **Ort:** überall
- **Teilnehmende:** 10 +

So geht's

Geschichten sind eine Form des Kennenlernens mit besonderen Anknüpfungspunkten.

1. Alle Teilnehmer*innen stehen im Kreis. Alle stellen sich „normal" vor, indem sie ihren Namen, ihr Alter, ihr Hobby usw. nennen.
2. In einer zweiten Runde nennen alle noch einmal ihren Namen und erzählen dann eine Besonderheit aus ihrem Leben, beginnend mit „Ich bin .... und habe schon/wäre beinahe/...", z. B.: „Ich bin Jakub und ich wäre beinahe über eine Klippe gestürzt. Das kam so ..." Dadurch merkt man sich die Namen um einiges besser!

125 Kettenreaktion

- **Spielkategorie:**
- **Material:** keines
- **Dauer:** 10 Min. +
- **Ort:** überall
- **Teilnehmende:** 6 +

So geht's

Trotz des gefährlich anmutenden Namens besteht keine Gefahr für die Teilnehmer*innen!

1. Alle Teilnehmer*innen stehen im Kreis.
2. Sie beginnen mit einer Bewegung und einem Geräusch.
3. Nun übernimmt die Person rechts von Ihnen die vorgegebene Bewegung inklusive Geräusch. Reihum machen es die anderen nach (es wird also auch immer lauter), bis beides wieder bei Ihnen angekommen ist. Danach ist die nächste Person dran.

Anmerkung

Je nachdem, wie und wann die Übung eingesetzt wird, kann man sie sportlich oder weniger aktiv angehen.

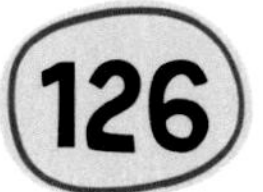

Klapperschlangen

- **Spielkategorie:** ♡
- **Material:** 2 „Klappern“ (Rasseln, mit Reis, Sand gefüllte Plastikdosen o. Ä.), evtl. 2 Augenbinden
- **Dauer:** 15 Min. +
- **Ort:** überall
- **Teilnehmende:** 10 +

So geht's

Es klapperte die Klapperschlang, bis ihre Klapper schlapper klang!

1. Die Teilnehmer*innen stehen oder sitzen im Kreis.
2. Zwei freiwillige Personen, die Klapperschlangen, befinden sich innerhalb des Kreises und bekommen je eine „Klapper“. Es wird ausgelost, wer von beiden fängt und wer gejagt wird.
3. Die Klapperschlangen schließen beide die Augen. Nun muss die eine Person versuchen, die andere Schlange zu berühren. Zu diesem Zweck macht sie einmal mit der Klapper ein Geräusch, das dann von der anderen Person beantwortet werden muss. So kann die Klapperschlange das Opfer orten. Alle anderen Teilnehmer*innen achten darauf, dass die Schlangen den Kreis nicht verlassen und sich nicht wehtun.
4. Hat der*die Jäger*in es nach maximal fünf Versuchen nicht geschafft, die gejagte Schlange zu fangen, hat diese gewonnen.

Klatschen gleichzeitig

- **Spielkategorie:**
- **Material:** keines
- **Dauer:** 5 Min. +
- **Ort:** überall
- **Teilnehmende:** 10 +

So geht's

Bei diesem Klatschen kreuz und quer durch den Kreis geht es um das Prinzip „Annehmen und Weitergeben“.

1. Alle Teilnehmer*innen stehen im Kreis.
2. Sie als Spielleitung sehen eine Person an und durch nonverbale Verständigung klatschen Sie beide gleichzeitig.
3. Die Person nimmt dann Kontakt zu einem weiteren Gruppenmitglied auf usw. Mit der Zeit wird ein rhythmisches Klatschen ohne Unterbrechungen folgen, wenn alle konzentriert bei der Sache sind.

Klatschen im Kreis

- **Spielkategorie:** ☺
- **Material:** keines
- **Dauer:** 5 Min. +
- **Ort:** überall
- **Teilnehmende:** 10 +

So geht's

Durch das Klatschen entsteht eine einfache Rhythmus- und Energieübung!

1. Die Teilnehmer*innen stehen im Kreis. Sie als Spielleitung drehen sich zur Person neben sich und geben ein Klatschen nach links im Kreis weiter.
2. Die Gruppenmitglieder schauen dem Klatschen nach, übernehmen es vom Nachbarn bzw. von der Nachbarin, drehen sich und übergeben es an die nächste Person. Es soll anfangs eher langsam, aber rhythmisch und in gleichbleibendem Takt durch den Kreis laufen.
3. Sie beginnen nun, den Rhythmus zu beschleunigen, sodass das Klatschen immer schneller im Kreis läuft.
4. Ergänzend können Sie dann das Doppelklatschen einführen: Sie drehen sich dabei nicht zur nächsten Person um, sondern klatschen zweimal in die Hände, was die Runde umdreht. Das Klatschen geht also retour.

Anmerkungen

- Es wird passieren, dass das Klatschen oft hin und her geht, sodass ein Teil der Gruppenmitglieder nicht mehr drankommt. Darum sollten Sie unbedingt bei dieser Gelegenheit thematisieren, dass die Gruppe auch die Verantwortung hat, alle mitspielen zu lassen. (Das heißt natürlich nicht, dass sich das Doppelklatschen nicht einmal für kurze Zeit nur in einem Bereich der Gruppe aufhalten darf.)
- Als Variante bietet sich der „Bussikreis" an.

Klipp – Klapp

- **Spielkategorie:**
- **Material:** Stühle
- **Dauer:** 10 Min. +
- **Ort:** Klasse, Seminarraum
- **Teilnehmende:** 10 +

So geht's

Das ansprechende Spiel eignet sich für zwischendurch oder zum Merken von Namen.

1. Alle Teilnehmer*innen sitzen in einem Stuhlkreis. Eine Person steht in der Mitte, für sie ist kein Stuhl vorgesehen.
2. Die Person in der Mitte zeigt nun auf ein sitzendes Gruppenmitglied und sagt entweder „Klipp" oder „Klapp". Bei „Klipp" muss dieses den Namen der Person links von sich sagen, bei „Klapp" den der Person zu seiner Rechten. Bei einem Fehler oder wenn es zu lange dauert, bis die Person sich an den Namen erinnert, muss diese den Platz in der Mitte einnehmen.
3. Wenn das Spiel einmal läuft, kann die Person in der Mitte auch „Klipp – Klapp" sagen. Dann muss das sitzende Gruppenmitglied zuerst den Namen der Person links und anschließend den Namen der Person rechts neben sich nennen. Sagt die Person in der Mitte stattdessen „Klapp – Klipp", dann muss umgekehrt erst der Name der Person zu seiner Rechten, dann der Person zu seiner Linken genannt werden.
4. Möchte die Person in der Mitte einen allgemeinen Platzwechsel, so sagt sie „Klippediklapp". Alle Teilnehmer*innen müssen sich dann einen neuen Stuhl suchen. Die Person in der Mitte kann ebenfalls Platz nehmen. Die Person, die keinen eigenen Stuhl erwischt, bleibt dann in der Mitte stehen und macht mit der nächsten Ansage weiter.

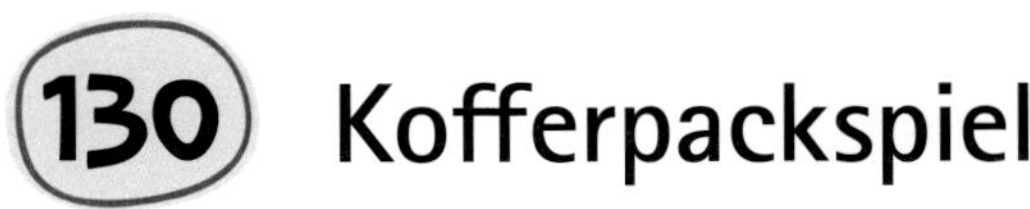

130 Kofferpackspiel

- **Spielkategorie:**
- **Material:** keines
- **Dauer:** 10 Min. +
- **Ort:** überall
- **Teilnehmende:** 4 +

So geht's

Das Kofferpacken ist ein altbekanntes Kreisspiel mit Geräusch- und Bewegungsergänzungen.

1. Alle Gruppenmitglieder stehen oder sitzen im Kreis. Eine Person beginnt und sagt z. B.: „In meinen Koffer packe ich ein Smartphone."
2. Die danebenstehende Person wiederholt den Satz und ergänzt ihn mit einem weiteren Gegenstand: „In meinen Koffer packe ich ein Smartphone und eine Flasche Saft." usw. Man kann auch Geräusche, eventuell sogar Bewegungen einpacken: „In meinen Koffer packe ich ein Smartphone, eine Flasche Saft, ein Miau und einen Hampelmann."
3. Wird ein Aufzählungselement vergessen, die Reihenfolge vertauscht o. Ä., beginnt das Spiel von vorn.

Anmerkungen

- Als Ansporn kann mitgezählt werden, wie viele Dinge im Koffer sind, bevor ein Fehler gemacht wird: „Wie viele Teile schaffen wir?"
- Die Gruppenmitglieder dürfen sich gegenseitig helfen.
- Die Reihenfolge der Gegenstände lässt sich leichter merken, wenn man sich dazu eine Geschichte mit den Wörtern ausdenkt. Diese könnte so lauten: „Als ich letztens mein Smartphone nehmen wollte, schmiss ich eine Flasche Saft um, der auch auf meine Katze floss, woraufhin diese „Miau" machte und herumlief wie ein Hampelmann." – Man kann diese „Eselsbrücke" auch als Lerntipp empfehlen!

Komm, mein Küken!

- **Spielkategorie:** ☺ ♡
- **Material:** keines, evtl. 1 Feder
- **Dauer:** 10 Min. +
- **Ort:** überall
- **Teilnehmende:** 10 +

So geht's

Watschelnde Entenjungen folgen ihrer Mutter!

1. Alle Teilnehmer*innen sitzen mit geschlossenen Augen, im Raum verteilt, auf dem Boden.
2. Sie bestimmen eine Entenmutter (alternativ ein Huhn oder eine Vogelmutter) und überreichen ihr eventuell sogar eine Feder.
3. Sie hat nun die Aufgabe, durch den Raum zu watscheln und nach und nach eines ihrer auf dem Boden sitzenden Küken bzw. Jungen durch Streicheln mit dem Finger bzw. der Feder aufzuwecken und mitzunehmen.
4. Wer das Streicheln spürt, öffnet die Augen und schließt sich der Mutter an. Dabei werden ihre Bewegungen nachgeahmt.
5. Nach und nach wird ein Küken nach dem anderen wach und der Zug der Jungen hinter ihrer Mutter wird immer länger.

Komm mit, lauf weg

- **Spielkategorie:**
- **Material:** keines
- **Dauer:** 10 Min. +
- **Ort:** Turnhalle, outdoor, größerer Raum
- **Teilnehmende:** 10 +

So geht's

Das relativ einfache Bewegungsspiel im Kreis ist bekannt und altbewährt.

1. Die Gruppe stellt sich im Kreis mit Blick nach innen auf.
2. Es wird eine Person bestimmt, die außen im Uhrzeigersinn um den Kreis läuft.
3. Irgendwann berührt sie ein anderes Gruppenmitglied an der Schulter und gibt eines von zwei Kommandos:
   - Bei „Komm mit!" folgt ihr das angetippte Gruppenmitglied.
   - Bei „Lauf weg!" muss dieses in die entgegengesetzte Richtung weglaufen.
4. Beide versuchen nun, zuerst die entstandene Lücke zu erreichen und sich im Kreis einzureihen.
5. Wer die Lücke später erreicht, muss im Uhrzeigersinn weiterlaufen und das nächste Gruppenmitglied antippen.

133 Königliches Kommando

- **Spielkategorie:**
- **Material:** 1 Stuhl, evtl. 1 Krone
- **Dauer:** 10 Min. +
- **Ort:** überall
- **Teilnehmende:** 8 +

So geht's

Bei diesem lustigen Spiel kommen alle einmal in den Genuss, regieren und Befehle erteilen zu dürfen.

1. Es wird ein*e König*in gewählt. Diese Person setzt sich dann auf den „Thron", eventuell gibt es sogar eine Art Krone.
2. Dann darf das königliche Oberhaupt einen Befehl geben, der von den Untertan*innen umgehend erfüllt werden muss, z. B. Füße massieren, Luft zufächern, Späße treiben, liebe Sachen sagen, Rückenmassage usw. Je einfallsreicher die Befehle sind, desto lustiger ist natürlich das Spiel.
3. Nach einiger Zeit darf eine andere Person den Thron besteigen.

Kooperatives Klettern

- **Spielkategorie:**
- **Material:** Schnur, 2,5–3 m langer Balken (ca. 15 cm breit) o. Ä.
- **Dauer:** 20 Min. +
- **Ort:** größerer Raum, Turnhalle, outdoor
- **Teilnehmende:** 10 +

So geht's

Die Gruppe soll Strategien entwickeln, wie alle gemeinsam eine Mauer überwinden können, um an einen versteckten Schatz zu gelangen.

1. Zuerst wird eine Schnur zwischen zwei Bäumen im Wald bzw. zwischen zwei Sprungständern in der Turnhalle gespannt, ca. auf Höhe der Nasenspitze einer kleineren Person. Die Schnur bildet nun in der Vorstellung eine fiktive Mauer, hinter der sich ein geheimer Schatz befindet.
2. Alle müssen jetzt gemeinsam, nur mithilfe eines Bretts oder Balkens, die Mauer überwinden, um dort nach dem Schatz suchen zu können. Allerdings darf die Mauer weder vom Balken noch von den Gruppenmitgliedern berührt werden, denn sonst wird die Alarmanlage ausgelöst und alle müssen wieder von vorn beginnen. Unter der Mauer darf niemand durchgehen, auch diejenigen nicht, die sich schon gerettet haben und nun mithelfen. Einige halten also den Balken, die anderen sichern und helfen mit.

Anmerkungen

- Sämtliche Sprünge sind wegen der Verletzungsgefahr zu vermeiden (außer beim ersten Gruppenmitglied, das die Mauer überwindet).
- Achten Sie bei dem Spiel auf einen ebenen Untergrund!

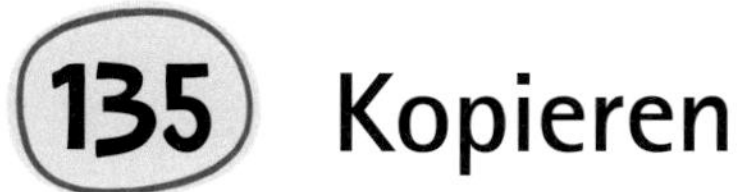

135 Kopieren

- **Spielkategorie:**
- **Material:** keines
- **Dauer:** 10 Min. +
- **Ort:** überall
- **Teilnehmende:** 8 +

So geht's

Eine Person kopiert Bewegungen der anderen, wird aber selbst auch kopiert.

1. Die Teilnehmer*innen stellen sich im Kreis auf.
2. Dann suchen alle in Gedanken eine Person aus, die später „kopiert" werden soll.
3. Sie bitten die Gruppe darum, kurz die Augen zu schließen. Auf Ihr Startzeichen hin öffnen alle die Augen und beobachten unauffällig die Person, die sie sich ausgesucht haben.
4. Sobald sich diese Person in irgendeiner Form bewegt, muss der*die Beobachtende diese Bewegung kopieren.

136 Krankenstation

- **Spielkategorie:**
- **Material:** keines, evtl. Matten
- **Dauer:** 5 Min. +
- **Ort:** Turnhalle
- **Teilnehmende:** 10 +

So geht's

In unserem Gesundheitssystem genesen die Kranken äußerst rasch.

1. Eine Person, der*die Fänger*in, überträgt einen extrem gefährlichen Virus.
2. Zwei bis vier Personen sind Rettungskräfte. Diese sind immun und dürfen während ihrer Tätigkeit nicht gefangen werden.
3. Zwei bis vier Ecken bzw. Matten kennzeichnen die Krankenhäuser.
4. Teilnehmer*innen, die von der fangenden Person berührt wurden, legen sich auf den Boden. Sie können von den Rettungskräften ins Krankenhaus gebracht werden. Dort werden die Virusinfizierten blitzartig gesund und dürfen sofort wieder mitspielen.
5. Das Spiel ist beendet, wenn alle mit dem Virus infiziert wurden oder die vereinbarte Zeit abgelaufen ist.

137 Kreative Vermittlungsanzeigen

- **Spielkategorie:**
- **Material:** Zettel und Stifte
- **Dauer:** 50 Min. +
- **Ort:** überall
- **Teilnehmende:** 10 +

So geht's

Diese Aufgabe dient zum näheren Kennenlernen mit besonderem Unterhaltungswert. Dabei sollten sich die Gruppenmitglieder schon ein wenig kennen.

1. Sie schreiben die Namen aller Teilnehmer*innen auf kleine Zettel, werfen sie in einen Hut o.Ä. und lassen alle Gruppenmitglieder einen Zettel ziehen.
2. Die Aufgabe besteht nun darin, eine Vermittlungsanzeige für die jeweilige Person auf dem Zettel zu schreiben.
3. Wenn alle Gruppenmitglieder fertig sind, werden die Inserate vorgelesen und die Gruppe darf raten, um welche Person es sich handelt.

138 Kreisball

- **Spielkategorie:**
- **Material:** 2 Bälle
- **Dauer:** 5 Min. +
- **Ort:** überall
- **Teilnehmende:** 12 +

So geht's

Dieses Ballverfolgungsrennen findet im Kreis statt.

1. Die Teilnehmer*innen stellen sich im Kreis auf und zählen bis zwei reihum durch. Die Einser sind Team A, die Zweier Team B. Die Mitglieder beider Gruppen bleiben aber an der Stelle im Kreis stehen, wo sie sich befinden.
2. Jedes Team erhält einen Ball. Gestartet wird auf gegenüberliegenden Positionen.
3. Auf Ihr Zeichen hin werden nun beide Bälle in der gleichen Richtung im Kreis weitergegeben, wobei sie nur von Mitgliedern des eigenen Teams berührt werden dürfen. Ziel ist es, den Abstand zum gegnerischen Ball durch schnelles Weitergeben zu verringern.
4. Gewonnen hat das Team, das den gegnerischen Ball eingeholt hat bzw. nach einer gewissen Zeit diesem zumindest näher gekommen ist.

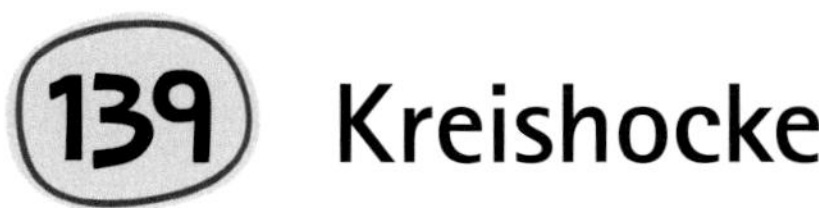

Kreishocke

- **Spielkategorie:**
- **Material:** keines
- **Dauer:** 5 Min. +
- **Ort:** überall
- **Teilnehmende:** 10 +

So geht's

Diese schöne Übung kann zum Abschluss oder als Vorbereitung auf eine Pause verwendet werden.

1. Die Gruppe bildet einen extrem engen Kreis.
2. Dann drehen sich alle Gruppenmitglieder nach links, schauen also auf den Rücken der vorderen Person. Alle gehen nun noch zwei bis drei kleine Schritte seitlich in Richtung Kreismitte.
3. Auf Kommando setzen sich alle langsam auf die Oberschenkel der hinter ihnen stehenden Person und halten sich dabei an den Schultern der Person vor sich fest.
4. Sobald die Gruppe gemütlich sitzt, werden der vorderen Person Nacken- und Schulterbereich massiert.
5. Schlussendlich kann dieser Sitzkreis sogar versuchen, ein oder zwei Schritte im Kreis zu machen (was aufgrund von Stabilitätsproblemen nicht viel weiter möglich sein wird). Bevor alle umfallen, stehen die Gruppenmitglieder auf Ihr Kommando hin wieder auf.

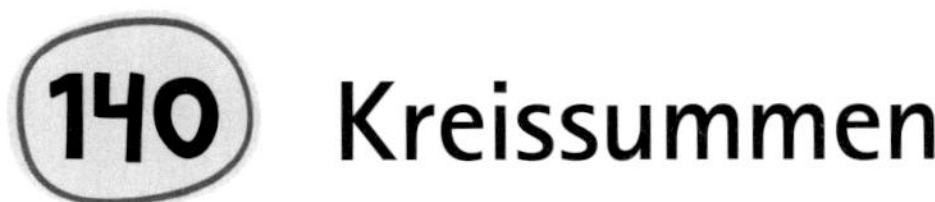

140 Kreissummen

- **Spielkategorie:**
- **Material:** keines, evtl. Augenbinden
- **Dauer:** 10 Min. +
- **Ort:** größerer Raum, Turnhalle
- **Teilnehmende:** 10 +

So geht's

Bei diesem Spiel geht es darum, vom einzelnen Individuum zur Gruppe zu finden.

1. Alle Gruppenmitglieder verteilen sich im Raum und schließen die Augen.
2. Auf Ihr akustisches Zeichen hin strecken alle Teilnehmer*innen die Arme aus, beginnen, leise zu summen, und bewegen sich langsam im Raum.
3. Wenn eine Person auf ein anderes Gruppenmitglied trifft, nehmen sie sich an der Hand und gehen fortan zu zweit „durch das Leben". Läuft eine Person oder ein Paar anderen Paaren oder größeren Gruppierungen über den Weg, docken sie ebenfalls an einem Ende der Kette an.
4. Nach einem weiteren akustischen Zeichen Ihrerseits bleiben die Gruppen stehen und stellen das Summen ein.
5. Sie versuchen nun, noch immer mit geschlossenen Augen, einen möglichst runden Kreis zu bilden. Dazu müssen sie möglichst weit auseinander gehen und die Arme zur Seite ausstrecken. Haben sich die beiden äußeren Personen gefunden, sagen sie „Okay". Daraufhin löst die Gruppe die Handfassung, setzt sich auf den Boden und alle öffnen die Augen.

141 Kreisvorstellung

- **Spielkategorie:**
- **Material:** Stühle
- **Dauer:** 15 Min. +
- **Ort:** Klasse, Seminarraum
- **Teilnehmende:** 6 +

So geht's

Der Anfangsbuchstabe des Vornamens dient als Vorgabe für dieses Spiel.

1. Alle Gruppenmitglieder sitzen im Kreis.
2. Eine Person stellt sich z. B. folgendermaßen vor: „Ich heiße Anastasia, wohne in Aachen und esse gerne Ananas." Einzig der Name muss bei der Vorstellung stimmen, Wohnort und Speise werden mit dem Anfangsbuchstaben des Namens frei erfunden.
3. Dann kommt die Person daneben dran, wiederholt das zuvor Gehörte und stellt sich ihrerseits bei den anderen vor usw.

Variante

Alle im Kreis vorangegangenen Vorstellungen werden von der nächsten Person wiederholt.

142 Lebendes Mühlespiel

- **Spielkategorie:**
- **Material:** 9 Stühle
- **Dauer:** 10 Min. +
- **Ort:** Klasse, Seminarraum
- **Teilnehmende:** 10 +

So geht's

Das nette Spiel eignet sich besonders für Vertretungsstunden, Projektwochen o. Ä.

1. Zuerst werden drei Reihen mit je drei Stühlen aufgestellt.
2. Dann suchen sich zwei Freiwillige, die gegeneinander „Mühle" („Drei gewinnt"/„Tic Tac Toe") spielen wollen, jeweils drei Gruppenmitglieder als „Spielfiguren" für ihre Mannschaften.
3. Es wird ausgelost, wer beginnt. Anschließend dirigieren die Spieler*innen ihre „Figuren" abwechselnd auf einen der neun Stühle. Es darf dabei keine Tipps von außen geben.
4. Gewonnen hat die Person, die zuerst ihre drei „Figuren" diagonal, neben- oder hintereinander platzieren konnte.

Leonardo, der Bildhauer

- **Spielkategorie:**
- **Material:** keines
- **Dauer:** 30 Min. +
- **Ort:** überall
- **Teilnehmende:** 8 +

So geht's

Leonardos Kunst zeigt sich in seinen menschlichen Modellen.

1. Zu Beginn des Spiels werden Paare gebildet. Jeweils eine der beiden Personen ist das Modell, die andere ist Leonardo, der Bildhauer.
2. Nun kann der Bildhauer sein Teammitglied so modellieren, wie er will – sitzend, stehend, liegend. Er kann es wie Knetmasse oder Ton formen. Er kann durch Mimik, Gestik und Körperhaltung auch Gefühle darstellen.
3. Wenn alle fertig sind, gehen die Bildhauer durch den Skulpturenpark und bestaunen ihre Werke. Am Ende sollen sie raten, was die Modelle darstellen könnten. Sie können ihnen auch Namen oder Titel geben.
4. Anschließend werden die Rollen getauscht.

Variante

Als mögliche Erweiterung können die Modelle auf Zuruf kurz zum Leben erweckt werden, d. h., sie bewegen sich und sprechen.

144 Liegen im Quadrat

- **Spielkategorie:**
- **Material:** 4 Stühle
- **Dauer:** 5 Min. +
- **Ort:** Klasse, Seminarraum
- **Teilnehmende:** je 4

So geht's

Diese etwas schwierig anmutende Übung für vier Personen wird nach einigem Experimentieren funktionieren.

1. Vier Stühle stehen mit einem Abstand von ca. einem Meter im Quadrat, die Lehnen sind nach außen gedreht. Nun setzen sich vier Personen seitwärts darauf und beugen den Oberkörper so weit nach hinten, dass ihr Kopf schließlich auf den Oberschenkeln der Person hinter ihnen aufliegt. So ruhen alle gemütlich auf dem Schoß eines anderen Teammitglieds.
2. Dann wird auf Kommando der Körper angespannt und vier der Außenstehenden ziehen je einen Stuhl weg. Nun sollten ausschließlich die Füße der Personen den Boden berühren und die wundersame Liege ist fertig.

145 Liegestütz im Quadrat

- **Spielkategorie:**
- **Material:** keines
- **Dauer:** 5 Min. +
- **Ort:** überall
- **Teilnehmende:** je 4 (dann evtl. auch mehr)

So geht's

Diese Koordinations- und Kooperationsübung ist nicht ganz einfach, aber doch möglich.

1. Die Teilnehmer*innen nehmen zuerst im Quadrat die Liegestützposition ein.
2. Dann legen sie jeweils ihre Beine auf den Rücken der hinter ihnen liegenden Person und stützen sich nur noch auf ihre Hände. So steht die Vierergruppe gemeinsam in der Liegestützhaltung, ohne dass ein Fuß den Boden berührt.

Variante

Sollte das Quadrat funktionieren, dann kann man die Übung auch auf fünf oder sechs Leute erweitern.

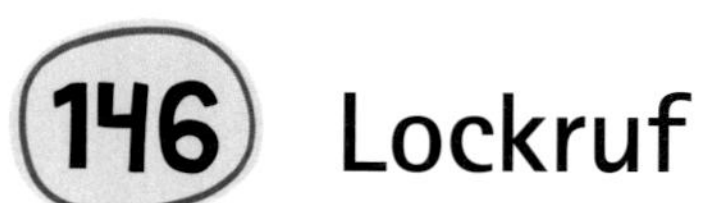

146 Lockruf

- **Spielkategorie:** ♡
- **Material:** keines, evtl. Augenbinden, evtl. Softbälle
- **Dauer:** 10 Min. +
- **Ort:** überall
- **Teilnehmende:** 10 +

So geht's

In dieser Übung geht es darum, dem Ruf des Partners bzw. der Partnerin zu folgen.

1. Die Teilnehmer*innen finden sich paarweise zusammen.
2. Eine der beiden Personen schließt die Augen, die andere entfernt sich ein großes Stück.
3. Sie ruft nun (durchaus mehrmals) den Namen des Partners bzw. der Partnerin. Diese*r läuft nun mit geschlossenen Augen los und muss versuchen, zu ihr zu finden.

Variante

Die sehende Person geht nur ein kleines Stück weg von ihrem*ihrer Partner*in. Wenn diese*r den Lockruf der sehenden Person hört, versucht er*sie, diese mit einem Softball zu treffen. Ausweichen ist hier natürlich nicht erlaubt.

147 Lotsen

- **Spielkategorie:** ♡
- **Material:** keines, evtl. Augenbinden
- **Dauer:** 10 Min. +
- **Ort:** größerer Raum, Turnhalle
- **Teilnehmende:** 6 +

So geht's

Beim Lotsen muss eine Person Anweisungen hören und richtig reagieren.

1. Es werden Paare gebildet. Je ein Teammitglied schließt die Augen, das andere übernimmt die Führung.
2. Nachdem die sehende Person einen Gegenstand im Raum versteckt hat, lotst sie den*die Partner*in durch akustische Anweisungen (Worte, Geräusche) dorthin, bis der Gegenstand gefunden wurde.

Luftballonrafting

- **Spielkategorie:**
- **Material:** Luftballons, evtl. einfache Hindernisse
- **Dauer:** 10 Min. +
- **Ort:** überall
- **Teilnehmende:** 6 +

So geht's

Für diese Geschicklichkeitsübung braucht man viele Luftballons.

1. Sie verteilen an alle Gruppenmitglieder je einen aufgeblasenen Luftballon.
2. Dann stellen sich alle hintereinander in einer Reihe auf und klemmen den Ballon zwischen dem eigenen Bauch und dem Rücken der vorderen Person ein.
3. Nun muss sich die Gruppe, ohne einen Ballon zu verlieren oder die Hände zu benutzen, durch den Raum bewegen und eventuell sogar einfache Hindernisse überwinden.

Variante

Diese Übung kann als Wettspiel in Teams gestaltet werden.

Luftballonrap

- **Spielkategorie:**
- **Material:** Luftballons, Faden, Musik
- **Dauer:** 10 Min. +
- **Ort:** überall
- **Teilnehmende:** 10 +

So geht's

Bei dieser Übung zum Aggressionsabbau kommen nur Luftballons zu Schaden.

1. Alle Gruppenmitglieder erhalten einen aufgeblasenen Luftballon, den sie sich an den Fuß binden.
2. Sie stellen die Musik an und alle Teilnehmer*innen beginnen, sich im Rhythmus zu bewegen.
3. Sobald Sie die Musik ausstellen, versuchen alle Teilnehmer*innen, die Luftballons der anderen zum Platzen zu bringen, gleichzeitig aber den eigenen zu schützen. Wessen Ballon kaputt ist, scheidet aus.
4. Sobald die Musik angeht, bewegen sich alle wieder einzeln zum Rhythmus und warten, bis die Musik erneut stoppt usw.
5. Gewonnen hat die Person, die als Letzte noch ihren Ballon am Fuß hat.

Luftballonrekord

- **Spielkategorie:**
- **Material:** Luftballons
- **Dauer:** 10 Min. +
- **Ort:** überall
- **Teilnehmende:** 5 +

So geht's

Ein Appell an den Ehrgeiz der Gruppe soll die Mitglieder zu Höchstleistungen anstacheln.

1. Die Gruppe spielt einen aufgeblasenen Luftballon durch leichtes Anstupsen über den Köpfen herum. Er soll möglichst lange in der Luft gehalten werden und nicht auf den Boden fallen. Alle Gruppenmitglieder sollen die Möglichkeit zur Berührung haben. Die Zahl der Zuspiele wird dabei gezählt.
2. Berührt der Ballon den Boden oder platzt er, ist die Runde beendet.

Varianten

- Der Luftballon darf nur mit bestimmten Körperteilen (Kopf, Knie, Schultern ...) bzw. im Sitzen oder Liegen gespielt werden.
- Natürlich können hier sehr einfach Wettspiele eingebaut werden, z.B. spielen zwei Gruppen gegeneinander und diejenige gewinnt, die mehr Zuspiele hat.

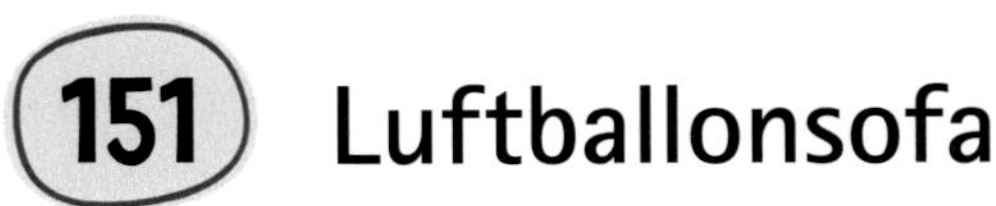

151 Luftballonsofa

- **Spielkategorie:**
- **Material:** Luftballons
- **Dauer:** 15 Min. +
- **Ort:** überall, ebener Untergrund
- **Teilnehmende:** 6 +

So geht's

Die Teilnehmer*innen machen die interessante Erfahrung, was Luftballons so aushalten.

1. Alle Teilnehmer*innen erhalten zwei aufgeblasene Luftballons. Dann werden Kleingruppen mit ca. sechs Personen gebildet.
2. Aufgabe der Gruppen ist es nun, eine Person so auf den zwölf Luftballons der Gruppe auf dem Boden oder auf einem Tisch zu platzieren, dass sie bequem darauf liegen und die Balance halten kann, ohne Boden oder Tisch zu berühren. Hilfe von außen (stützen, halten) ist nur zu Beginn gestattet.

Anmerkung

Natürlich soll das Ganze äußerst vorsichtig vonstatten gehen, damit die Ballons heil bleiben. Die Personen auf dem „Sofa" werden das Ergebnis genießen und berichten von der Vorstellung, dass sie auf dem Meer auf einer Luftmatratze dahintreiben, schweben o. Ä.

Variante

Als Erweiterung bietet sich der Bau eines „Stockbetts" an. Dafür müssen sich zwei Gruppen zusammenfinden. Eine Person ruht bereits auf den Luftballons (s. o.). Auf dieser liegenden Person platziert man eine weitere Schicht Luftballons für ein zweites Gruppenmitglied, das sich nun vorsichtig darauflegt – unglaublich, aber es funktioniert!

152 Luftballontransport

- **Spielkategorie:**
- **Material:** Luftballons
- **Dauer:** 10 Min. +
- **Ort:** überall
- **Teilnehmende:** 6 +

So geht's

Gutes Abstimmen mit dem Teammitglied wird bei dieser Übung hilfreich sein.

1. Die Teilnehmer*innen finden sich paarweise zusammen.
2. Ein aufgeblasener Luftballon wird nun gemeinsam durch den Raum transportiert. Dazu geben Sie vor, an welchen Körperstellen er platziert wird, z. B. Bauch an Bauch, Rücken an Rücken, Stirn an Stirn ...

Anmerkung

Aus dieser Übung lassen sich leicht Wettspiele machen, z. B. gewinnt das schnellste Paar o. Ä.

153 Mach die Welle! – La Ola!

- **Spielkategorie:**
- **Material:** keines
- **Dauer:** 10 Min. +
- **Ort:** größerer Raum, Turnhalle
- **Teilnehmende:** 10 +

So geht's

Du wirst von der Gruppe gefeiert! Die Welle schwappt über dich!

1. Die Gruppe bildet zwei Reihen, sodass sich die Teilnehmer*innen gegenüberstehen und sich ihre Fingerspitzen berühren.
2. Eine Person macht sich in einiger Entfernung bereit, durch diese Gasse zu laufen und die „Welle" zu erleben. Bevor sie startet, fragt sie: „Seid ihr bereit?" Wenn die Gruppe bejaht, läuft die Person los.
3. Währenddessen strecken die anderen ihre Arme nach vorn und machen das typische Geräusch (tiefes Brummen), wenn „La Ola", die „Welle", durch ein Stadion schwappt. Kurz bevor die Person naht, reißt die Gruppe die Arme hoch (inkl. akustischer Geräuschsteigerung) und nimmt sie sofort wieder herunter, nachdem die Person vorbeigelaufen ist.

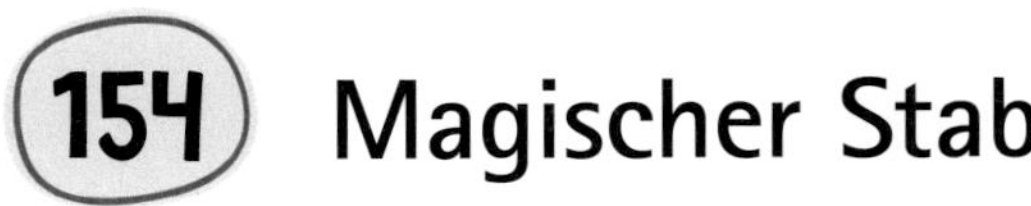

154 Magischer Stab

- **Spielkategorie:**
- **Material:** 1 Zeltstange, Besenstiel o. Ä.
- **Dauer:** 10 Min. +
- **Ort:** überall
- **Teilnehmende:** 10 +

So geht's

Entgegen Ihrer Vorgabe wird die Gruppe ungewollt das Gegenteil machen!

1. Die Gruppenmitglieder stehen sich in zwei Reihen gegenüber und halten die Hände hüfthoch nach vorn.
2. Dann strecken sie beide Zeigefinger (wie bei einer Pistole) nach vorn und achten darauf, dass alle in einer Linie und auf etwa gleicher Höhe sind.
3. Nun legen Sie eine Zeltstange oder einen langen Stab auf die ausgestreckten Finger und die Gruppe muss versuchen, diesen Gegenstand gemeinsam auf den Boden zu legen. Voraussetzung ist aber, dass immer alle Zeigefinger Kontakt zur Stange haben.

Anmerkungen

- Beim ersten Versuch wird etwas geschehen, was bei 95 % aller Gruppen passiert: Anstatt dass die Zeltstange hinunterwandert, geht sie nach oben und gerät außer Kontrolle (magisch!). Dadurch dass immer alle Gruppenmitglieder Kontakt haben und einige leicht nach oben drücken, ergibt sich dieses Phänomen. Erst durch die entsprechende Kommunikation, ein akkordiertes Nach-unten-Gehen, durch Kommandos, Rhythmik usw. wird es der Gruppe gelingen, die Aufgabe zu erfüllen.
- Wichtig ist es, der Gruppe nicht schon zu Beginn Tipps zu geben. Gemeinsames Scheitern bringt Dynamik ins Spiel. Besser ist es, wenn die Gruppe erst einmal selbst Überlegungen anstellt, wie sie erfolgreich sein könnte.

Magnetismus

- **Spielkategorie:**
- **Material:** keines, evtl. Musik
- **Dauer:** 10 Min. +
- **Ort:** größerer Raum, Turnhalle
- **Teilnehmende:** 10 +

So geht's

Dieses charmante Aufwärmspiel beinhaltet ein wenig Körperkontakt.

1. Die Teilnehmer*innen beginnen, locker durch den Raum zu traben oder zu gehen.
2. Sie als Spielleitung stehen in der Mitte und sagen, eventuell begleitet von rhythmischem Schnipsen oder Klatschen: „Eines zum andern, eines zum andern, ..." Alternativ können Sie auch Musik laufen lassen.
3. Stoppt das Geräusch oder die Musik, geben Sie eine Aufgabe vor, wie z. B. „Rücken an Rücken", „Kopf an Kopf", „Fuß an Fuß", „Knie an Knie", „Po an Po" ... Wie Magnete zieht es Paare an den besagten Stellen zueinander und so bleiben sie eine Weile beisammen stehen.
4. Sobald Sie sagen: „Eines zum andern ..." bzw. die Musik einschalten, bewegen sich wieder alle durcheinander.

Anmerkungen

- Bei einer ungeraden Anzahl an Gruppenmitgliedern kann immer die übrig gebliebene Person zur neuen Spielleitung werden.
- Mögliche Auswertungsfragen nach dem Spiel können lauten: „Wie war es, so engen Kontakt zu haben?"

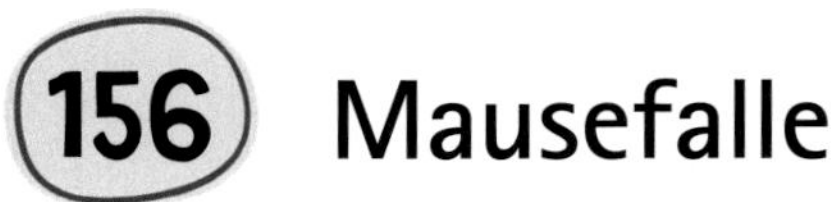

156 Mausefalle

- **Spielkategorie:**
- **Material:** keines
- **Dauer:** 10 Min. +
- **Ort:** größerer Raum, Turnhalle
- **Teilnehmende:** 10 +

So geht's

Auch bei diesem Spiel lässt die Katze das Mausen nicht!

1. Alle Teilnehmer*innen sind Mäuse und stehen an einer Wand. Eine freiwillige Person übernimmt die Rolle der Katze und begibt sich auf die gegenüberliegende Seite des Raums.
2. Auf Ihr Zeichen hin versucht die Katze, die Mäuse zu fangen, die auf die andere Seite des Raums gelangen müssen. Sie dürfen sich nur vorwärts und seitlich bewegen; Rückwärtslaufen ist ihnen nicht erlaubt.
3. Wer gefangen wird, wird zu einer „Mausefalle": Die Person spielt weiter, muss aber dort stehen bleiben, wo sie gefangen wurde. Sie breitet die Arme aus, um im weiteren Verlauf andere Mäuse zu fangen. Wegbewegen ist nicht erlaubt, aber man darf sich umdrehen, um die heranstürmenden Mäuse sehen zu können. Immer mehr und mehr Mausefallen erschweren es so den verbliebenen Mäusen, zur anderen Seite (zum Speck oder zum Käse) zu gelangen.
4. Das Spiel endet, wenn alle Mäuse gefangen sind.

Mein anonymer Buddy

- **Spielkategorie:**
- **Material:** 1 Stift, kleine Zettel
- **Dauer:** 10 Min. +
- **Ort:** größerer Raum, Turnhalle
- **Teilnehmende:** 10 +

So geht's:

Das Prinzip ähnelt dem „Wichtel"-Spiel, versteht sich aber durch das „Schenken" kleiner Aufmerksamkeiten eher auf der sozialen Ebene. Diese Übung bietet eine schöne Möglichkeit, wertschätzendes Verhalten und eine sozial angenehme Atmosphäre in der Gruppe zu schaffen.

1. Sie schreiben die Namen aller Gruppenmitglieder auf kleine Zettel.
2. Alle ziehen nun einen dieser zusammengefalteten Namenszettel und haben ab diesem Zeitpunkt die Aufgabe, für einen vorher definierten Zeitraum (eine Woche o. Ä.) als Best Buddy zu fungieren - allerdings im Geheimen. Er*sie sollte also der zugewiesenen Person immer wieder - und nach Möglichkeit unauffällig - einen Dienst erweisen oder eine kleine Freude machen.
3. Bei Klassen oder Gruppen mit jüngeren Teilnehmer*innen könnte man vorab erarbeiten, was so alles möglich wäre, um auch denen zu helfen, die sich schwerer tun, etwas Passendes zu finden.
4. Die jeweiligen Namen bleiben (z. B. bis zum Wochenende) geheim und werden erst am Ende aufgelöst. Wenn man möchte, kann man die Teilnehmer*innen raten lassen, ob sie schon geahnt haben, wer in dieser Woche ihr Buddy war.

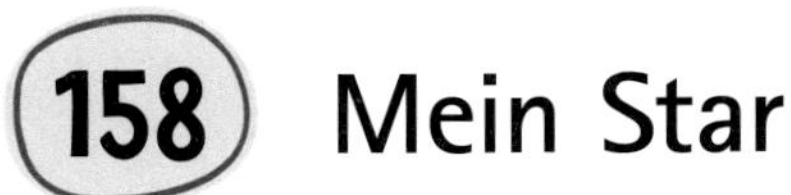

Mein Star

- **Spielkategorie:**
- **Material:** Musik
- **Dauer:** 5 Min. +
- **Ort:** überall
- **Teilnehmende:** 10 +

So geht's

Ein Star-Treffen der besonderen Art findet statt: chaotisch und lustig!

1. Alle Teilnehmer*innen bewegen sich zur Musik durch den Raum und suchen sich dabei einen „Star" aus, den sie zumindest aus den Augenwinkeln heimlich verfolgen.
2. Sobald die Musik stoppt, stürzen sich nun alle auf ihren Star, nehmen ihn bei den Schultern oder umarmen ihn.

Menschentrichter

- **Spielkategorie:**
- **Material:** keines
- **Dauer:** 15 Min. +
- **Ort:** Turnhalle, Outdoor
- **Teilnehmende:** 12 +

So geht's

Diese Mutprobe erfordert ein ordentliches Maß an Vertrauen in der Gruppe.

1. Die Gruppe stellt sich in zwei Reihen auf. Diese stehen sich gegenüber und öffnen sich kegelförmig wie ein Trichter.
2. Eine Person läuft mit geschlossenen Augen aus ca. zehn Metern Entfernung durch die breite Öffnung in den sich verengenden Trichter. Dort wird sie von den anderen in den beiden Reihen langsam gestoppt, indem sie die Hände ausstrecken. So erhält die laufende Person Kontakt mit immer mehr Händen, bis sie schließlich zum Stillstand kommt. Es gelten für den Lauf folgende Sicherheitsregeln: Bevor eine Person startet, sagt sie: „Ich laufe." Wenn die Gruppe bereit ist, antwortet sie: „Lauf!"

Anmerkung

Nach dem Spiel bieten sich eine Reflexion und ein Austausch der Erfahrungen an.

Menschliches Sofa

- **Spielkategorie:** ♡
- **Material:** keines, evtl. sanfte Musik
- **Dauer:** 5 Min. +
- **Ort:** überall
- **Teilnehmende:** 4 +

So geht's

Dieses Spiel ist eine etwas anstrengendere, aber trotzdem angenehme Variation des „Wellenbetts" mit nur einer Person:

1. Es finden sich Paare zusammen. Eine Person ist das „Sofa": Sie legt dazu die Hände auf die Oberschenkel und geht leicht in die Knie.
2. Nun legt sich der*die Partner*in (evtl. mit Ihrer Hilfe) mit dem Rücken auf den des „Sofas". Die obere Person liegt also auf dem Rücken, der Kopf ruht etwa im Nackenbereich des Partners bzw. der Partnerin, die Arme hängen entweder herunter oder sind auf dem Bauch platziert, die Beine baumeln locker. Die Hauptlast der liegenden Person, das Gesäß, liegt ungefähr auf dem Steißbein.
3. Wenn die beiden das Gleichgewicht gefunden haben, beginnt das „Sofa", mit leichten und sanften Bewegungen hin- und herzuschaukeln: zunächst sehr sanft, dann immer stärker werdend – es sollte aber nie die Gefahr bestehen, dass die andere Person herunterfällt. Das Schaukeln sollte langsam aufgebaut werden und bis zum Ende angenehm sein!
4. Die liegende Person hat die Augen geschlossen, ruht sich eine Weile aus und versucht, den Atem mit dem des „Sofas" abzustimmen.
5. Nach dem kontrollierten Absteigen werden die Rollen getauscht.

161 Merlin, der Zauberer

- **Spielkategorie:**
- **Material:** 1 Zauberstab, evtl. Matten
- **Dauer:** 10 Min. +
- **Ort:** Turnhalle, größerer Raum, outdoor
- **Teilnehmende:** 10 +

So geht's

Merlin testet bei diesem Spiel die Reaktionsfähigkeit seines Nachwuchses.

1. Alle Teilnehmer*innen sind auf vier Ecken oder Matten aufgeteilt. Eine Person übernimmt die Rolle von Merlin und begibt sich in die Mitte des Raumes, wo der Zauberstab liegt.
2. Sobald Merlin diesen aufhebt, verlassen die anderen Teilnehmer*innen ihre Ecken und verteilen sich im Raum. Der Meister führt nun ein paar einfache Turnübungen vor (Kniebeugen, Hampelmann, Luftsprünge ...), die die Nachwuchstalente nachmachen müssen.
3. Irgendwann lässt Merlin den Stab fallen und versucht, eine*n der anderen Teilnehmer*innen zu fangen. Diese können sich retten, indem sie so rasch wie möglich zu ihren Ausgangsplätzen, den Ecken oder Matten, laufen.
4. Gelingt es Merlin, das Überraschungsmoment zu nutzen und jemanden zu fangen, tauschen die beiden die Rollen.

162 Minutenraten

- **Spielkategorie:**
- **Material:** 1 Stuhl
- **Dauer:** 10 Min. +
- **Ort:** Klasse, Seminarraum
- **Teilnehmende:** 10 +

So geht's

Dieses Spiel ist eine schnelle Stilleübung für die Konzentration und zur Entspannung.

1. Alle Teilnehmer*innen sitzen mit geschlossenen Augen im Stuhlkreis, es herrscht absolute Stille.
2. Zum Start geben Sie ein akustisches Signal. Die Teilnehmer*innen sollen dann aufzeigen, wenn sie glauben, dass eine Minute vorbei ist.
3. Wenn alle Hände oben sind, brechen Sie ab und geben bekannt, welche Personen der Minute zeitlich am nächsten waren.

Mit den Händen sehen

- **Spielkategorie:**
- **Material:** keines, evtl. Augenbinden
- **Dauer:** 10 Min. +
- **Ort:** überall
- **Teilnehmende:** 7 +

So geht's

Erkennen durch Tasten!

1. Es werden Gruppen mit sieben bis zehn Mitgliedern gebildet.
2. Ein Mitglied der Gruppe schließt die Augen, tastet nun eine Person nach der anderen ab (Gesicht, Kopf, Oberkörper, ganzer Körper) und versucht zu erraten, um wen es sich handelt.

Variante

Diese Variation ist etwas schwieriger.

1. Eine größere Gruppe wird halbiert, ein Teil der Teilnehmer*innen verteilt sich im Raum und schließt die Augen.
2. Nun gehen die anderen Gruppenmitglieder zu je einer Person und stellen sich vor sie hin. Brillen sollten vorher abgenommen werden.
3. Durch eine leichte Berührung, z. B. ein kurzes Antippen, wissen die Personen mit den geschlossenen Augen, dass jemand vor ihnen steht. Dann tasten sie Gesicht, Kopf, Haare und Schultern des Gegenübers ab und sollen herausfinden, um wen es sich handelt.

Mörderisches Zwinkern

- **Spielkategorie:** ☺ ♡
- **Material:** keines
- **Dauer:** 10 Min. +
- **Ort:** größerer Raum, Turnhalle
- **Teilnehmende:** 10 +

So geht's

In England treibt ein*e Mörder*in sein*ihr Unwesen. Er*sie ist extrem gefährlich, weil er*sie für seine*ihre Morde keine Waffe braucht. Schon ein Zwinkern von ihm*ihr genügt und man stirbt. Bisher ist es selbst den besten Detektiv*innen von Scotland Yard nicht gelungen, den*die Mörder*in zu überführen.

1. Alle Teilnehmer*innen stehen zunächst mit geschlossenen Augen im Raum und Sie bestimmen eine Person durch Antippen auf der Schulter als Mörder*in.
2. Anschließend öffnen alle wieder die Augen. Die Teilnehmer*innen gehen herum und blicken allen, denen sie begegnen, in die Augen. Wegschauen ist nicht erlaubt!
3. Der*die Mörder*in „tötet" nun durch möglichst unauffälliges Zublinzeln, wenn ihn*sie jemand direkt anschaut. Die Person, die angezwinkert wurde, geht noch fünf Schritte weiter (wichtig!) und fällt dann mit einem lauten Schrei zu Boden. Die „tote" Person darf das Spiel beobachten, aber nicht reden und natürlich auch keine Hinweise geben.
4. Wenn jemand einen Verdacht hat, wer der*die Mörder*in sein könnte, stellt diese Person sich neben Sie. Sobald eine zweite Person auch glaubt, den*die Mörder*in zu kennen, tut sie dasselbe. Wichtig ist, dass Sie zwischen den beiden stehen, sodass sie nicht miteinander kommunizieren können.
5. Sie stoppen das Spiel und bitten alle noch lebenden Personen, sich zu einer Gegenüberstellung in einer Linie oder in einem Halbkreis zu formieren.
6. Dann zählen Sie bis drei und die zwei Personen, die einen Verdacht haben, müssen gleichzeitig auf den*die vermeintliche*n Mörder*in zeigen. Haben beide Recht, haben die Detektivinnen bzw. Detektive gewonnen und das Spiel ist beendet. Hat aber auch nur eine Person einen falschen Verdacht, sterben beide (!) und das Spiel geht weiter, bis der*die Mörder*in gefunden ist.

Anmerkung

Bei kleineren Gruppen (zehn Teilnehmer*innen) kann schon der Verdacht von einer Person genügen, um das Spiel zu unterbrechen.

Mordsmäßige Pantomime

- **Spielkategorie:**
- **Material:** keines
- **Dauer:** 10 Min. +
- **Ort:** überall
- **Teilnehmende:** 10 +

So geht's

Dieser Krimi ist ein echter Hit unter den Darstellspielen, von dem man nicht genug bekommen kann! Das Spiel funktioniert ein wenig nach dem Prinzip der „Stillen Post".

1. Vier Gruppenmitglieder melden sich freiwillig, drei davon müssen den Raum verlassen.
2. Die übrig gebliebene Person (A) erfragt vom Publikum den Beruf eines Mordopfers (wer?), einen Tatort (wo?) und eine Mordwaffe (was?).
3. Dann wird die erste Person (B) hereingeholt, woraufhin A pantomimisch vorzeigt, welchen Beruf es zu erraten gilt. Glaubt B, die Lösung zu wissen, gibt er*sie A ein Zeichen oder sagt „Okay". Dann mimt A den Ort und danach die Mordwaffe. Wenn bei einer Person das Gezeigte nicht zu erraten ist, muss Person B trotzdem versuchen, genau zu beobachten, um es möglichst exakt nachmachen zu können.
4. Hat Person B nun alle drei Hinweise gesehen, wird Person C hereingeholt. Person B spielt der Reihe nach alles wieder vor. Nachdem Person C dann der letzten Person (D = Detektiv*in) pantomimisch alles wiedergegeben hat, sollte der*die Täter*in zu überführen sein.
5. Nun offenbart Person D (der*die Detektiv*in) ihre Erkenntnisse. Die Gruppe überprüft dann, ob alles erraten werden konnte.

Anmerkungen

- Je unzusammenhängender und origineller die drei zu erratenden Dinge sind, desto besser! Beispielsweise ist es interessant, zu erfahren, dass eine Raumfahrerin in der Wüste mit einer WC-Bürste ermordet wurde.
- Möglich ist ein Zeitlimit von drei Minuten, also maximal je eine Minute zur Darstellung von Beruf, Ort und Tatwaffe.

Moskito – Henne – Tiger

- **Spielkategorie:**
- **Material:** keines
- **Dauer:** 10 Min. +
- **Ort:** Turnhalle oder outdoor
- **Teilnehmende:** 8 +

So geht's

Bei diesem Reaktions- und Laufspiel handelt es sich um eine erweiterte Form von „Schere – Stein – Papier".

1. Zwei Gruppen stehen sich in einem Abstand von ca. vier Metern gegenüber.
2. Sie beraten sich im Team, welches der drei Tiere – Moskito, Henne oder Tiger – sie auf Ihr Zeichen hin gemeinsam zeigen werden. Dabei gilt folgende Regelung: Der Moskito sticht den Tiger, der Tiger frisst die Henne und die Henne pickt den Moskito auf.
3. Nachdem sich die Mitglieder beider Teams nebeneinander aufgestellt haben, zählen Sie bis drei. Daraufhin ahmen alle ihr Tier nach, natürlich mit Lauten und Bewegung.
4. Die Personen, die verloren haben, müssen nun so schnell wie möglich flüchten und eine vorher definierte Linie bzw. die Wand erreichen, bevor sie von den Mitgliedern des siegreichen Teams abgeschlagen werden. Es gilt also, rasch zu reagieren und blitzschnell zu überlegen, ob man nachlaufen oder flüchten muss, was sehr oft zu lustigen Situationen führt.
5. Personen, die abgeschlagen wurden, müssen zum anderen Team wechseln. Dann folgt die nächste Runde.

Mumienmassage

- **Spielkategorie:**
- **Material:** 1 Decke für ca. 5 Personen
- **Dauer:** 10 Min. +
- **Ort:** überall
- **Teilnehmende:** 5 +

So geht's

Das Spiel bietet eine gute Möglichkeit, Berührungsängste zu überwinden.

1. Jede Gruppe (ca. fünf Personen) hat eine Decke, in die ein Gruppenmitglied als Mumie eingewickelt ist.
2. Die anderen haben nun die Aufgabe, die Mumie zu massieren. Der Körperkontakt fällt hier leichter, da eine Decke als Zwischenschicht vorhanden ist.

Musikalischer Spürsinn

- **Spielkategorie:**
- **Material:** keines
- **Dauer:** 10 Min. +
- **Ort:** überall
- **Teilnehmende:** 10 +

So geht's

Bei diesem Spiel gilt es, herauszufinden, wer den Takt angibt.

1. Alle Teilnehmer*innen stehen im Kreis. Zunächst kann man mit jüngeren Gruppenmitgliedern bekannte Instrumente eines Orchesters pantomimisch durchspielen: Geige, Flöte, Klavier, Trompete, Trommel usw.
2. Dann verlässt eine Person den Raum und anschließend wird eine Person aus dem Kreis als Dirigent*in bestimmt. Diese macht vor, welches Instrument gerade gespielt wird.
   Es ist ratsam, sich schon vorher in der Gruppe auf ein Instrument zu einigen, mit dem alle beginnen.
3. Alle beobachten im Laufe des Spiels die dirigierende Person (aber nicht zu offensichtlich), machen ihre Bewegungen möglichst rasch nach und achten genau darauf, wenn sie das Instrument wechselt. Dies kann beliebig oft erfolgen.
4. Die in den Raum geholte Person soll erraten, wer Dirigent*in ist. Nach drei Fehlversuchen wird das Spiel beendet.

Variante

„Vorturner*in": Das Spielprinzip bleibt gleich, nur geht es hier um Bewegungen, die im Kreis möglich sind (boxen, hüpfen, Kniebeugen, auf der Stelle laufen, Daumen drehen, Schulter zucken, tanzen ...). Dann muss die Person, die draußen war, erraten, von wem die Bewegungsänderungen ausgehen.

Nachrichten-Versand

- **Spielkategorie:**
- **Material:** keines
- **Dauer:** 10 Min. +
- **Ort:** überall
- **Teilnehmende:** 10 +

So geht's

Gutes Gespür ist bei dieser Übung gefragt!

1. Die Gruppenmitglieder stehen im Kreis mit Blick auf den Rücken der jeweils benachbarten Person.
2. Eine Person zeichnet mit dem Finger einen Buchstaben auf den Rücken vor sich.
3. Die benachbarte Person gibt den „erfühlten" Buchstaben an die Person vor sich weiter usw.
4. Das letzte Gruppenmitglied nennt nun den Buchstaben und so wird überprüft, ob die Nachricht richtig weitergeleitet wurde. Danach startet die nächste Person mit einer neuen Nachricht.
5. Sobald das Spiel mit Einzelbuchstaben gut läuft, kann man es mit kurzen Wörtern probieren.

Nasenschrift

- **Spielkategorie:**
- **Material:** keines
- **Dauer:** 5 Min. +
- **Ort:** überall
- **Teilnehmende:** 6 +

So geht's

Das witzige Spiel eignet sich besonders zum Kennenlernen.

1. Die Teilnehmer*innen sitzen sich paarweise gegenüber.
2. Nun beginnt eine der beiden Personen, ihren Vornamen in Druckbuchstaben mit der Nase in die Luft zu schreiben. Das Gegenüber muss raten, wie das Teammitglied heißt. Danach wird gewechselt.

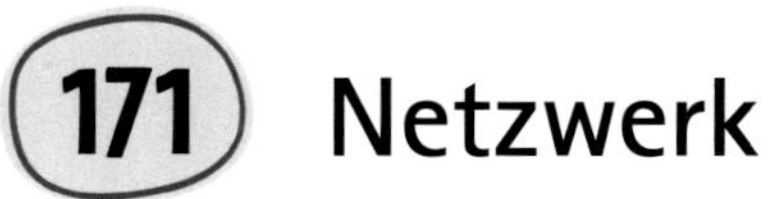

171 Netzwerk

- **Spielkategorie:**
- **Material:** keines
- **Dauer:** 10 Min. +
- **Ort:** überall
- **Teilnehmende:** 10 +

So geht's

Diese Übung dient zur Stärkung des Gruppengefühls.

1. Alle Gruppenmitglieder stehen im Kreis, eine freiwillige Person begibt sich in die Mitte.
2. Dann geht jemand aus der Gruppe zu dieser Person, legt ihr die Hand auf die Schulter und sagt, was die beiden verbindet, z. B.: „Ich mag auch Schokolade.", „Ich spiele auch Gitarre.", „Ich habe auch rote Schuhe an." usw.
3. Nun kommt eine dritte Person dazu, legt ebenfalls ihre Hand auf die Schulter eines der beiden Teammitglieder und begründet wieder. Dann kommt die nächste Person usw.
4. Am Ende entsteht so ein Netzwerk, in dem viele Mitglieder miteinander verbunden sind und die Gruppe eine große soziale Einheit ist.

172 Not-Aus-Schalter

- **Spielkategorie:**
- **Material:** keines
- **Dauer:** 10 Min. +
- **Ort:** überall
- **Teilnehmende:** 8 +

So geht's

Die Zeit eilt! Jede Minute ist kostbar!

1. Eine oder zwei Personen werden kurz aus dem Raum geschickt.
2. Der Rest der Gruppe muss eine außer Kontrolle geratene Maschine darstellen, die nur durch den Not-Aus-Schalter zum Stillstand kommen kann. Die Teilnehmer*innen imitieren zunächst Bewegungen und Geräusche einer Maschine. Dann überlegen sie sich, wo der Schalter angebracht sein könnte (z. B. rechter großer Zeh eines Gruppenmitglieds).
3. Während die Maschine nun immer mehr verrücktspielt (wilde Bewegungen, irre Geräusche), versuchen die von Ihnen hereingeholten Personen, den Notknopf zu finden und sie auszuschalten.
4. Das Spiel endet, wenn der Schalter gefunden wurde oder die Maschine explodiert ist.

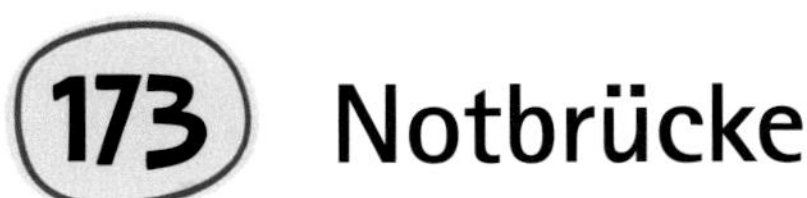

173 Notbrücke

- **Spielkategorie:**
- **Material:** pro Team 2 Tische, einige Blätter Papier, 1 Schere, 1 Rolle Krepp-Klebeband
- **Dauer:** 15 Min. +
- **Ort:** Klasse, Seminarraum
- **Teilnehmende:** 10 +

So geht's

Bei diesem Spiel geht es darum, im Team eine schwierige Aufgabe zu lösen.

1. Drei bis fünf Personen bilden jeweils ein Team.
2. Jede Gruppe soll in einer vorgegebenen Zeit eine Brücke zwischen zwei Tischen bauen (Entfernung ca. 50 cm). Als Baumaterialien dienen nur Papier und ein paar Streifen Klebeband (nicht die ganze Rolle).
3. Sind die Brücken fertig, wird mit einem etwas schwereren Gegenstand die Belastungsprobe für die Stabilität der Brücken durchgeführt.

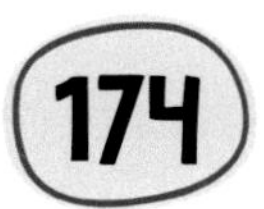

174 Nummernshake

- **Spielkategorie:**
- **Material:** keines, evtl. Musik
- **Dauer:** 6 Min. +
- **Ort:** überall
- **Teilnehmende:** 6 +

So geht's

Bei diesem Shake handelt es sich nicht um ein Getränk, sondern um ein Nonsens-Spiel mit hohem Spaßfaktor.

1. Alle Teilnehmer*innen gehen durch den Raum. Währenddessen überlegen sie sich eine Zahl von eins bis fünf.
2. Auf Ihr akustisches Zeichen (Musik aus, „Stopp!" usw.) hin bleiben alle stehen und wenden sich zu der Person, die ihnen am nächsten steht. Dann schütteln sie dieser die Hand, analog zur gedachten Zahl. Dies führt dann zu witzigen Situationen: Denn entweder schüttelt man länger als die andere Person oder man wird von dieser geschüttelt. Es kann aber auch sein, dass beide Teilnehmer*innen dieselbe Zahl denken und daher gleichzeitig aufhören.
3. Nach kurzer Zeit startet die Musik wieder bzw. Sie geben ein Zeichen und das Spiel geht weiter.

175 Objektspiel

- **Spielkategorie:**
- **Material:** keines
- **Dauer:** 10 Min. +
- **Ort:** überall
- **Teilnehmende:** 6 +

So geht's

Das Spiel lädt zum einfachen Improvisieren und zu schnellen Assoziationen ein, was umso lustiger wird, je freier und fantasievoller es abläuft.

1. Sie geben einen Ort vor, z. B. Hundeschule, später tun dies die Teilnehmer*innen.
2. Eine Person beginnt mit dem Satz: „Ich bin ein/eine/der/die/das ..." und nimmt eine entsprechende Körperhaltung ein. Anschließend kommt eine Person nach der anderen dazu und fügt sich in dem stetig wachsenden Standbild ein. Z. B.: Person 1: „Ich bin ein Dackel." (legt sich auf Boden), Person 2: „Ich bin das Halsband des Dackels." (geht zum Dackel und hält sich am Hals fest), Person 3: „Ich bin ein Floh." usw.

176 Obstsalat

- **Spielkategorie:**
- **Material:** Stühle
- **Dauer:** 10 Min. +
- **Ort:** Klasse, Seminarraum
- **Teilnehmende:** 10 +

So geht's

Das Spiel ist altbekannt, aber trotzdem gut und immer noch beliebt.

1. Alle Teilnehmer*innen sitzen im Stuhlkreis.
2. Jedes Gruppenmitglied bekommt nun reihum eine von ca. vier Obstsorten (z. B. Apfel, Birne Pflaume, Kirsche) zugeordnet. Dann werden die Plätze getauscht, damit die Reihenfolge geändert wird.
3. Eine freiwillige Person kommt in die Mitte, der überzählige Stuhl wird entfernt.
4. Nun ruft sie eine der Obstsorten, z. B. „Apfel", und alle Personen, denen der Apfel zugeordnet wurde, müssen schnell ihren Platz wechseln. Diesen Moment nutzt die Person in der Mitte aus, um einen freien Stuhl zu finden. Ruft sie „Obstsalat", müssen alle Teilnehmer*innen ihren Platz tauschen.
5. Die Person, die keinen Platz bekommt, bleibt in der Mitte und führt das Spiel weiter.

177 Ohnmachtsanfall

- **Spielkategorie:**
- **Material:** keines, evtl. Musik
- **Dauer:** 10 Min. +
- **Ort:** größere Klasse, Turnhalle
- **Teilnehmende:** 10 +

So geht's

Die Gruppe muss gegen kollektive Ohnmacht ankämpfen.

1. Es werden fünf Gruppen gebildet, deren Mitgliedern Zahlen von eins bis fünf zugewiesen werden.
2. Dann lösen sich die Gruppen wieder auf und alle gehen im Raum herum (evtl. zu Musik).
3. Sie stoppen das Spiel (z. B. durch ein Signal oder das Abschalten der Musik) und nennen bzw. zeigen nun eine Zahl von eins bis fünf. Die Personen mit der genannten Zahl stoßen einen Schrei aus oder geben ein anderes Zeichen einer bevorstehenden Ohnmacht von sich.
4. Die restlichen Teilnehmer*innen eilen rasch zu Hilfe. Wenn sie da sind, können sich die geschwächten Personen der Ohnmacht hingeben und sich mit möglichst gespanntem Körper in die Arme der Helfenden fallen lassen.

178 Ohrenradar

- **Spielkategorie:**
- **Material:** viele kleine Alltagsgegenstände
- **Dauer:** 10 Min. +
- **Ort:** Klasse, Seminarraum
- **Teilnehmende:** 10 +

So geht's

Die Teilnehmer*innen sind bei dieser Übung völlig auf ihren Gehörsinn angewiesen.

1. Alle Teilnehmer*innen schließen die Augen.
2. Sie haben eine ganze Menge an Gegenständen vor sich und lassen einen davon fallen (Streichhölzer, Buch, Lineal, Radiergummi usw.).
3. Die Teilnehmer*innen sollen dann erraten, welcher der Gegenstände heruntergefallen sein könnte.

Ozeandampfer

- **Spielkategorie:**
- **Material:** keines
- **Dauer:** 10 Min. +
- **Ort:** größerer Raum, Turnhalle
- **Teilnehmende:** 10 +

So geht's

Keine Panik auf der Titanic! Aber was nicht ist, kann noch werden.

1. Es werden Gruppen mit je fünf oder sechs Personen gebildet. Sie ziehen sich kurz zurück, um für ihren Dampfer einen Namen zu finden („Queen X", „Great Western", „Faxe" usw.).
2. Danach stellen sie sich hintereinander auf und legen die Hände auf die Schultern der jeweiligen Person vor sich. Das Gruppenmitglied ganz hinten ist der*die Kapitän*in, der*die vom Heck aus das Schiff durch den Ozean lenkt.
3. Bis auf den*die Kapitän*in schließen nun alle Teilnehmer*innen die Augen, da Nebel aufgetreten ist. Die Navigation erfolgt ausschließlich durch Klopfen auf die Schultern, das von dem*der Kapitän*in aus bis nach vorn geht, wo die erste Person dann das jeweilige Manöver, nicht zu ruckartig, einleiten muss:
   - „Volle Kraft voraus" = mit beiden Händen auf die Schultern klopfen
   - „Steuerbord" = nur mit der rechten Hand klopfen
   - „Backbord" = nur mit der linken Hand klopfen
   - „Alle Maschinen stopp" = in den Nacken kneifen, leichter Klaps auf den Kopf o. Ä.
4. Um einer möglichen Meuterei vorzubeugen, ist es ratsam, den*die Kapitän*in von Zeit zu Zeit zu wechseln.

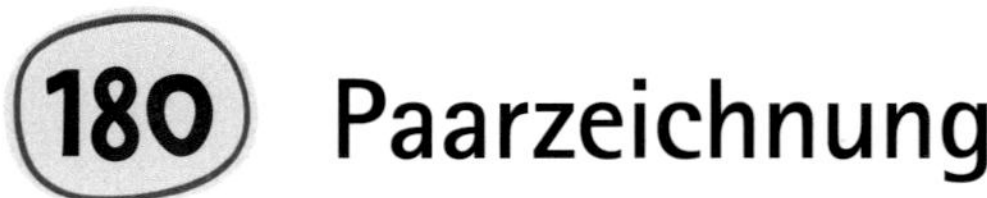

180 Paarzeichnung

- **Spielkategorie:**
- **Material:** 1 Stift und 1 DIN-A4-Blatt pro Paar, evtl. Musik
- **Dauer:** 10 Min. +
- **Ort:** überall
- **Teilnehmende:** 10 +

So geht's

Bei dieser Übung geht es um das soziale Miteinander, um Rücksichtnahme und das Übernehmen von Verantwortung, um Führen und Folgen.

1. Die Gruppe wird in Paare aufgeteilt, wobei jedes Team ein leeres Blatt und einen Stift erhält.
2. Nun sollen die Teilnehmer*innen gemeinsam mit ihren Partner*innen ohne jegliche Absprache eine Zeichnung anfertigen.
3. Beide halten zu jeder Zeit den Stift, über den die einzige Kommunikation erfolgt.
4. Ist das Bild fertig, sollen sich die Paare auf einen Titel einigen und ihr Werk präsentieren.
5. Im Anschluss daran kann ein Erfahrungsaustausch stattfinden.

Anmerkungen

- Man kann die Übung mit Entspannungsmusik begleiten.
- Bei der Auswertung könnte man Fragen behandeln wie: „Wer hat begonnen?", „Wer führte?", „Was war einfacher bzw. schwieriger?", „Wie war die Arbeit mit deinem Partner bzw. deiner Partnerin?"

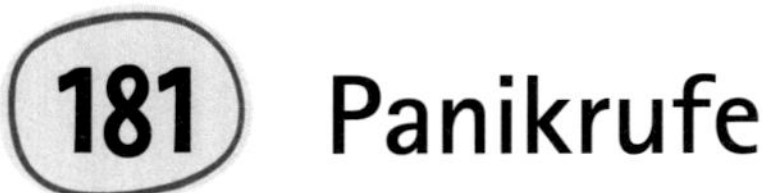

181 Panikrufe

- **Spielkategorie:**
- **Material:** Stühle
- **Dauer:** 10 Min. +
- **Ort:** Klasse, Seminarraum
- **Teilnehmende:** 8 +

So geht's

Achtung: Dies ist ein chaosdynamisches Panikspiel!

1. Die Teilnehmer*innen bilden einen Stuhlkreis und eine freiwillige Person kommt in die Mitte, wodurch ein Stuhl frei bleibt.
2. Diese Person versucht nun, sich schnell auf den freien Stuhl zu setzen.
3. Das kann aber von der Person, die rechts vom freien Platz sitzt, verhindert werden, indem sie schnell den Namen eines anderen Gruppenmitglieds ruft.
4. Die genannte Person steht auf und setzt sich auf den freien Platz, wodurch natürlich schon wieder ein Stuhl frei geworden ist. Also muss die Person rechts davon rasch einen Namen rufen usw.
5. Wenn es der Person in der Mitte gelingt, sich zu setzen, bevor ein neuer Name genannt wird, muss die Person rechts davon in den Kreis.

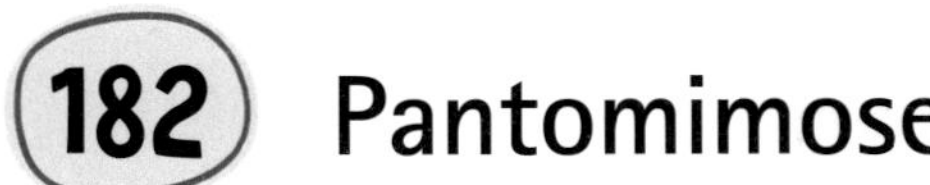

182 Pantomimose

- **Spielkategorie:**
- **Material:** Spielkärtchen mit Bildern, Fotos usw. zu einem bestimmten Thema
- **Dauer:** 10 Min. +
- **Ort:** überall
- **Teilnehmende:** 6 +

So geht's

Die Übung ist eine einfache Form des Improvisierens mittels Pantomime.

1. Sie haben Kärtchen zu einem bestimmten Thema vorbereitet, z. B. Gefühle, Sportarten o. Ä.
2. Die Gruppe sitzt im Halbkreis. Jeweils eine Person geht nach vorn, zieht eine Karte und stellt ihr Gefühl, die Sportart usw. pantomimisch dar. Die anderen müssen den gezeigten Begriff erraten.

183 Papier ansaugen

- **Spielkategorie:**
- **Material:** ein paar kleine Papierstücke (ca. 5 x 5 cm), 1 gerader Strohhalm pro Person
- **Dauer:** 10 Min. +
- **Ort:** überall
- **Teilnehmende:** 8 +

So geht's

Bei dieser Übung ist Gefühl gefragt!

1. Eine kleine Laufstrecke wird festgelegt. Es werden Teams gebildet, vor denen jeweils ein kleines Papierstück auf dem Boden liegt.
2. Mithilfe des Strohhalms saugt das erste Teammitglied das Papier an und transportiert es nun über die Laufstrecke.
3. Sobald das erste Gruppenmitglied wieder am Ausgangspunkt angelangt ist, übergibt es das Papierstück, indem die zweite Person es mit ihrem Strohhalm ansaugt usw. Sollte das Papier zu Boden fallen, muss das jeweilige Gruppenmitglied es wieder ohne Zuhilfenahme der Hände ansaugen und kann dann weiterlaufen.
4. Gewonnen hat das Team, das das Papier am schnellsten befördert hat.

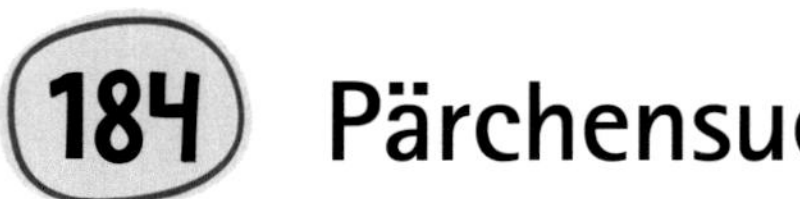

184 Pärchensuche

- **Spielkategorie:**
- **Material:** Kärtchen mit Paarnamen (Comicfiguren, Gegenteile, Fernsehserien usw.)
- **Dauer:** 10 Min. +
- **Ort:** überall
- **Teilnehmende:** 10 +

So geht's

Das Spiel bietet eine schnelle und etwas andere Form der Paarfindung für Zweierarbeit oder zum Kennenlernen.

1. Alle Teilnehmer*innen ziehen ein Kärtchen und suchen ihre Teammitglieder. Dies kann nonverbal (nur durchgehen, schauen und vergleichen) oder verbal (rufen, fragen) erfolgen. Bei entsprechenden Kärtchen kann dies eventuell auch pantomimisch geschehen.
2. Danach muss eine von Ihnen angeordnete Aufgabe gemeinsam erledigt werden. Bei Gruppen, die sich noch nicht kennen, stehen stattdessen einige Minuten Zeit zum Kennenlernen zur Verfügung.
3. Am Ende kommt es zur Präsentation der geleisteten Arbeit bzw. zur gegenseitigen Vorstellung der Partner*innen vor der Gruppe.

Beispiele

- Fix und Foxi
- Tim und Struppi
- Asterix und Obelix
- Micky und Minnie
- Donald und Daisy
- Mario und Luigi
- Garfield und Odie
- Susi und Strolch
- Don Camillo und Peppone
- SpongeBob und Patrick
- Tarzan und Jane
- Tom und Jerry
- Batman und Robin
- Sherlock Holmes und Dr. Watson
- Bonnie und Clyde
- Romeo und Julia
- Ernie und Bert

Passender Beiname

- **Spielkategorie:**
- **Material:** keines
- **Dauer:** 10 Min. +
- **Ort:** überall
- **Teilnehmende:** 6 +

So geht's

Diese Kennenlernübung besitzt einen einfachen Kreativanteil.

1. Alle Teilnehmer*innen suchen sich selbst einen Beinamen, der mit dem gleichen Buchstaben beginnt wie der eigene Vorname und möglicherweise auch noch zur Person passt (z. B. die spielerische Sofia, der lustige Luca, die kreative Kathi ...).
2. Dann kommt die Gruppe im Kreis zusammen und nun stellt sich jede Person den anderen vor.

186 Pizza-Massage

- **Spielkategorie:**
- **Material:** Stühle
- **Dauer:** 10 Min. +
- **Ort:** überall
- **Teilnehmende:** 6 +

So geht's

Pizza backen tut gut!

1. Die Teilnehmer*innen finden sich zu zweit zusammen.
2. Die eine Person setzt nun Ihre Ausführungen, wie man eine Pizza auf dem Rücken des Partners bzw. der Partnerin zubereitet, in die Tat um:
   - Oberfläche mit Mehl bestäuben
   - Zutaten vermischen – Teig zubereiten – kneten
   - ausrollen und Tomatensoße auftragen
   - Käse reiben
   - Zwiebel schneiden
   - belegen nach Wahl (Salami, Sardellen, Ananas ...)
   - mit Gabel einstechen
   - am Ende mit Gewürzen bestreuen
   - in den Backofen – Hände reiben und auf den Rücken legen
   - aus dem Backofen rausholen, in Stücke schneiden und kosten

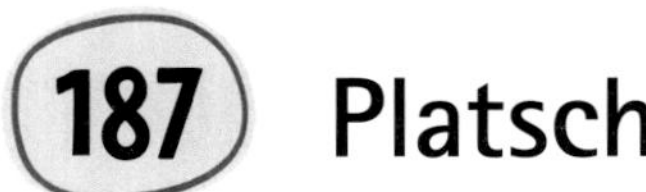

Platschenten

- **Spielkategorie:** ☺ ◎
- **Material:** Stühle
- **Dauer:** 10 Min. +
- **Ort:** überall
- **Teilnehmende:** 10 +

So geht's

Die Enten sind Hauptfiguren eines witzigen Konzentrationsspiels für zwischendurch.

1. Alle sitzen in einem Stuhlkreis.
2. Es wird immer der folgende Text durchgesprochen:
   - Person 1: „Eine Ente ..."
   - Person 2: „... springt ins Wasser."
   - Person 3: „Platsch."
   - Person 4 startet dann mit zwei Enten: „Zwei Enten ..."
   - Person 5: „ ... springen ins Wasser."
   - Person 6: „Platsch."
   - Person 7: „Platsch."
   - Person 8: „Drei Enten ..."
   - usw.
3. Bei einem Fehler beginnt die Gruppe wieder von vorn. – Wie viele „Enten" schafft man als Gruppe?

Variante

Um den Spaßfaktor zu erhöhen, können die Personen, die „Platsch" sagen, kurz vorher aufstehen und sich mit einem „Platsch" niedersetzen.

188 Platz ist in der kleinsten Hütte

- **Spielkategorie:**
- **Material:** 1 Fahrradschlauch
- **Dauer:** 10 Min. +
- **Ort:** überall
- **Teilnehmende:** 10 +

So geht's

Es ist erstaunlich, wie dehnbar ein Fahrradschlauch ist und wie viele Personen Platz darin finden!

1. Die Teilnehmer*innen halten einen Fahrradschlauch in Hüfthöhe.
2. Eine Person beginnt und steigt hinein, dann kommt eine zweite dazu, eine dritte usw. Ziel ist es, alle Gruppenmitglieder innerhalb des Schlauches zu versammeln. Alle sind Teil der Gruppe, alle werden in die Mitte genommen.

189 Platztausch ohne Worte

- **Spielkategorie:** 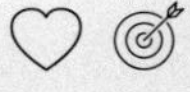
- **Material:** keines
- **Dauer:** 5 Min. +
- **Ort:** überall
- **Teilnehmende:** 8 +

So geht's

Bei diesem Spiel geht es um nonverbale Kommunikation zwecks Platztausch.

1. Die Gruppenmitglieder stehen im Kreis, es wird nicht mehr gesprochen.
2. Sie als Spielleitung beginnen und nehmen Blickkontakt zu einer anderen Person auf. Wenn diese nickt, heißt das, dass man sich auf ihren Platz stellen darf und sich deshalb langsam dort hinbewegt.
3. In der Zwischenzeit muss diese Person jedoch rasch mit jemand anderem Kontakt aufnehmen, um selbst wieder einen freien Platz zu bekommen usw.

Variante

Wenn das Spiel gut läuft und die Gruppe groß genug ist, können Sie ein zweites Mal mit einem Blickkontakt Ihrerseits starten, obwohl schon ein anderes Paar unterwegs ist. So gibt es noch mehr Bewegung im Kreis.

Puschel, das Eichhörnchen

- **Spielkategorie:** 🏃 ☺
- **Material:** keines
- **Dauer:** 10 Min. +
- **Ort:** größere Klasse, Turnhalle, outdoor
- **Teilnehmende:** 10 +

So geht's

Das flotte, witzige Spiel für zwischendurch oder zum Warmwerden kann teilweise durchaus ein wenig chaotisch werden.

1. Jeweils drei Gruppenmitglieder bilden eine Einheit. Eine oder zwei Personen bleiben übrig.
2. Die zwei äußeren Gruppenmitglieder stehen zueinander gedreht und bilden mit ihren über Kopf aneinandergelegten Händen die Bäume. In der Mitte steht oder hockt Puschel, das Eichhörnchen.
3. Zu Beginn rufen Sie einen von drei Befehlen und die Gruppenmitglieder müssen so schnell wie möglich entsprechend den Anweisungen reagieren.
   - „Bäume": Alle Personen links und rechts vom Eichhörnchen wechseln die Plätze.
   - „Puschel": Alle Eichhörnchen wechseln die Plätze, die Bäume bleiben stehen.
   - „Erdbeben": Alles löst sich auf und die Teilnehmer*innen finden sich zu neuen Dreiergruppen zusammen.

   Später ist das Rufen der Anweisungen die Aufgabe der übrig gebliebenen Person bzw. der beiden, die sich dann unter die Gruppenmitglieder mischen und einen ihrer Plätze einnehmen.

Variante

Erweiterung des Spiels um einen linken und rechten Baum. Allerdings muss man vorher definieren, von wo aus links gemeint ist.

- Neue Befehle:

„Linker Baum": Nur die Personen links vom Eichhörnchen wechseln die Plätze.
„Rechter Baum": Alle Personen rechts vom Eichhörnchen wechseln die Plätze.

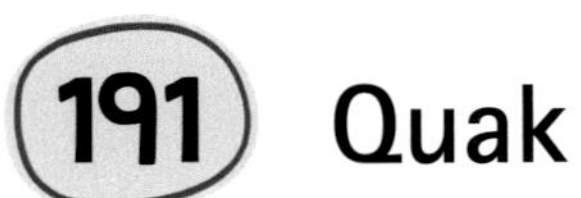

Quak

- **Spielkategorie:** ☺
- **Material:** keines
- **Dauer:** 10 Min. +
- **Ort:** größerer Raum, Turnhalle
- **Teilnehmende:** 12 +

So geht's

Einige Entlein sehnen sich nach dem saftigen Gras im benachbarten Garten.

1. Es werden zwei Gruppen gebildet. Eine formiert sich als Zaun, indem sich die Teilnehmer*innen die Hände geben, etwas auseinandergehen und eine breite Kette bilden. Irgendwo soll ein Durchgang offen bleiben, der dadurch entsteht, dass sich zwei Personen nicht an den Händen halten. Dort befindet sich das Loch im Zaun.
2. Die andere Gruppe hat sich an das andere Ende des Raumes begeben und sich umgedreht, sodass die Teammitglieder den Zaun mit dem Loch nicht sehen können. Sie sind die Entlein und stehen mit geschlossenen Augen nebeneinander.
3. Auf Ihr Zeichen hin versuchen nun alle Enten, in den anderen „Garten" zu gelangen. Zu diesem Zweck watscheln sie mit leisem Gequake rückwärts, bis sie zum Zaun gelangen. Das erste Entlein, das den „Ausgang" gefunden hat, macht darauf aufmerksam, indem es laut „quak, quak, quak" schreit. Die anderen Enten orten das Geräusch und versuchen, nun ebenfalls schnell in den benachbarten Garten mit dem saftigen, frischen Gras zu gelangen. Wichtig ist, dass die Entlein, die das Loch im Zaun entdeckt haben, nicht nur lachen, sondern noch weiterhin ihr Gequake fortsetzen – und zwar beim Durchgang!

Anmerkung

Es ist ein absolut witziger Anblick, wenn die Teilnehmer*innen watschelnd und quakend unterwegs sind.

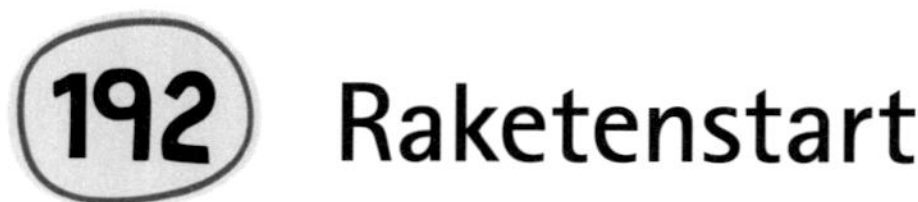

192 Raketenstart

- **Spielkategorie:**
- **Material:** keines
- **Dauer:** 2 Min. +
- **Ort:** überall
- **Teilnehmende:** 6 +

So geht's

Eine schnelle Möglichkeit, Dampf abzulassen und Aggressionen durch Bewegung und Schreien abzubauen, birgt dieses Spiel.

1. Die Teilnehmer*innen stehen im Kreis.
2. Sie beginnen, von zehn aus einen Countdown herunterzuzählen und bei null startet die Rakete: Zuerst summen und brummen die Teilnehmer*innen nur, später stampfen, trommeln sie dazu usw. Sie werden immer lauter und lauter bis zum unerträglichen Gebrüll und Getöse, in dem die Rakete schließlich abhebt (dabei können sie die Hände nach oben führen).
3. Dann verlieren alle die Rakete aus den Augen und sie wird immer leiser, bis es ganz still ist.

193 Raupenlauf

- **Spielkategorie:**
- **Material:** keines
- **Dauer:** 10 Min. +
- **Ort:** überall
- **Teilnehmende:** 6 +

So geht's

Eine Raupe wird durch einbeiniges Fortbewegen in der Gruppe dargestellt.

1. Alle Gruppenmitglieder stellen sich hintereinander in einer Reihe auf.
2. Nun winkeln alle das linke Bein nach hinten ab, sodass die jeweiligen hinteren Personen die Fußgelenke mit der linken Hand halten können. Mit der rechten Hand stützen sie sich an den Schultern der Personen vor sich ab.
3. Nun hüpft die Raupe eine Zeit lang durch den Raum. Am besten sucht die Gruppe dazu nach einem gemeinsamen Kommando.
4. Wenn unterbrochen wird, bildet eine neue Person den „Kopf" der Raupe und kann bei der Gelegenheit natürlich auch auf das andere Bein wechseln!

194 Regenmassage

- **Spielkategorie:**
- **Material:** keines
- **Dauer:** 10 Min. +
- **Ort:** überall
- **Teilnehmende:** 6 +

So geht's

Gratismassage für alle!

1. Alle Teilnehmer*innen gehen durch den Raum.
2. Dann rufen Sie den Namen einer Person, woraufhin alle Teilnehmer*innen zu dieser hinlaufen und sie vorsichtig von oben nach unten „tröpfchenweise" massieren: Es soll der Effekt entstehen, als wenn Hunderte Regentropfen gleichzeitig auf einen einprasseln.
3. Auf ein Zeichen dieses Gruppenmitglieds bzw. von Ihnen hört der Regen auf und die Gruppe bewegt sich weiter.

195 Reifenwechsel

- **Spielkategorie:**
- **Material:** 1 Gymnastikreifen
- **Dauer:** 10 Min. +
- **Ort:** überall
- **Teilnehmende:** 8 +

So geht's

Bei diesem Spiel sind Schnelligkeit, Geschicklichkeit und Kooperation gefragt.

1. Es werden Gruppen von ca. acht bis zwölf Personen gebildet.
2. Die Teilnehmer*innen stellen sich im Kreis auf und geben sich die Hände.
3. Zwei Personen öffnen kurz den Kreis und Sie legen den Reifen über einen Arm der beiden. Dann geben sie sich wieder die Hände. Der Reifen wurde also in den Kreis eingebaut.
4. Auf Ihr Zeichen hin soll der Reifen so schnell wie möglich eine ganze Runde machen, d. h., er wird von den Händen über die eigene Schulter und den Kopf befördert, dann steigt man durch und auf der anderen Seite wird er über die andere Schulter zur nächsten Person weitergegeben usw.

Rent a room – Zimmersuche

- **Spielkategorie:**
- **Material:** Zeitungen
- **Dauer:** 5 Min. +
- **Ort:** überall
- **Teilnehmende:** 10 +

So geht's

Die Zimmersuche geschieht hier in einer etwas hektischen Version.

1. Die Teilnehmer*innen stellen sich im Kreis auf und erhalten jeweils eine Zeitung, auf die sie sich stellen.
2. Eine Person steht in der Mitte und befindet sich auf Zimmersuche. Sie dreht sich etwas herum, begutachtet die Häuser und wartet ein wenig ab. Sobald sie aber die Frage stellt: „Zimmer zu vermieten?", müssen alle ihre Wohnungen (Zeitungen) verlassen, um sich ein neues Zimmer zu suchen. Die Person in der Mitte kann sich auch einen freien Platz suchen.
3. Wer nun übrig bleibt, geht in die Mitte und das Spiel beginnt von vorn.

Rettung vor dem Wassermann

- **Spielkategorie:**
- **Material:** 1 Muschel o.Ä.
- **Dauer:** 2 Min. +
- **Ort:** überall
- **Teilnehmende:** 6 +

So geht's

Mutige Helfer*innen sind gefragt!

1. Es werden zwei Freiwillige aus der Gruppe benötigt. Eine Person (das könnte die „Nixe" sein) hat eine Muschel o.Ä. in der Hand und muss vor dem Wassermann davonlaufen.
2. Die restlichen Gruppenmitglieder laufen der „Nixe" nach, um ihr zu helfen. Sie kann sich retten, indem sie, noch bevor sie abgeschlagen wurde, einer anderen Person die Muschel reicht. Nun wird diese Person gejagt.
3. Schafft es der Wassermann, eine Person zu berühren, während sie die Muschel noch in der Hand hält, wird diese Person zum neuen Wassermann. Die Muschel wird an ein anderes Gruppenmitglied weitergegeben.

198 Ringelspiel

- **Spielkategorie:**
- **Material:** keines
- **Dauer:** 5 Min. +
- **Ort:** überall
- **Teilnehmende:** 8 +

So geht's

Karussellfahren zum Nulltarif!

1. Alle Teilnehmer*innen stehen im Kreis mit Blick zur Mitte und fassen sich fest an den Händen (alternativ um die Hüfte).
2. Dann setzt sich das Ringelspiel langsam in Bewegung. Es wird schneller und immer schneller, sodass man fast das Gefühl hat, man könnte jeden Moment abheben und fliegen. Langsam wird das Tempo wieder reduziert, bis die Gruppe steht. Am besten ist es, die Augen geschlossen zu halten. Wenn das nicht geht, dann unbedingt in die Kreismitte schauen. Wenn es einem Gruppenmitglied zu schnell wird, ruft es „Stopp" und eine Notbremsung wird eingeleitet.

Anmerkung

Sie können als Leitung des Ringelspiels am Rummelplatz Durchsagen machen: „Wir fassen uns alle bei den Händen (um die Hüften) und halten uns ganz fest. – Schließt die Augen und jetzt geht es los! – Langsam kommt das Ringelspiel auf Touren, wir werden immer schneller und schneller! – Es hat nun die Höchstgeschwindigkeit erreicht. – Jetzt wieder langsamer werden, noch langsamer ... – Und Stopp!"

Ritter*in – Löwe – Feigling

- **Spielkategorie:**
- **Material:** keines
- **Dauer:** 10 Min. +
- **Ort:** überall
- **Teilnehmende:** 10 +

So geht's

Bei dieser Gruppenvariante von „Schere – Stein – Papier" mit einfachen Bewegungen geht es ums Überleben!

1. Es werden zwei Gruppen gebildet, die gegeneinander spielen.
2. Sie versammeln sich und beratschlagen, für welchen der drei Charaktere sie sich gemeinsam entscheiden:
   - Der*die Ritter*in: Alle Teilnehmer*innen machen einen Ausfallschritt nach vorn und stechen mit dem Schwert zu.
   - Der Löwe: Die Teilnehmer*innen haben die Hände in Kopfhöhe, zeigen die Krallen und brüllen dabei.
   - Der Feigling: Die Teilnehmer*innen haben die Arme unten und zittern am ganzen Körper.

   Der*die Ritter*in ersticht den Löwen, der Löwe frisst den Feigling, der Feigling gewinnt gegen den*die Ritter*in, mit dessen*deren Ehre es sich ganz und gar nicht vereinbaren lässt, gegen eine feige, unbewaffnete Person zu kämpfen.
3. Dann begeben sich beide Gruppen in zwei Reihen, die sich gegenüberstehen. Auf Ihr Zeichen hin (z. B. „1, 2, 3") machen alle gleichzeitig die vereinbarte Bewegung inklusive Geräusch. Sie merken sich, welche Gruppe gewonnen hat.
4. Dann geht man sofort wieder in die Gruppen, beratschlagt, taktiert, einigt sich usw.
5. Eine Gruppe gewinnt, wenn die andere fünf „Leben" verloren hat.

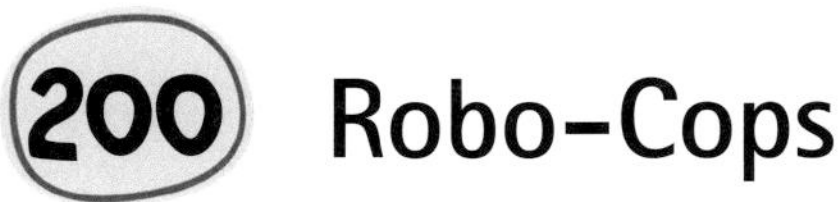

Robo-Cops

- **Spielkategorie:**
- **Material:** kleine Zettel mit unterschiedlichen Bewegungsanweisungen
- **Dauer:** 10 Min. +
- **Ort:** größerer Raum, Turnhalle
- **Teilnehmende:** 12 +

So geht's

Eintauchen in die Welt der Roboter! Allerdings gibt es einige darunter, deren Steuerung Probleme macht, und genau diese müssen gefunden werden.

1. Die Mehrheit der Gruppe fungiert als Roboter, zwei bis vier Personen (je nach Anzahl der Teilnehmer*innen) sollen die Funktion der Robo-Cops übernehmen.
2. Sie bereiten, entsprechend der im Raum befindlichen Anzahl von Robotern, genauso viele Zettel vor, auf denen Anweisungen stehen, die es im weiteren Verlauf gilt durchzuführen.
3. Für die Robo-Cops gibt es ein zweites Set an Kärtchen, das identisch ist mit dem der Roboter.
4. Idealerweise nummerieren Sie diese Kärtchen, damit Sie als Spielleitung einfach und schnell die Anzahl der Kärtchen wählen können, die Sie für die jeweilige Gruppe benötigen.
5. Alle Roboter ziehen nun einen Zettel aus dem Set, das am Ende aufgebraucht sein sollte. Bei Spielbeginn führen sie ihre Anweisung, ihr spezielles Bewegungsmuster, immer wieder hintereinander aus. Beispielsweise muss einer sechs Schritte gehen, dann eine Drehung um die eigene Achse machen, einmal in die Höhe springen, um dann, um 90° gedreht, wieder von vorn zu beginnen.
6. Nun ziehen alle Robo-Cops einen Zettel aus dem zweiten Kartenpool. Darauf finden sie das Bewegungsmuster und die Anweisungen von einem ganz bestimmten Robotertypen. Diesen gilt es möglichst rasch aus der Masse aller anderen herauszufinden, weil er falsch programmiert wurde.
7. Das Spiel endet, wenn die gesuchten Roboter richtig identifiziert wurden. Eine neue Runde kann beginnen.

Variante

Alle Robo-Cops ziehen nur einen Zettel und arbeiten zusammen.

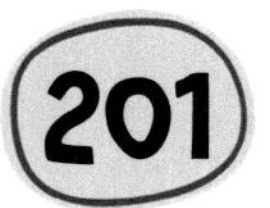

Roboter auf Abwegen

- **Spielkategorie:**
- **Material:** keines
- **Dauer:** 10 Min. +
- **Ort:** größerer Raum, Turnhalle
- **Teilnehmende:** 10 +

So geht's

Dieses Spiel ist ziemlich fordernd für den*die Techniker*in, besonders wenn er*sie lauffreudig ist.

1. Eine Person (bei größeren Gruppen zwei) wird zu einem*einer Techniker*in für Roboter.
2. Alle anderen Gruppenmitglieder verteilen sich im Raum, sie sind Roboter. Leider sind sie falsch programmiert und beginnen, sich auf Ihr Zeichen hin im Raum zu bewegen.
3. Sie tun das mit vorgestreckten Armen und gehen immer nur geradeaus in eine Richtung. So wird es irgendwann passieren, dass die Roboter an die Wand gelangen und nicht mehr weiterlaufen können.
4. Ab diesem Moment geben sie ein laut piepsendes, monotones Geräusch von sich. Dieses muss der*die Techniker*in orten und so schnell wie möglich dort hinlaufen, damit der Roboter wieder in Betrieb kommt.
5. Je nachdem, wo er*sie den Roboter berührt (linke/rechte Schulter), muss sich dieser im 90°-Winkel drehen und weitergehen.
6. Nach einiger Zeit sollte man den*die Techniker*in auswechseln.

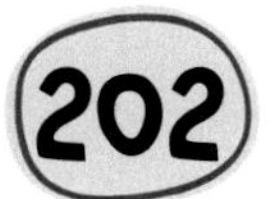

Roboter außer Kontrolle

- **Spielkategorie:**
- **Material:** keines
- **Dauer:** 10 Min. +
- **Ort:** größerer Raum, Turnhalle
- **Teilnehmende:** 10 +

So geht's

Die Teilnehmer*innen werden zu Robotern, die außer Kontrolle geraten sind und deswegen zerstört werden müssen.

1. Je drei Personen bilden eine Einheit. Zwei davon sind Roboter, die jeweils vom dritten Teammitglied betreut werden.
2. Alle Roboter starten irgendwo im Raum und bewegen sich robotermäßig immer nur in eine Richtung. Leider sind sie außer Kontrolle geraten und müssen deswegen zerstört werden.
3. Die Aufgabe des dritten Teammitglieds ist es, beide Roboter Brust an Brust zu bringen, damit es zum Kurzschluss und somit zur Zerstörung kommt. Dazu läuft die Person von einem Roboter zum anderen und führt sie durch Tippen auf die linke bzw. rechte Schulter. Die Roboter reagieren durch eine Drehung im 90°-Winkel, danach gehen sie geradeaus weiter.
4. Das Spiel endet, wenn das dritte Teammitglied es geschafft hat, dass beide Roboter aneinanderstoßen und sich dabei kurzschließen, was mit entsprechenden Geräuschen begleitet werden kann.
5. Danach erfolgt ein Rollentausch.

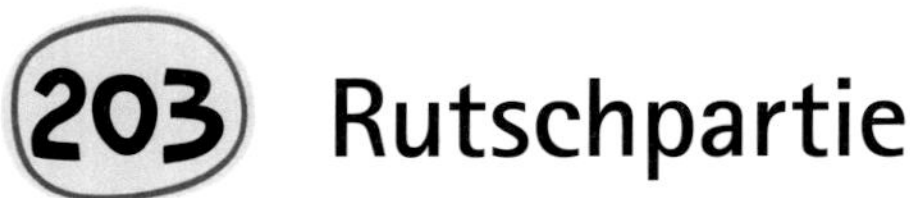

203 Rutschpartie

- **Spielkategorie:**
- **Material:** Stühle
- **Dauer:** 10 Min. +
- **Ort:** Klasse, Seminarraum
- **Teilnehmende:** 10 +

So geht's

Gar nicht so einfach, einen freien Platz zu finden, und so manche Person landet auf einem fremden Schoß.

1. Es wird ein sehr enger Stuhlkreis gebildet, in dem bis auf einen alle Stühle besetzt sind.
2. Eine Person steht in der Mitte und muss nun versuchen, sich auf diesen freien Stuhl zu setzen.
3. Die Gruppe versucht aber, dies zu verhindern, indem die Person neben dem freien Stuhl schnell auf diesen Platz rutscht (im Uhrzeigersinn). Sofort rutscht das Gruppenmitglied daneben nach usw.
4. Die Person in der Mitte muss der sich fortbewegenden Lücke folgen und versuchen, einen günstigen Moment zu erwischen, um auch einen Platz zu ergattern.
5. Um die Chancen der Person in der Mitte zu erhöhen, kann sie durch ein doppeltes Händeklatschen die Änderung der Richtung anordnen. Ab dann geht das Rutschen in der anderen Richtung weiter. Diesen Moment des Stillstands kann die Person in der Mitte natürlich wieder nutzen, um einen Sitzplatz zu finden.
6. Gelingt es der Person, sich zu setzen, so muss das Gruppenmitglied, das zu langsam war, in die Mitte.

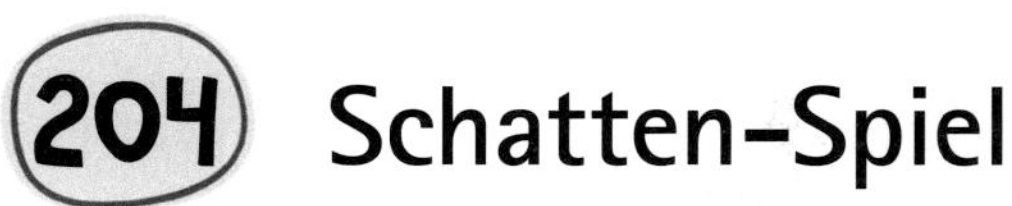

204 Schatten-Spiel

- **Spielkategorie:** ♡
- **Material:** Stühle
- **Dauer:** 10 Min. +
- **Ort:** Klasse, Seminarraum
- **Teilnehmende:** 10 +

So geht's

Diese Übung zeigt, wie gut man andere spürt, obwohl man sie nicht sieht.

1. Bei diesem (Stille-)Spiel sitzen die Teilnehmer*innen in einem Stuhlkreis. Dann finden sich eine oder zwei Personen (je nach Gruppengröße), die den „Schatten" spielen sollen.
2. Nachdem alle anderen die Augen geschlossen haben, gehen die Schatten möglichst leise herum und stellen sich irgendwann hinter eine Person.
3. Sie fragen nun, ob ein Gruppenmitglied das Gefühl hat, dass der Schatten hinter ihm oder in unmittelbarer Nähe steht.
4. Wenn das der Fall ist, dann heben diese Personen eine Hand. Anschließend öffnen sie auf Ihr akustisches Zeichen hin die Augen und überprüfen, wie gut ihr Gespür war. Es funktioniert erstaunlich gut!

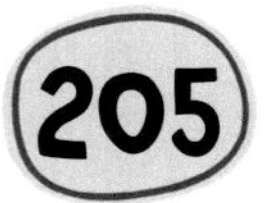

Schatzsuche im Meer

- **Spielkategorie:** ☺ ♡
- **Material:** Schwimmutensilien (Taucherbrille, Flossen, Schnorchel), 1 Rucksack, 1 „Schatztruhe"
- **Dauer:** 10 Min. +
- **Ort:** überall
- **Teilnehmende:** 6 +

So geht's

Das Spiel ist extrem lustig, wenn die Taucher*innen gut adjustiert sind!

1. Zwei oder drei Freiwillige werden als Taucher*innen hergerichtet. Sie haben einen Rucksack auf dem Rücken (= Sauerstoffflasche) und tragen Schwimmbrillen (= Tauchermasken).
2. In der Zwischenzeit verstecken Sie mit den anderen Gruppenmitgliedern irgendwo im Raum den „Schatz" – was immer das auch sein mag. Es kann sogar eine kleine Schatztruhe mit Spielgeld, Schokomünzen usw. sein.
3. Dann „tauchen" die ausgewählten Teilnehmer*innen nach unten auf den Meeresboden und suchen nach dem verborgenen Schatz. Dabei bewegen sie sich wie richtige Taucher*innen. Sie tun dies nur langsam, achten auf ihre Körperbewegungen, machen Schwimmbewegungen, geben den anderen Taucher*innen Handzeichen, wo der Schatz sein könnte, wo er nicht ist, wo man noch suchen könnte usw.
4. Wenn der Schatz gefunden wurde, sind die nächsten Freiwilligen an der Reihe.

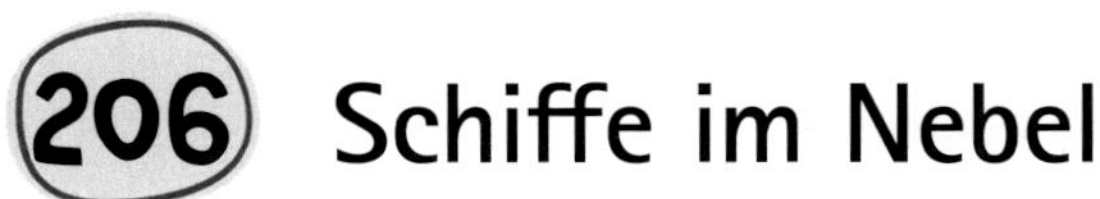

206 Schiffe im Nebel

- **Spielkategorie:** ♡
- **Material:** keines, evtl. Augenbinden
- **Dauer:** 10 Min. +
- **Ort:** größerer Raum, Turnhalle
- **Teilnehmende:** 15 +

So geht's

Zum Glück gibt es Leuchttürme, die im Nebel den rechten Weg in den Hafen weisen.

1. Die Teilnehmer*innen bilden zwei Gruppen. Eine stellt Leuchttürme dar, die Mitglieder der anderen Gruppe sind Schiffe, die sich im Nebel zurechtfinden sollen.
2. Die Schiffe gehen an ein Ende des Raums und schließen die Augen. Wenn sich die Leuchttürme verteilt haben, beginnen die Schiffe, sich mit leicht vorgestreckten Armen ihren Weg durch den Nebel zu bahnen.
3. Auf ihrer Fahrt auf die andere Seite, zum rettenden Hafen, werden die Schiffe immer wieder in die Nähe von Leuchttürmen gelangen. Damit es zu keiner Kollision kommt, geben diese ein akustisches Signal (Brummen, Piepen) von sich – je näher, desto lauter natürlich.
4. Ziel ist es, alle Schiffe unversehrt in den Hafen zu bringen.

Schlangenhäutung

- **Spielkategorie:**
- **Material:** keines
- **Dauer:** 10 Min. +
- **Ort:** überall
- **Teilnehmende:** 10 +

So geht's

Auch wer Angst vor Schlangen hat, sollte bei dieser Übung mitmachen.

1. Alle Teilnehmer*innen stellen sich mit gegrätschten Beinen hintereinander auf.
2. Dann beugen sie sich leicht nach vorn und alle ergreifen mit der linken Hand durch ihre Beine die rechte Hand der hinter ihnen stehenden Person.
3. Wenn das alle getan haben, legt sich die hinterste Person auf den Rücken und zieht dabei die anderen vor sich leicht nach hinten, sodass sich alle langsam rückwärtsbewegen.
4. Ein Gruppenmitglied nach dem anderen legt sich nun auf den Rücken. Diese Kettenreaktion geht so lange weiter, bis alle auf dem Boden liegen. Die Schlange hat sich gehäutet.
5. Nun richtet sich die vorderste Person wieder auf, geht vorwärts und zieht so die Person vor sich auf die Beine usw., bis die Schlange wieder steht.

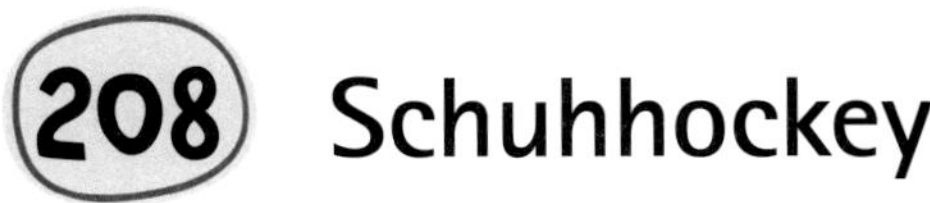

208 Schuhhockey

- **Spielkategorie:**
- **Material:** Schuhe, 1 Tennisball, 2 kleine Tore oder Matten
- **Dauer:** 10 Min. +
- **Ort:** Turnhalle
- **Teilnehmende:** 10 +

So geht's

Auch mit einfachsten Mitteln kann man Spaß haben!

1. Zwei Mannschaften spielen Hockey mit einem Tennisball.
2. Statt der Schläger halten die Teilnehmer*innen einen ihrer Schuhe in der Hand und versuchen so, den Ball ins gegnerische Tor zu befördern bzw. die Matte der gegnerischen Mannschaft zu treffen.

Anmerkung

Es ist witzig, anzusehen, wie die Teilnehmer*innen versuchen, den Ball mit dem Schuh im Tor unterzubringen. Sollte es zu Unstimmigkeiten kommen, ist eine Spielunterbrechung ratsam, um gemeinsam zu versuchen, die Regeln den Bedürfnissen der Gruppe anzupassen.

209 Schuhwerfen

- **Spielkategorie:**
- **Material:** einige Schuhe
- **Dauer:** 5 Min. +
- **Ort:** überall
- **Teilnehmende:** 10 +

So geht's

Auch wenn keine Bälle zur Hand sind, kann man dieses einfache Konzentrationsspiel mit der Gruppe probieren. Es dient auch der Raumschulung und der Aufmerksamkeit.

1. Die Gruppe stellt sich im Kreis auf.
2. Der Schuh einer Person wird hin- und hergeworfen. Vor dem Abwurf muss die werfende Person immer Blickkontakt mit der fangenden Person aufnehmen, erst dann wird von unten in einer schönen Flugbahn und nicht zu scharf geworfen. Es sollte versucht werden, so gut zu werfen und zu fangen, dass der Schuh nicht hinunterfällt. Alle sind dabei ruhig und konzentriert.
3. Dann kommt ein zweiter Schuh dazu, ein dritter usw.

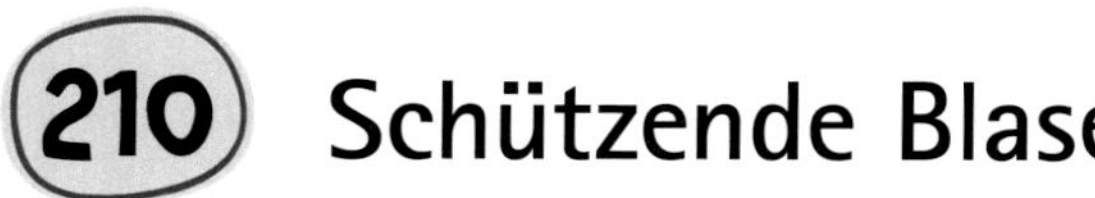

210 Schützende Blase

- **Spielkategorie:**
- **Material:** keines, evtl. Augenbinden
- **Dauer:** 10 Min. +
- **Ort:** größerer Raum, Turnhalle, outdoor
- **Teilnehmende:** 10 +

So geht's

Die Gruppenmitglieder sollen sich im Schutz der anderen sicher fühlen.

1. Ca. fünf bis sieben Personen bilden jeweils eine „Blase" um ein Gruppenmitglied, indem sie sich die Hände geben.
2. Dann beginnt die Person in der Blase, im Raum herumzugehen. Der Kreis bewegt sich so mit, dass die Person möglichst immer in der Mitte ist und die Blase nicht berührt.
3. Um zu verhindern, dass jemand gegen die Wand läuft oder auf eine andere Blase trifft, bleibt die Gruppe bei einem Hindernis kurz stehen. Außerdem strecken die Gruppenmitglieder ihre Hände zum Schutz der Person in der Mitte etwas nach vorn, um sie zu stoppen und anzuzeigen, dass die Richtung gewechselt werden soll. Bei diesem Spiel sollte unbedingt Ruhe herrschen.
4. Nach einiger Zeit wechselt ein anderes Gruppenmitglied in die Blase.

Anmerkungen

- Am Ende der Übung kann es eine kurze Reflexion geben.
- Manche Gruppenmitglieder werden sich sehr langsam bewegen und wenig experimentieren wollen. Das ist ebenso okay wie die „sportliche" Variante mancher Wagemutiger, die die Blase ordentlich fordern, indem sie sich flott bewegen und die Richtung oft wechseln.

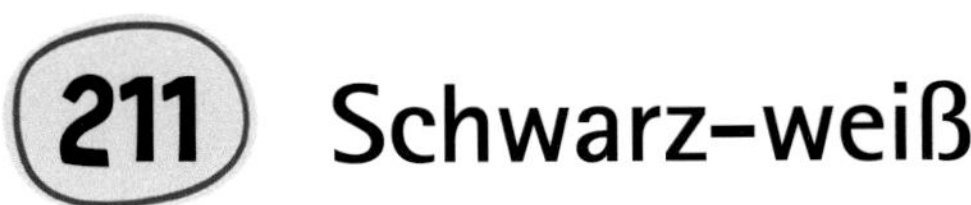

211 Schwarz-weiß

- **Spielkategorie:**
- **Material:** keines
- **Dauer:** 10 Min. +
- **Ort:** größerer Raum, Turnhalle
- **Teilnehmende:** 10 +

So geht's

Dies ist ein lustiges Reaktionsspiel, das sich auch gut für den Stundenausklang eignet.

1. Die Teilnehmer*innen sitzen in der Mitte der Turnhalle paarweise in zwei Reihen auf dem Boden. Mit dem Rücken lehnen sie aneinander, die Beine sind ausgestreckt. Sie blicken also alle Richtung Wand.
2. Eine Reihe wird als „weiß", die andere als „schwarz" bezeichnet. Nun erzählen Sie eine (frei erfundene) Geschichte, bei der ab und zu entweder das Wort „weiß" oder „schwarz" vorkommt.
3. In diesem Fall springen die Mitglieder, die das ihrer Gruppe zugeordnete Wort hören, auf und müssen nun die Mitglieder der anderen Gruppe, die weglaufen, fangen, bevor diese die Wand erreichen. Es gilt nicht, die anderen im Sitzen abzuschlagen, man muss aufgestanden sein. Sie als Spielleitung können die Gruppenmitglieder bei der Geschichte durchaus ein wenig auf die Folter spannen oder in die Irre führen, z. B.: „Dann kamen sie in einen Tunnel. Dort war es völlig ... dunkel."

Anmerkungen

- Das Spiel ist einfach und trotzdem fordernd, weil man aufgrund von Zeitdruck nicht immer richtig reagiert.
- Natürlich kann man daraus ein kleines Wettspiel machen. Aber im Vordergrund stehen Reaktion und Spaß am Spiel.

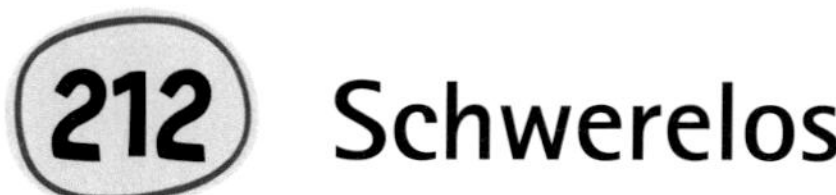

212 Schwerelos

- **Spielkategorie:**
- **Material:** keines
- **Dauer:** 15 Min. +
- **Ort:** überall
- **Teilnehmende:** 7 +

So geht's

Bei dieser Übung bedarf es einer gefestigten Vertrauensbeziehung innerhalb der Gruppe.

1. Es werden Gruppen mit sieben bis neun Personen gebildet.
2. Ein Gruppenmitglied wird nun „schwerelos" und darf sich wünschen, was in diesem Zustand mit ihm passiert. Man kann also artikulieren, in welche Lage einen die anderen Teilnehmer*innen bringen sollen. Die haltenden bzw. tragenden Mitglieder führen die geforderten Bewegungen wunschgemäß aus, wie z. B. Kopf- oder Handstand, Salto, „Superman", Drehung um die eigene Achse usw.

213 Schwindender Eisberg

- **Spielkategorie:**
- **Material:** Zeitungspapier
- **Dauer:** 10 Min. +
- **Ort:** überall
- **Teilnehmende:** 10 +

So geht's

Die Erderwärmung macht nicht nur Forscher*innen zu schaffen!

1. Alle Teilnehmer*innen stehen auf der ausgebreiteten Zeitung, die einen Eisberg im Meer darstellt.
2. Allmählich schwindet der Eisberg, indem Sie immer mehr Teile der Zeitung wegreißen und so die Fläche verkleinern. Die Gruppe muss nun alles tun, um möglichst lange beisammen auf dem Eisberg zu bleiben.

Sesam, öffne dich

- **Spielkategorie:** ♡
- **Material:** keines
- **Dauer:** 10 Min. +
- **Ort:** überall
- **Teilnehmende:** 10 +

So geht's

Ali Baba und die 40 Räuber lassen grüßen!

1. Die Gruppe teilt sich in zwei Teams: A und B. Das Team mit dem Buchstaben B muss kurz hinausgehen oder begibt sich zumindest außer Hörweite.
2. Die Mitglieder der Gruppe A bilden einen Kreis, halten sich an den Händen und bilden so die „Burg". In gemeinsamer Absprache einigen sie sich leise auf einen Punkt ihres Körpers, der es den anderen ermöglicht, Zugang in die Burg zu erhalten, z. B. linkes Ohrläppchen, rechter Außenknöchel usw.
3. Dann stellen sich die Mitglieder der Gruppe B jeweils hinter ein Mitglied der Gruppe A (Burg), sodass Zweierteams gebildet werden. Die Mitglieder der Gruppe B versuchen, durch genaues Tasten den geheimen Punkt am Körper der Mitglieder von Gruppe A zu finden. Nur dann erlangen sie Einlass in die Burg. Tabu sind dabei die Intimzonen, auch großflächiges Drücken ist nicht erlaubt!
4. Gelingt es einem Mitglied aus Gruppe B, den Punkt zu finden, erhält es Einlass in die Burg und der Kreis wird an dieser Stelle geöffnet. Durch Beobachten von Personen, die es schon geschafft haben, können andere Teammitglieder die Stelle eventuell schneller finden. Beispielsweise wird man nicht weiter bei den Zehen suchen, wenn ein Teammitglied im Kopfbereich erfolgreich war. Allerdings ist eine verbale Kommunikation oder Hinzeigen nicht erlaubt.
5. Das Spiel ist beendet, wenn alle den Eingang gefunden haben.

Variante

Anstatt auf einen Punkt des Körpers kann sich die Burg-Gruppe auch auf eine Bewegung einigen, z. B. Nacken massieren o. Ä.

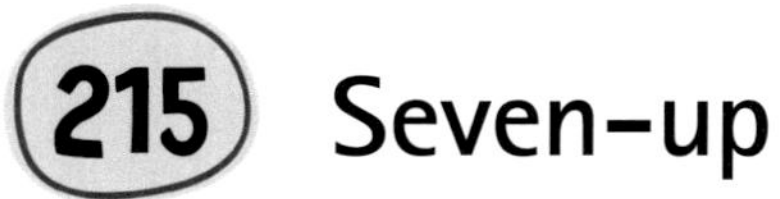

215 Seven-up

- **Spielkategorie:**
- **Material:** keines
- **Dauer:** 10 Min. +
- **Ort:** überall
- **Teilnehmende:** 10 +

So geht's

Das einfache Konzentrationsspiel beinhaltet die englischen Zahlen bis sieben.

1. Alle Teilnehmer*innen stehen im Kreis.
2. Gezählt wird auf Englisch, immer bis zur Zahl sieben. Person 1 legt bei „one" die linke oder rechte Hand auf den Kopf, dadurch ergibt sich die Richtung, in der das Zählen weitergeht.
3. Die Personen 2 bis 6 zählen weiter und legen ebenfalls die Hand dazu auf den Kopf. Sie behalten die Richtung von Person 1 bei.
4. Die 7. Person legt die Hand auch auf den Kopf, lüftet einen „Hut" und sagt „seven-up".
5. Die nächste Person, also die 8., zeigt auf irgendein Gruppenmitglied im Kreis. Dieses beginnt von Neuem mit „one". Wenn das Spiel beherrscht wird, kann man das Tempo steigern.

216 Shakehand

- **Spielkategorie:**
- **Material:** keines, evtl. Augenbinden
- **Dauer:** 6 Min. +
- **Ort:** überall
- **Teilnehmende:** 6 +

So geht's

Dieses Sensibilisierungsspiel ist eine lustige Erweiterung zur „Aura"-Übung.

1. Zwei Personen stehen einander gegenüber. Sie legen die Handflächen aneinander und schließen die Augen.
2. Nun gehen sie drei Schritte zurück, drehen sich einmal um die eigene Achse und gehen die drei Schritte wieder nach vorn.
3. Wenn sie glauben, fast beim Gegenüber zu sein, bleiben sie stehen und strecken – immer noch mit geschlossenen Augen – ihre rechte Hand zum Gruß des Gegenübers vor, d. h., im Idealfall treffen sich die Hände beider Personen.
4. Erst danach öffnen sie die Augen und kontrollieren, wie nah sie einander gekommen sind.

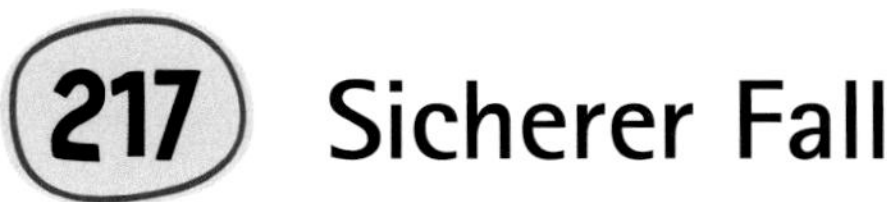

217 Sicherer Fall

- **Spielkategorie:**
- **Material:** keines
- **Dauer:** 10 Min. +
- **Ort:** überall
- **Teilnehmende:** 3 +

So geht's

Sich ab und zu fallen zu lassen, ist schön!

1. Bei dieser Vertrauensübung spielen die Teilnehmer*innen in Dreiergruppen zusammen.
2. Eine Person stellt sich zwischen die beiden anderen Gruppenmitglieder und schließt die Augen. Sie macht sich steif, spannt die Muskeln fest an und lässt sich nun in Richtung eines Teammitglieds fallen. Die Arme sind dabei angelegt oder in Schutzposition vor der Brust überkreuzt und die Füße bleiben immer am selben Ort. Dabei ist darauf zu achten, dass es zu keinem Abknicken in der Hüfte kommt!
3. Die beiden Teammitglieder schubsen sich nun die in der Mitte stehende Person zu, indem sie ihre Arme nach vorn strecken, die Person auffangen und dann zurückschieben. Sie lassen sie nicht zu weit fallen, sondern haben eher früher Kontakt als zu spät: sanft schubsen, sanft auffangen. Es soll ein schöner und angenehmer Wechsel sein.

Anmerkungen

- Eventuell kann leise, angenehme Musik als Untermalung gespielt werden.
- Die Teilnehmer*innen müssen sehr vorsichtig agieren und Vertrauen aufbauen. Sie dürfen daher keinerlei Unsinn bei dieser Übung dulden!
- Es gibt Personen, die bei dieser Übung ihre Schwierigkeiten haben. Oft hilft es, wenn die beiden schubsenden Personen noch enger zusammenrücken und so das Vertrauen aufbauen. Teilnehmer*innen, die mutiger sind und etwas gefordert werden wollen, kann man ein wenig weiter fallen lassen. Man merkt ohnehin, was noch Spaß macht und was nicht mehr.

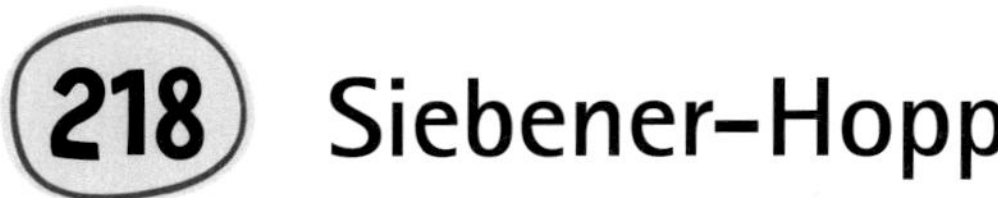

218 Siebener-Hopp

- **Spielkategorie:**
- **Material:** keines
- **Dauer:** 10 Min. +
- **Ort:** überall
- **Teilnehmende:** 8 +

So geht's

Zählen, rechnen, denken, hüpfen ...!

1. Die Teilnehmer*innen stehen im Kreis und zählen reihum von eins an.
2. Kommt eine Zahl mit 7 vor (17, 27 ...) bzw. ein Vielfaches von 7 (14, 21 ...), muss die entsprechende Person „Hopp" sagen und dabei einen kleinen Hüpfer machen, z. B.: „16 – Hopp – 18 – 19 – 20 – Hopp – 22 – ..."
3. Bei einem Fehler scheidet diese Person aus, das Spiel beginnt von vorn oder die Person muss eine „Strafhandlung" ausführen, z. B. einmal um den Kreis laufen.

Varianten

- Wenn das Spiel gut läuft, lässt man eine weitere Zahl weg, z. B. 9.
- Als zusätzliche Erschwernis kann man diese neue Zahl auch mit einem neuen Wort koppeln, z. B. „Hipp". Dann würde obige Folge so aussehen: „16 – Hopp – Hipp – Hipp – 20 – Hopp – 22 ..."
- Um das Ganze völlig zu verkomplizieren, kann man bei „Hopp" einen Richtungswechsel einbauen.

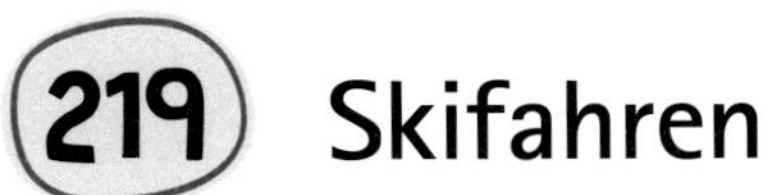

219 Skifahren

- **Spielkategorie:**
- **Material:** 2 Paar Ski, Klettbänder
- **Dauer:** 10 Min. +
- **Ort:** überall
- **Teilnehmende:** 10 +

So geht's

Der Aufwand, die benötigten Ski zu bauen, ist groß, aber aufgrund des Fun-Faktors absolut gerechtfertigt.

1. Man benötigt zwei (noch besser sind vier) stabile, gehobelte und geschliffene Holzbretter mit einer Länge von ca. zwei Metern, die jeweils vier bis fünf Personen als Ski dienen. Als „Bindung" werden Klettbänder, die sich zum Variieren der Größe bewährt haben, seitlich an den Brettern gut befestigt. Bei vier Personen werden die Schlaufen in einem Abstand von ca. 40 cm angebracht, bei fünf Personen sind es ca. 35 cm.
2. Alle Teilnehmer*innen schlüpfen in die Schlaufen hinein und dann muss die Gruppe gemeinsam mit den Ski z. B. eine Strecke von ca. zehn Metern zurücklegen. Entweder wird die Zeit gestoppt oder es treten zwei Gruppen gegeneinander an, was um einiges lustiger ist.
3. Es gewinnt die Mannschaft, die als erste die Ziellinie erreicht.

Anmerkung

Sie sollten anfangs keinerlei Tipps oder Ratschläge geben. Zu Beginn spielen sich meist „Tragödien" ab, denn alle wollen ja möglichst schnell ins Ziel. Aber ohne Kommunikation und Teamwork, ohne gleichzeitiges Heben der Ski wird ein Vorwärtskommen unmöglich sein.

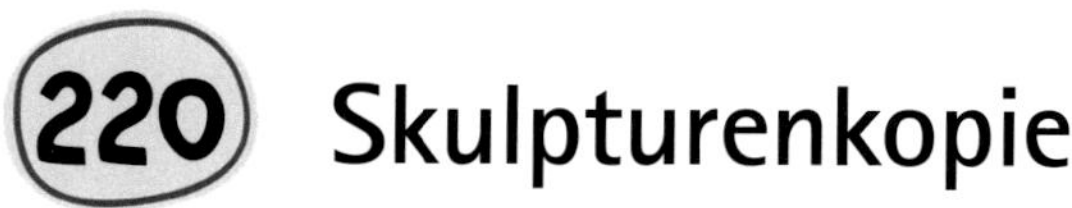

220 Skulpturenkopie

- **Spielkategorie:**
- **Material:** evtl. 2 Stühle
- **Dauer:** 10 Min. +
- **Ort:** überall
- **Teilnehmende:** 8 +

So geht's

Die Übung funktioniert nach dem Prinzip der „Stillen Post".

1. Es werden vier bis fünf Freiwillige gesucht, von denen eine*r im Raum bleibt. Die anderen warten draußen. Die restlichen Gruppenmitglieder schauen zu und beobachten.
2. Nun nimmt die im Raum verbliebende freiwillige Person als Originalmodell eine Position auf dem Boden, auf dem Stuhl oder im Stehen ein. Diese muss sie sich gut merken, denn am Ende wird verglichen.
3. Die zweite freiwillige Person wird hereingerufen. Sie sieht sich die Skulptur/die Statue/das Kunstwerk eine Zeit lang an. Wenn sie glaubt, sich alle Details gut eingeprägt zu haben, sagt sie „Okay!". Dann löst sich das Originalmodell und die zweite Person nimmt genau dessen Position ein. Sie versucht, das Original aus der Erinnerung zu kopieren, und wird eventuell schon merken, dass sie bei einigen Details etwas unsicher ist.
4. Dann kommen nacheinander die restlichen draußen wartenden Personen herein. Das Prozedere bleibt gleich: Alle schauen sich die Position gut an und machen sie möglichst genau nach.
5. Am Ende platziert sich das „Originalmodell" neben der Person, die zuletzt hereingerufen wurde. Dann kann die Gruppe sehen und vergleichen, was sich alles verändert hat und wo es Unterschiede zwischen Original und Kopie gibt.

Anmerkung

Sie können dabei thematisieren, wie Gerüchte entstehen: Eine Person lässt beim Weitererzählen einer Begebenheit etwas weg, eine gibt etwas dazu und am Ende sieht alles anders aus.

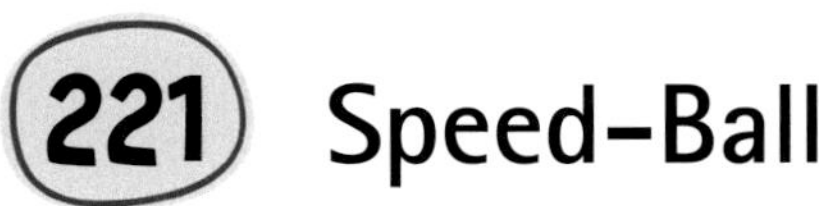

221 Speed-Ball

- **Spielkategorie:**
- **Material:** 1 Tennisball o. Ä.
- **Dauer:** 10 Min. +
- **Ort:** überall
- **Teilnehmende:** 10 +

So geht's

Der Anfang funktioniert wie das „Spinnennetz", nur geht es hier rein ums Tempo.

1. Die Gruppe stellt sich im Kreis auf.
2. Eine Person wirft einer anderen einen Ball zu. Diese fängt ihn und wirft ihn (am besten von unten und eher diagonal) zum nächsten Gruppenmitglied. Dies geht so lange, bis alle an der Reihe waren und der Ball wieder zur ersten Person zurückkommt. Die Gruppenmitglieder merken sich diese Reihenfolge: Von wem bekomme ich den Ball? Wem werfe ich ihn zu?
3. Der Ball wird in dieser festen Ordnung nun weitergeworfen. Nach ein oder zwei Durchgängen wird der Ball immer schneller gespielt.
4. Später entwickelt die Gruppe ohne Hilfe verschiedene Strategien, wie sie das Zuspiel beschleunigen könnte, z. B. weiter auseinander gehen, enger zusammen usw.

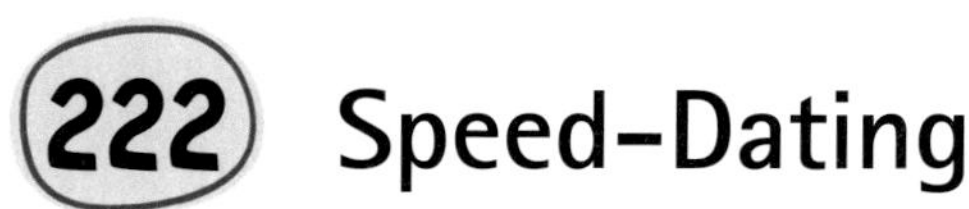

222 Speed-Dating

- **Spielkategorie:**
- **Material:** Stühle
- **Dauer:** 10 Min. +
- **Ort:** überall
- **Teilnehmende:** 10 +

So geht's

Mit dieser Methode der Paarfindung lernt man andere schnell kennen.

1. Es werden, entsprechend der Anzahl der Gruppenmitglieder, zwei Stuhlkreise aufgestellt – ein innerer und ein äußerer, wobei die Anzahl der Stühle in beiden Kreisen gleich sein muss. Die Stühle des Außen- und Innenkreises sind einander zugewandt.
2. Es werden zwei Gruppen gebildet, eine sitzt im Innen-, eine im Außenkreis.
3. So hat jede Person ein Gegenüber, mit dem sie eine kurze Zeitspanne (ca. eine Minute) über ein Thema, das Sie vorgeben können, spricht. Zum Kennenlernen kann aber auch nur ein informeller Austausch stattfinden, z. B. über Name, Beruf, Hobbys usw. Auf Ihr akustisches Zeichen hin hört die zuerst sprechende Person nun zu und das Gegenüber redet eine Minute lang über sich, ohne unterbrochen zu werden.
4. Auf ein weiteres akustisches Zeichen Ihrerseits steht der Außenkreis auf und bewegt sich im Uhrzeigersinn um eine Position weiter. Alle sprechen nun mit einer neuen Person bzw. hören zu.

Beispiel

Themen können sein:

- Hobby
- Familie
- ein schreckliches bzw. schönes Erlebnis
- Beruf
- nervige Dinge
- Urlaub
- usw.

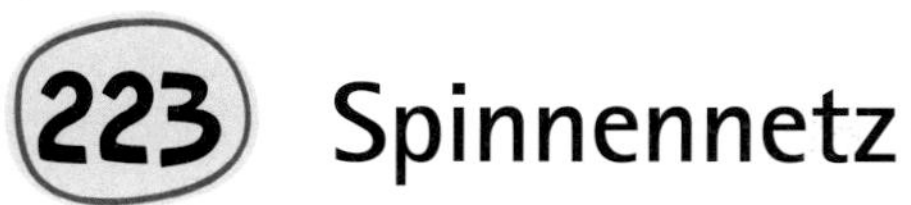

223 Spinnennetz

- **Spielkategorie:**
- **Material:** kleine Bälle o. Ä.
- **Dauer:** 10 Min. +
- **Ort:** überall
- **Teilnehmende:** 10 +

So geht's

Auch Personen, die Angst vor Spinnen haben, werden bei dieser Übung gerne mitmachen.

1. Die Übung beginnt mit Ballwerfen im Kreis. Der Ball soll dabei immer von unten geworfen werden – es geht hier nicht um das Abschießen der anderen. Die Werfenden sind dafür verantwortlich, dass der Ball auch sicher gefangen werden kann. Vor dem Werfen muss daher Blickkontakt bestehen. Funktioniert das Werfen und Fangen problemlos und zügig, wird die Übung unterbrochen.
2. Alle Teilnehmer*innen heben eine Hand zum Zeichen, dass sie noch keinen Ballkontakt hatten. Sie beginnen, indem Sie den Namen einer Person, die etwas entfernt von Ihnen steht, rufen und ihr den Ball zuwerfen. Diese nimmt ihre Hand herunter und fängt den Ball. Dann ruft sie den Namen eines anderen Gruppenmitglieds, das noch nicht dran war, und wirft den Ball zu ihm usw. Die Person, die zuletzt an der Reihe ist, wirft den Ball wieder zurück zu Ihnen.
3. Alle merken sich, von wem sie den Ball bekommen und an wen sie den Ball weitergegeben haben. Anschließend wird die Wurfreihenfolge wiederholt. Sie bringen nun in der Folge zwei, drei und noch mehr Bälle ins Spiel, die immer in derselben Reihenfolge geworfen werden. Wenn es gut läuft, kann man auf das Rufen des Namens verzichten.

Varianten

- Statt der Namen kann man auch Hobbys, Länder, Namen von Stars oder Sportler*innen zu Beginn reihum nennen. Anfangs darf die werfende Person noch nachfragen.
- Diese Version erfordert von der Gruppe höchste Konzentration: Wenn das erste „Namennetz" gut funktioniert, kann man ein neues – mit einer neuen Reihenfolge – etablieren, z. B. ein „Ländernetz". Wird auch das von der Gruppe beherrscht, startet man mit dem ersten Netz, dem Namennetz (vorher kurz wiederholen). Ist der „Namensball" eine Weile unterwegs, dann bringen Sie den „Länderball" ein und so läuft gleichzeitig das „Ländernetz". Wichtig ist, dass alle immer die Person anschauen, von der sie den Ball erwarten, und dass nicht geworfen wird, bevor Augenkontakt besteht.

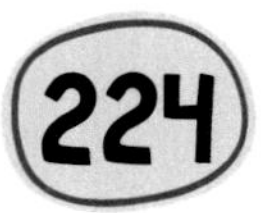

Spionage-Alarm

- **Spielkategorie:**
- **Material:** Zeitungspapier, evtl. Musik
- **Dauer:** 10 Min. +
- **Ort:** Turnhalle, größerer Raum
- **Teilnehmende:** 10 +

So geht's

Bei diesem Spiel handelt es sich um ein schnelles und lustiges Chaosspiel aus dem Krimi-Genre.

1. Sie geben allen Teilnehmer*innen ein Zeitungsblatt, in welches ein oder zwei Sichtlöcher gebohrt werden. Alle Gruppenmitglieder werden nun zu Spion*innen.
2. Dann schalten Sie Musik ein (oder geben ein akustisches Signal) und das Spiel beginnt.
3. Solange die Musik läuft, verstecken sich alle Spion*innen hinter ihren Zeitungen und verfolgen möglichst unauffällig eine x-beliebige Person (den Agenten bzw. die Agentin).
4. Erschwert wird diese Aufgabe dadurch, dass die verfolgte Person selbst jemanden verfolgt. Alle sind also Spion*innen (man verfolgt) und Agent*innen (man wird verfolgt) zugleich. In der Praxis wird es dann so sein, dass einige Personen mehrere Verfolger*innen haben und andere keine.
5. Sobald Sie die Musik stoppen (oder ein anderes Signal geben), versuchen die Spion*innen, ihren Agenten bzw. ihre Agentin innerhalb einiger Sekunden zu schnappen.
6. Wenn die Musik wieder angeht (ein neues Startzeichen erfolgt), sucht sich jedes Gruppenmitglied einen neuen Agenten bzw. eine neue Agentin und alles geht von vorn los.

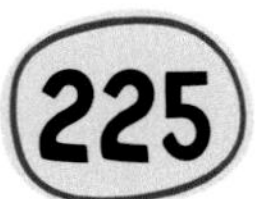

Spooky, das arme Gespenst

- **Spielkategorie:** ☺ ♡
- **Material:** keines, evtl. Augenbinden
- **Dauer:** 10 Min. +
- **Ort:** überall
- **Teilnehmende:** 10 +

So geht's

Wo ist „Spooky", das alte Schlossgespenst, das einsam und verlassen sein Leben in den alten Gemäuern verbringt?

1. Alle Teilnehmer*innen stehen im Raum und haben die Augen geschlossen.
2. Sie bestimmen nun das Gespenst „Spooky" (durch Schultertippen o. Ä.), das die Aufgabe hat, einfach stehen zu bleiben und nichts zu sagen. Es darf als einzige Person die Augen offen halten.
3. Auf Ihr Zeichen hin gehen alle im Raum herum, ihre Arme etwas nach vorn gestreckt und gut lauschend, denn schließlich ist man ja auf der Suche nach dem Schlossgespenst. Treffen zwei Personen aufeinander, wird gefragt: „Spooky?" Tut die andere Person dies ebenfalls, dann war sie nicht das Schlossgespenst und die beiden gehen munter weiter.
4. Trifft eine Person auf das Gespenst und fragt „Spooky?", dann erhält sie keine Antwort und weiß nun, dass sie am Ziel ist. Zur Sympathiebekundung hält sie mit der Hand Kontakt zu „Spooky". Wer Teil des Gespenstes ist, kann die Augen aufmachen, darf aber nun nicht mehr sprechen, denn es ist eine Hilfe für die anderen, wenn sie die Stille ausmachen können. Wird die Person nun gefragt, ob sie „Spooky" ist, darf sie nicht mehr antworten.
5. Das Spiel endet, wenn alle Teilnehmer*innen Teil einer großen Spooky-Gruppe geworden sind. Danach kann eine ordentliche Schlossparty gefeiert werden!

Spots in movement

- **Spielkategorie:**
- **Material:** Musik
- **Dauer:** 5 Min. +
- **Ort:** größerer Raum, Turnhalle
- **Teilnehmende:** 8 +

So geht's

Bei dieser flotten Warm-up-Runde kommen sich alle rasch näher.

1. Alle Teilnehmer*innen laufen zur (flotten) Musik im Raum herum.
2. Wenn die Musik stoppt, rufen Sie eine Anweisung, die die Gruppenmitglieder befolgen müssen, wie z. B.
   - alle begrüßen sich (Hände schütteln und Vornamen nennen)
   - möglichst viele Füße mit den Händen berühren
   - möglichst viele Nasen berühren
   - möglichst vielen Personen über die Haare streichen
   - mit dem linken Ellbogen das rechte Knie berühren
   - Rücken bzw. Po aneinanderreiben
   - usw.

   Der Fantasie sind dabei keine Grenzen gesetzt.

Variante

Sie können auch dazu auffordern, Redewendungen darzustellen, wie z. B. jemandem die kalte Schulter zeigen, jemandem schöne Augen machen, jemanden links liegen lassen usw.

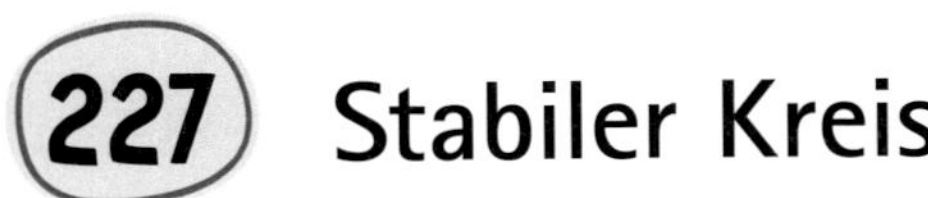

227 Stabiler Kreis

- **Spielkategorie:**
- **Material:** keines
- **Dauer:** 10 Min. +
- **Ort:** überall
- **Teilnehmende:** 10 +

So geht's

Diese Übung beinhaltet eine nicht zu schwierige Kooperationsaufgabe für die ganze Gruppe.

1. Alle Teilnehmer*innen stehen im Kreis und zählen bis zwei reihum durch. Alle fassen sich fest an den Händen.
2. Nun lehnen sich die Einser auf Ihr Zeichen hin nach vorn und die Zweier gleichzeitig nach hinten. Die Füße bleiben fest stehen. Es gilt, sich komplett steif zu machen und nicht nur den Oberkörper zu kippen. Spannung ist wichtig! Die Teilnehmer*innen sollen den Punkt der äußersten Stabilität suchen und halten.
3. Auf Ihr Zeichen hin wechseln alle langsam zur Ausgangsstellung und nehmen dann die entgegengesetzte Position ein. Das heißt, dass sich diejenigen, die sich zurückgelehnt haben, nun nach vorn lehnen, die anderen neigen sich nach hinten.

Anmerkungen

- Eine gute Erklärung ist bei dieser Übung wichtig! Außerdem sollten Sie sich vor Beginn vergewissern, ob wirklich alle Gruppenmitglieder bereit sind und noch wissen, ob sie sich vor- oder zurücklehnen müssen.
- Die Teilnehmer*innen sollten die Übung sehr langsam beginnen und nicht gleich extreme Positionen einnehmen.

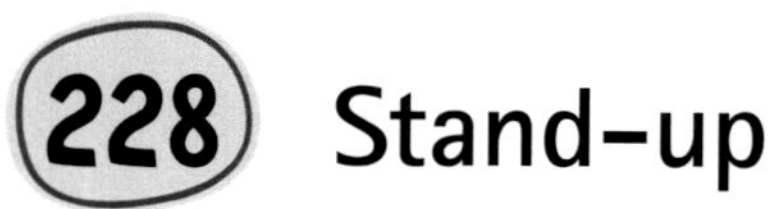

228 Stand-up

- **Spielkategorie:**
- **Material:** Stühle
- **Dauer:** 10 Min. +
- **Ort:** überall
- **Teilnehmende:** 10 +

So geht's

Keine Angst vor diesem Aufstand! Es handelt sich dabei um eine leichtere Version von „Zählen bis 21".

1. Alle Teilnehmer*innen sitzen im Stuhlkreis und sind ruhig und konzentriert.
2. Nun beginnt eine Person, indem sie aufsteht. Danach erhebt sich ein anderes, beliebiges Gruppenmitglied usw. Wenn zwei Personen gleichzeitig aufstehen, muss man wieder von vorn beginnen. Alle suchen ihren eigenen Impuls. Das Zauberwort lautet „Warten!", denn meist wird viel zu schnell agiert.
3. Wenn alle stehen, ist die Übung beendet.

 Stärke mir den Rücken

- **Spielkategorie:**
- **Material:** Stühle, Maler-/Abdeckband, A4-Blätter bzw. Pappteller, Fineliner oder Roller-Pens, Musik
- **Dauer:** 15 Min. +
- **Ort:** Klasse, Seminarraum
- **Teilnehmende:** 10 +

So geht's

Diese Übung ist ideal, um das Selbstwertgefühl von Einzelpersonen und den Zusammenhalt in der Gruppe zu fördern bzw. Stärken zu erkennen.

1. Alle Mitglieder der Gruppe treffen sich im Stuhlkreis und erhalten ein A4-Blatt bzw. einen Pappteller.
2. Nun helfen sich die Teilnehmer*innen gegenseitig, die Blätter bzw. die Pappteller mit den bereitgestellten Abdeckbändern am Rücken zu befestigen.
3. Anschließend erklären Sie das Prozedere. Alle gehen im Raum herum und sollen möglichst allen anderen etwas Positives auf deren Rücken notieren, z. B. was sie an der jeweiligen Person toll, schön und besonders gut finden.
4. Bei musikalischer Untermalung kommt Bewegung in die Gruppe und schließlich sollten auf allen Blättern viele Komplimente, wohlwollende Äußerungen und positive Sätze stehen.
5. Nach einiger Zeit bitten Sie die Teilnehmer*innen wieder in den Stuhlkreis. Dann liest sich jede Person ihren Zettel durch.
6. Sollte noch Zeit bleiben, kann jede*r noch den Satz, die Aussage usw. vorlesen, über die er*sie sich am meisten gefreut hat.

Anmerkungen

- Diese Methode bietet sich auch an, um Kindern und Jugendlichen, die in einer Abschlussklasse sind, die Schule verlassen und auseinandergehen, eine nette Form der Verabschiedung zu ermöglichen. Dann können sich die Aussagen auf die gemeinsame Zeit und Wünsche für die Zukunft beziehen.
- Machen Sie als Spielleitung auf jeden Fall mit, um zu gewährleisten, dass auch auf den Blättern bzw. Papptellern derjenigen Teilnehmer*innen, die noch wenige Rückmeldungen erhalten haben, Positives vermerkt wird. So können Sie ein bisschen steuernd eingreifen.

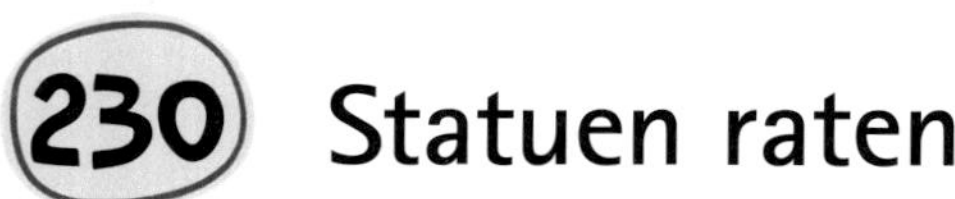

230 Statuen raten

- **Spielkategorie:**
- **Material:** keines
- **Dauer:** 15 Min. +
- **Ort:** Klasse, Seminarraum
- **Teilnehmende:** 8 +

So geht's

In dieser Übung wird das kreative Potenzial der Gruppe abgerufen.

1. Zwei Personen einigen sich auf ein Thema und errichten dazu eine passende Statue. Sie selbst sind Baumaterial und Bildhauer*in zugleich.
2. Anschließend zeigt jedes Paar seine Statue.
3. Die anderen Gruppenmitglieder machen Vorschläge, was das Paar darstellt. Danach wird verraten, was sich das jeweilige Paar eigentlich gedacht hat.
4. Als Ergänzung können die beiden einen Vorschlag der Gruppe aus ihrer Position heraus in einer Improvisation anspielen.

231 Stille Minute

- **Spielkategorie:**
- **Material:** keines, evtl. Augenbinden
- **Dauer:** 5 Min. +
- **Ort:** Klasse, Seminarraum
- **Teilnehmende:** 6 +

So geht's

Eine weitere Stilleübung, bei der die Aufmerksamkeit auf die Außenwelt gerichtet ist.

1. Alle Teilnehmer*innen schließen die Augen.
2. Nach einer Minute Stille geben Sie ein akustisches Zeichen.
3. Anschließend erzählen die Teilnehmer*innen, was sie gehört haben, z. B. Atmen, Räuspern, Husten, Niesen, Flugzeug, Auto usw.

Stille Post mit Berührungsmuster

- **Spielkategorie:**
- **Material:** evtl. Stühle
- **Dauer:** 15 Min. +
- **Ort:** Klasse, Seminarraum
- **Teilnehmende:** 6 +

So geht's

Ein altbekanntes Spiel wird in eine Version mit Berührungen umgewandelt.

1. Die Teilnehmer*innen sitzen mit Blickrichtung auf den Rücken der Person vor sich hintereinander auf dem Boden oder auf Stühlen (Lehnen seitlich gedreht).
2. Sie geben ein bestimmtes Berührungsmuster auf der Rückseite der hintersten Person vor, z. B.: Tippen auf linke Schulter – rechte Schulter – auf Kopf – in Nacken. Nur diese vier Orte verwenden!
3. Dieses Muster gibt das Gruppenmitglied dann an die Person vor sich weiter usw., bis das vorderste Gruppenmitglied erreicht ist.
4. Bei der nächsten Runde erweitern Sie das Berührungsmuster um einen Kontakt, z. B.: linke Schulter – rechte Schulter – Kopf – Nacken – Kopf usw.
5. Das Spiel läuft weiter, bis eine Person einen Fehler macht: Wie viele korrekte Berührungen schafft die Gruppe? Bei sehr vielen Teilnehmer*innen können auch mehrere Kleingruppen gebildet werden.

Stille Post mit Rückenzeichnen

- **Spielkategorie:** ♡ ◎
- **Material:** Stühle, Stifte und DIN-A4-Blätter bzw. Kreide und Tafel
- **Dauer:** 15 Min. +
- **Ort:** Klasse, Seminarraum
- **Teilnehmende:** 12 +

So geht's

Das Spiel ist die Gruppenvariante vom „Nachrichten-Versand".

1. Es werden zwei bis vier Gruppen mit je sechs oder sieben Personen gebildet.
2. Die Gruppenmitglieder sitzen oder stehen jeweils hintereinander und alle schauen nach vorn. Wenn Stühle verwendet werden, muss die Lehne zur Seite zeigen, sodass der Rücken der anderen Mitglieder frei bleibt.
3. Sie zeichnen eine einfache Figur oder ein Symbol, z. B. Peace-Zeichen, Smiley o. Ä., auf den Rücken der hintersten Gruppenmitglieder. Diese übertragen es auf die nächste Person usw.
4. Das vorderste Gruppenmitglied zeichnet, ohne dass es die anderen sehen können, auf Papier oder die Tafel, was es gespürt hat.
5. Abschließend kommt es zum Vergleich der Zeichnungen. Gewonnen hat die Gruppe, die das Zeichen am besten erkannt hat.

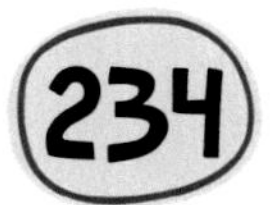

Stille siegt

- **Spielkategorie:** ♡
- **Material:** keines, evtl. Augenbinden
- **Dauer:** 5 Min. +
- **Ort:** Klasse, Seminarraum
- **Teilnehmende:** 8 +

So geht's

Das Spiel bietet eine Möglichkeit, um laute Gruppen zur Ruhe zu bringen.

1. Die Teilnehmer*innen sitzen irgendwo im Raum oder in einem Stuhlkreis. Sie schließen die Augen und der Contest beginnt.
2. Das Spiel dauert so lange, bis die erste Person ein Geräusch von sich gibt. Die Entscheidung, wann ein Geräusch hörbar ist, liegt bei Ihnen. Sie stoppen die Zeit mit.
3. Die Gruppe kann versuchen, ihre eigenen Rekorde von Mal zu Mal zu übertreffen.

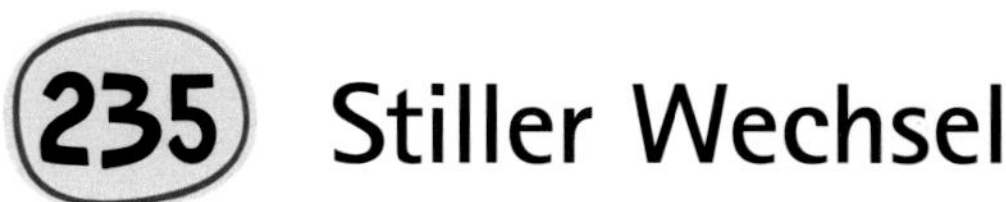

235 Stiller Wechsel

- **Spielkategorie:**
- **Material:** Stühle
- **Dauer:** 15 Min. +
- **Ort:** überall, ebener Untergrund
- **Teilnehmende:** 10 +

So geht's

Das Spiel bietet eine einfache und schnelle Möglichkeit, die Gruppe im Kreis zur Ruhe zu bringen.

1. Die Gruppe sitzt im Stuhlkreis und wird angehalten, sich ganz leise zu verhalten.
2. Sie gehen auf eine Person zu und nicken ihr zu bzw. geben ihr die Hand. Damit weiß sie, dass sie ihren Platz für Sie frei machen soll.
3. Die Person steht also auf, geht zu einem anderen Gruppenmitglied im Kreis und nickt diesem zu usw.

Varianten

- Nach einiger Zeit starten Sie als zusätzliche Person. So sind zwei Einzelpersonen auf der Suche nach einem Platz unterwegs. Später starten Sie noch einmal, es sind nun drei Personen auf dem Weg usw.
- Wenn das Spiel gut läuft, nehmen Sie, sobald Sie dran sind, eine Person rechts oder links von Ihnen bei der Hand und setzen das Spiel als Paar fort. Sie beide gehen auf ein anderes Paar zu, nicken, setzen sich usw. Das funktioniert dann auch zu dritt.

236 Stöckchen-wechsle-dich

- **Spielkategorie:**
- **Material:** Turnstäbe oder gleiche Stöcke
- **Dauer:** 10 Min. +
- **Ort:** überall
- **Teilnehmende:** 8 +

So geht's

Das Zauberwort zum Gelingen dieser Kooperationsübung lautet Kommunikation!

1. Alle Teilnehmer*innen stehen im Kreis. Alle haben jeweils einen Stab bzw. Stock vor sich stehen, den sie mit der rechten Hand festhalten.
2. Auf Ihr Kommando hin lassen nun alle gleichzeitig den Stab, der sich möglichst im Gleichgewicht halten soll, los und gehen einen Platz im Uhrzeigersinn weiter. Sie fangen dabei den Stab der Person neben sich wieder mit der rechten Hand.
3. Das Aufrücken geht so lange weiter, bis die Teilnehmer*innen wieder bei ihrem ersten Stab angelangt sind.
4. Nach und nach kann die Gruppe versuchen, schneller zu werden. Wichtig dabei ist, einen Rhythmus aufzubauen.

237 Streichholzvorstellung

- **Spielkategorie:**
- **Material:** Streichhölzer, 1 Aschenbecher o. Ä.
- **Dauer:** 10 Min. +
- **Ort:** Klasse, Seminarraum
- **Teilnehmende:** 10 +

So geht's

Diese Übung ist eine ganz schnelle Form des Vorstellens.

1. Sie geben eine Schachtel Streichhölzer an eine Person weiter.
2. Diese entzündet ein Streichholz und stellt sich vor, bis es erloschen ist. Danach kommt schon die nächste Person an die Reihe.

Variante

Als Abschluss oder Kurzrückmeldung kann ein „Streichholzfeedback" durchgeführt werden.

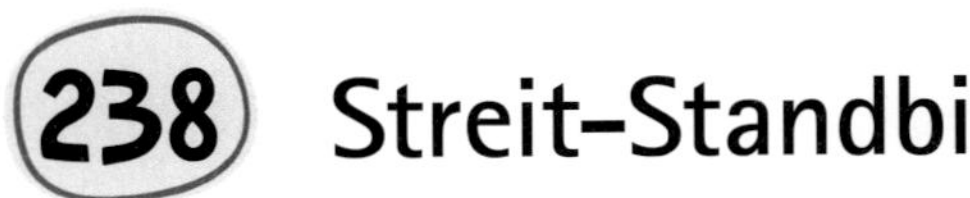

238 Streit-Standbilder

- **Spielkategorie:**
- **Material:** keines
- **Dauer:** 20 Min. +
- **Ort:** Klasse, Seminarraum
- **Teilnehmende:** 10 +

So geht's

Bei dieser Übung kann man sich auf kreative Art und Weise ernsten Themen, wie Mobbing und Gewalt, nähern.

1. Sie fordern Vierer- oder Fünfergruppen auf, je drei Standbilder zum Thema Streit (z. B. auf dem Schulhof) zu bilden.
2. Das zentrale Bild soll den Konfliktfall als solchen darstellen. Ein weiteres zeigt die Szene, die zum Streit geführt hat, und das dritte Bild demonstriert, wie sich der Konflikt weiterentwickeln könnte (positiv wie negativ).
3. Dann zeigen sich die Gruppen gegenseitig ihre Mini-Geschichten mittels der Bildabfolgen. Die beobachtenden Personen beschreiben, was sie erkannt haben. Sie sollten hierbei darauf achten, dass die Szenen nicht bewertet werden.
4. In einem Abschlussgespräch können die Darstellungen verglichen und Lösungsmodelle für den Alltag entwickelt werden.

Varianten

- Man muss nicht immer die gleiche Reihenfolge (Bild 1 bis 3) einhalten. Es ist auch interessant, das letzte Bild zuerst zu sehen, also das Ende der Geschichte, und zu raten, was denn die Auslöser für den Konflikt waren.
- Eventuell können Sie die Standbilder auch zum Leben erwecken, sodass die Gruppenmitglieder die Szene ganz kurz aus ihrer Emotion heraus anspielen.

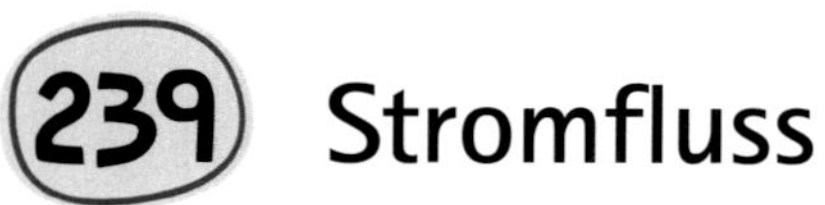

239 Stromfluss

- **Spielkategorie:**
- **Material:** keines
- **Dauer:** 10 Min. +
- **Ort:** überall
- **Teilnehmende:** 10 +

So geht's

Bei dieser tollen Konzentrations- und Energieübung werden die Teilnehmer*innen überrascht sein, wie rasch der Strom durch die Gruppe fließt.

1. Alle Teilnehmer*innen stehen im Kreis, halten sich an den Händen, schließen die Augen und konzentrieren sich.
2. Von Ihnen aus geht ein Händedruck als Impuls in eine Richtung durch die Runde, bis er wieder bei Ihnen angelangt ist. Sie können die Teilnehmer*innen vor Beginn der Übung schätzen lassen, wie lange der Impuls für eine komplette Runde braucht.
3. Nach einigen Proberunden versuchen die Teilnehmer*innen nun, das Tempo zu beschleunigen, den Rhythmus zu finden, schnell zu reagieren und den kurzen Druck möglichst schnell weiterzugeben.

Anmerkungen

- Durch die Konzentration wird es normalerweise sehr ruhig und man kann die Energie der Gruppe spüren. Bei 15 Personen braucht der Strom sicher nicht mehr als fünf Sekunden.
- Eine gute Erfahrung ist es auch, die gleiche Übung mit offenen Augen zu machen. Die Gruppe wird dann länger dafür brauchen!

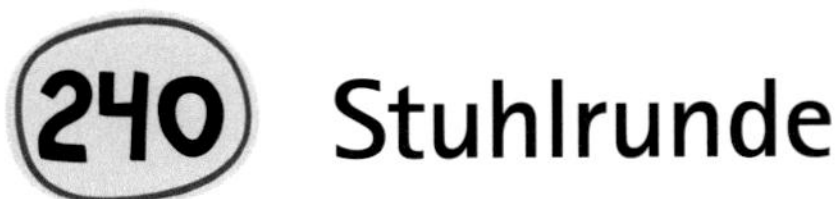

240 Stuhlrunde

- **Spielkategorie:**
- **Material:** Stühle
- **Dauer:** 10 Min. +
- **Ort:** Klasse, Seminarraum
- **Teilnehmende:** 10 +

So geht's

Kooperation und Kommunikation sind hier gleichermaßen gefragt.

1. Alle Stühle werden im Kreis aufgestellt.
2. Alle Teilnehmer*innen stehen jeweils hinter ihrem Stuhl und kippen diesen so, dass er auf den beiden hinteren Füßen ruht. Sie müssen versuchen, ihren Stuhl relativ im Gleichgewicht zu halten.
3. Alle Teilnehmer*innen drehen sich nach links, halten den Stuhl nur mit der rechten Hand und gehen nun zum nächsten gekippten Stuhl. Währenddessen darf kein Stuhl mit vier Beinen den Boden berühren oder umfallen. Nach einigen Proben soll die Gruppe eine ganze Runde schaffen, sodass alle Teilnehmer*innen am Ende wieder bei ihrem ersten Stuhl stehen.

Anmerkung

Die Übung wird anfangs nicht besonders gut funktionieren, bis die Teilnehmer*innen darauf kommen, dass die Übung mit Kommunikation und Kooperation besser vonstattengeht. Rhythmus und Kommandos erleichtern die Aufgabe. Sie sollten aber nichts vorgeben, sondern die Gruppe ruhig ein paarmal scheitern lassen.

Stuhltanz – kooperativ

- **Spielkategorie:**
- **Material:** Stühle, Musik
- **Dauer:** 15 Min. +
- **Ort:** Klasse, Seminarraum
- **Teilnehmende:** 10 +

So geht's

Dieses Spiel setzt die Gruppe unter „Stress", aber bringt auch viel Spaß mit sich.

1. Es wird ein Stuhlkreis mit den Sitzflächen nach außen gebildet.
2. Die Teilnehmer*innen laufen während der Musik um die Stühle herum. Wenn sie stoppt, setzen sich alle schnell auf einen freien Platz.
3. Bei der ersten Runde finden alle Personen einen Sitzplatz, danach wird – Runde für Runde – ein Stuhl entfernt. Teilnehmer*innen, die keinen freien Stuhl mehr finden, setzen sich einfach auf den Schoß der Person, die ihnen am nächsten ist. Je weniger Stühle im Spiel sind, desto mehr Personen sitzen aufeinander und es wird immer wilder und lustiger!
4. Zum Schluss bleibt ein Menschenturm übrig. – Schaffen es alle auf drei, zwei, eventuell nur einem Stuhl zu sitzen?

242 Sturmflut

- **Spielkategorie:**
- **Material:** Stühle
- **Dauer:** 10 Min. +
- **Ort:** Klasse, Seminarraum
- **Teilnehmende:** 10 +

So geht's

Dieses Stuhlrutschspiel dient zum schnellen Auspowern.

1. Alle Gruppenmitglieder sitzen im Stuhlkreis. Eine freiwillige Person kommt in die Mitte. Somit ist ein Stuhl also nicht besetzt.
2. Wenn die Person in der Mitte „Sturm" sagt, rutschen alle Teilnehmer*innen nach rechts, bei „Flut" nach links und wenn die Gruppe „Sturmflut" hört, müssen alle den Platz wechseln.
3. Die Person in der Kreismitte versucht im Zuge des Rutschens, einen Platz auf dem freien Stuhl zu ergattern, was bei der Sturmflut leicht gelingt. Bei den beiden anderen Begriffen ist das um einiges schwieriger, weil man häufiger auf dem Schoß einer anderen Person landet.
4. Die Person, die keinen Platz gefunden hat, bleibt in der Mitte und gibt die nächste Anweisung vor.

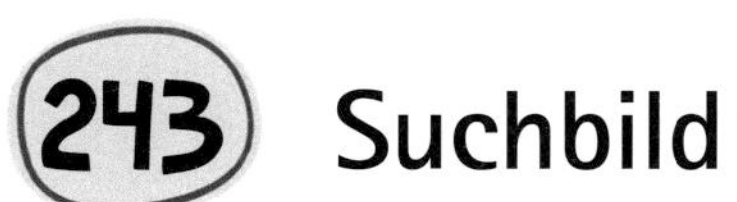

243 Suchbild

- **Spielkategorie:** ♡
- **Material:** keines
- **Dauer:** 10 Min. +
- **Ort:** überall
- **Teilnehmende:** 6 +

So geht's

Das Fehlersuchspiel findet man nicht nur in Zeitungen, sondern auch hier.

1. Zwei Freiwillige machen ein gemeinsames, nicht zu einfaches Standbild.
2. Alle anderen Teilnehmer*innen sehen sich die Statue/das Bild eine Minute lang an und versuchen, sich alles möglichst gut einzuprägen.
3. Dann drehen sie sich um und die Mitglieder des Standbildes ändern nun fünf Details.
4. Wenn das geschehen ist, dreht sich die Gruppe wieder um und sucht die fünf Fehler.

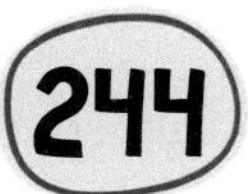

244 Summ, summ, summ – Bienchen ...

- **Spielkategorie:** 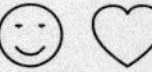 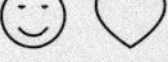
- **Material:** keines, evtl. Augenbinden
- **Dauer:** 10 Min. +
- **Ort:** größere Klasse, Seminarraum, Turnhalle
- **Teilnehmende:** 10 +

So geht's

Ein Bienenvolk ist ausgeschwärmt und wird in den Stock zurückgeholt.

1. Alle Teilnehmer*innen stehen verteilt im Raum. Eine freiwillige Person wird zur Bienenkönigin, die anderen sind das Bienenvolk und schließen die Augen.
2. Die Königin fliegt nun summend herum. Sie kann andere mitnehmen, indem sie sich dicht vor eine Biene stellt und längere Zeit vor ihr summt.
3. Merkt das die Person, dann öffnet sie die Augen, gibt der Königin die Hand und die beiden schwirren weiter zur nächsten Biene usw. Wenn die Gruppe größer geworden ist, kann der Kontakt auch durch Halten an den Schultern erfolgen.
4. Das Spiel geht so lange, bis der gesamte Schwarm wieder eingefangen ist und als Ganzes summend abschwirrt oder in den Stock fliegt, den die Königin vorgibt.

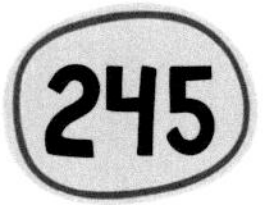

Sumpfdurchquerung

- **Spielkategorie:**
- **Material:** Zeitungen, Kartonteile oder Teppichfliesen
- **Dauer:** 15 Min. +
- **Ort:** größere Klasse, Seminarraum, Turnhalle
- **Teilnehmende:** 10+

So geht's

Diese flotte Übung fördert die zielorientierte Kooperation.

1. Es werden Kleingruppen gebildet.
2. Jedes Team erhält einen Satz Zeitungen o. Ä., jeweils eine mehr, als es Mitglieder hat. So hat bei fünf Personen jede Gruppe sechs Zeitungen usw.
3. Ziel ist es nun, möglichst rasch, aber ohne den Boden (= Sumpf) zu berühren, diese Zeitungen so zu platzieren, dass die Gruppe schnell zur anderen Seite des Raums gelangt: Beim Start stehen alle Gruppenmitglieder eng hintereinander auf ihrer Zeitung. Dann wird der vordersten Person von hinten die überzählige Zeitung gereicht, sie platziert sie vor sich und stellt sich darauf. Alle Gruppenmitglieder rücken auf den freien Platz nach, das letzte hebt die frei gewordene Zeitung hinter sich auf, gibt sie rasch nach vorn usw.
4. Es gewinnt die Gruppe, die zuerst mit der Hand die Wand berührt.

Varianten

- Dieses Spiel ist auch mit der ganzen Klasse oder der Großgruppe möglich.
- Sie können sogar Hindernisse einbauen, die diese Kooperationsaufgabe noch erschweren können.

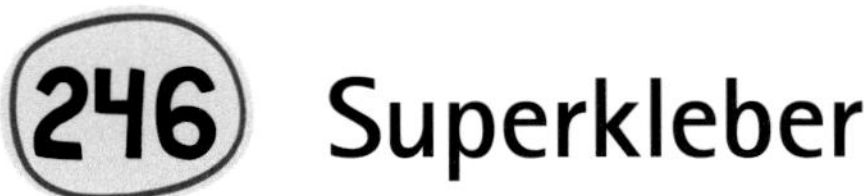

246 Superkleber

- **Spielkategorie:** 🏃 ☺ ♡
- **Material:** keines, evtl. Musik
- **Dauer:** 10 Min. +
- **Ort:** Turnhalle, größerer Raum
- **Teilnehmende:** 8 +

So geht's

Normalerweise spielt man mit Superkleber nicht. Bei dieser Übung schon!

1. Die Teilnehmer*innen bewegen sich frei im Raum. Sie lassen dazu Musik laufen.
2. Sobald die Musik stoppt (bzw. Sie ein anderes akustisches Signal geben), bleiben alle Teilnehmer*innen stehen und sehen zu Ihnen. Sie nennen nun eine Körperstelle und zeigen mit den Fingern eine Zahl von eins bis zehn, z. B.: „Kopf" – vier, „Po" – zwei ...
3. So schnell wie möglich müssen sich nun entsprechende Gruppen bilden, z. B. Vierergruppen, die an den Köpfen zusammenhängen, oder ein Paar, das beim Po aneinandergeklebt ist. Dieses Gebilde bewegt sich für kurze Zeit fort, wobei die Klebestellen immer Kontakt haben müssen.
4. Wenn die Musik wieder ertönt (oder Sie ein weiteres Signal geben), löst sich die Formation auf und das Spiel beginnt von Neuem.

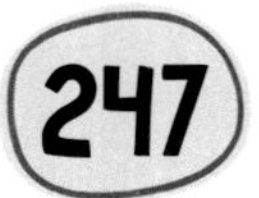

Tanz der Vampire

- **Spielkategorie:** ☺ ♡
- **Material:** keines, evtl. Augenbinden
- **Dauer:** 15 Min. +
- **Ort:** größere Klasse, Turnhalle
- **Teilnehmende:** 10 +

So geht's

Keine Angst, die blutsaugende Nachtgestalt wird bei diesem Spiel niemandem etwas zuleide tun!

1. Alle Teilnehmer*innen stehen mit geschlossenen Augen im Raum.
2. Dann bestimmen Sie eine Person zum Vampir, indem Sie sie antippen.
3. Auf Ihr Zeichen hin setzen sich alle Teilnehmer*innen in Bewegung, wobei die Augen stets geschlossen bleiben. Alle gehen vorsichtig herum und strecken dabei die Arme etwas nach vorn.
4. Wenn man eine Person spürt, wird man bald merken, ob es sich um einen Vampir handelt oder nicht: Er wird bei Kontakt die Hände und Arme suchen und sie mit den Händen entlangfahren, bis er das Gruppenmitglied leicht in die Schultern oder in den Nacken kneift.
5. Dieses schreit laut auf und wird dann ebenfalls zum Vampir. So sind zusehends immer mehr Blutsauger*innen unterwegs.
6. Treffen zwei Vampire aufeinander, fallen beide mit einem Seufzer zu Boden. Nach ca. fünf Sekunden erheben sie sich wieder und das Spiel geht für sie als Normalsterbliche weiter.

Tauschgesellschaft

- **Spielkategorie:** ☺
- **Material:** keines
- **Dauer:** 5 Min. +
- **Ort:** überall
- **Teilnehmende:** 10 +

So geht's

Dies ist ein ganz schnelles Spiel für zwischendurch.

1. Jedes Gruppenmitglied wählt eine Stimmung (traurig, ausgelassen, erzürnt usw.) oder eine bestimmte Fortbewegungsart (hüpfen, krabbeln, schleichen usw.) und geht so im Raum herum.
2. Auf Ihr Zeichen hin tauschen die Gruppenmitglieder die Stimmungen/Fortbewegungsarten durch Händeschütteln mit der nächstbesten Person. Bei Unklarheiten wird die Gangart kurz vorgezeigt.

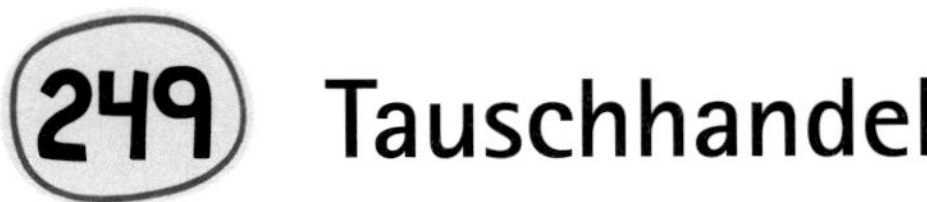

249 Tauschhandel

- **Spielkategorie:**
- **Material:** keines
- **Dauer:** 20 Min. +
- **Ort:** überall
- **Teilnehmende:** 10 +

So geht's

Ein fröhliches Tauschen mit Dingen aller Art führt dazu, sich die Namen der anderen zu merken.

1. Alle suchen sich einen persönlichen Gegenstand, der sich tauschen lässt.
2. Dann beginnt das große Tauschen der Objekte inklusive Vorstellung:
   Person 1 sagt zu Person 2 z. B.: „Hallo, ich bin Eugen und das ist mein Schlüsselanhänger."
   Person 2 stellt sich ebenfalls mit ihrem Namen vor und benennt ihren Gegenstand.
3. Nachdem sie ihre Gegenstände getauscht haben, geht es zur nächsten Person: Person 2 geht zu Person 3, sagt ihren Namen und gibt ihr Eugens Schlüsselanhänger mit den Worten: „Ich bin Michele und das ist Eugens Schlüsselanhänger."
4. Auf Ihr Zeichen hin treffen sich schließlich alle im Sitzkreis und alle geben ihren Gegenstand an die Person zurück, der er gehört: „Hier, Eugen, hast du deinen Schlüsselanhänger wieder." usw.

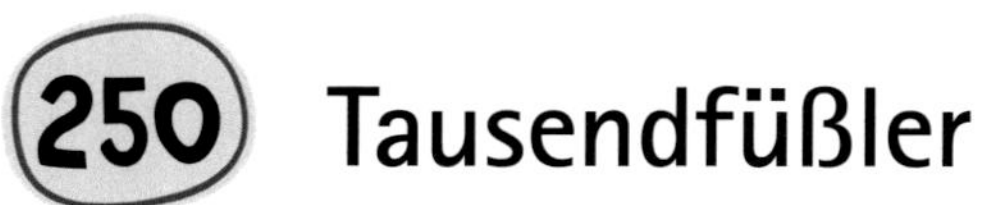

250 Tausendfüßler

- **Spielkategorie:**
- **Material:** Musik
- **Dauer:** 10 Min. +
- **Ort:** Turnhalle, größerer Raum
- **Teilnehmende:** 10 +

So geht's

Ein Warm-up-Spiel mit Bewegung zu Musik.

1. Die Gruppenmitglieder stellen sich hintereinander auf und halten sich an der Schulter der vorderen Person fest.
2. Wenn Sie Musik einschalten, beginnt der „Kopf" des Tausendfüßlers (die vorderste Person) mit einer einfachen Art der Fortbewegung (watscheln, stampfen, hüpfen usw.).
3. Dieser Impuls wird nun möglichst rasch von allen anderen, von vorn nach hinten, übernommen.
4. Währenddessen läuft die vorderste Person nach hinten und hängt sich am Schwanz wieder an.
5. Der neue Kopf muss eine neue Bewegungsform vorgeben usw.

Variante

Um die Kreativität der Bewegungsmöglichkeiten nicht durch die Schulterfassung einzuschränken, kann man darauf auch verzichten. Es genügt ein entsprechender Abstand zur vorderen Person.

251 Telefonstörung

- **Spielkategorie:**
- **Material:** keines
- **Dauer:** 10 Min. +
- **Ort:** größerer Raum, Turnhalle
- **Teilnehmende:** 12 +

So geht's

Bei diesem Spiel werden überschüssige Energien und eventuelle Aggressionen abgebaut.

1. Es werden drei Gruppen gebildet.
2. Zwei Gruppen stellen sich in einiger Entfernung gegenüber auf, die dritte befindet sich zwischen diesen beiden.
3. Eine der beiden äußeren Gruppen einigt sich auf einen Satz und hat dann die Aufgabe, diesen der anderen Gruppe durch gemeinsames, lautes Zurufen mitzuteilen. Die Gruppe in der Mitte stört diese Kommunikation durch Bewegung und lautes Schreien.
4. Nach einiger Zeit brechen Sie das laute Treiben ab und überprüfen, ob die Botschaft angekommen ist.

252 Tiere des Urwalds

- **Spielkategorie:**
- **Material:** keines
- **Dauer:** 5 Min. +
- **Ort:** überall
- **Teilnehmende:** 10 +

So geht's

Dies ist eine echt tierische Übung!

1. Alle Gruppenmitglieder stehen oder sitzen im Kreis mit Blick auf den Rücken der vorderen Person.
2. Anschließend nennen Sie nach und nach Tiere des Urwalds, die nun über den Rücken der einzelnen Gruppenmitglieder marschieren. Die Gruppenmitglieder führen diesen „Tiermarsch" auf dem Rücken der vorderen Person aus:
   - Elefant – flache Hände patschen
   - Gorilla – jeweils Mittel- und Zeigefinger gehen behäbig herum
   - Termiten – alle Finger krabbeln
   - usw.

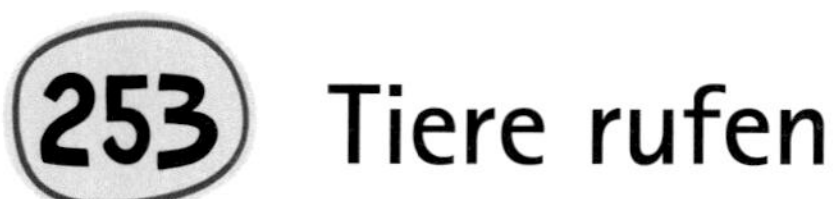

253 Tiere rufen

- **Spielkategorie:**
- **Material:** Stühle, evtl. Augenbinde
- **Dauer:** 10 Min. +
- **Ort:** Klasse, Seminarraum
- **Teilnehmende:** 10 +

So geht's

Dieses Spiel lieben die meisten Gruppen und können es endlos spielen.

1. Die Gruppenmitglieder sitzen im Kreis.
2. Eine Person nach der anderen nennt nun reihum ein Tier ihrer Wahl, wobei keines doppelt vorkommen darf. Eventuell sollte man die Tiere zwei-, dreimal hören, um sich einzuprägen, welche Tiere im Spiel dabei sind.
3. Dann sucht man eine freiwillige Person. Diese schließt die Augen und wird von Ihnen in der Mitte des Stuhlkreises platziert.
4. In der Zwischenzeit suchen sich alle anderen einen neuen Sitzplatz. Wenn alle ruhig sitzen, beginnt das Spiel, indem die Person mit den geschlossenen Augen, die in der Mitte steht, zwei Tiere ruft, z. B. „Tiger und Schlange!".
5. Die beiden aufgerufenen Gruppenmitglieder müssen sich durch Handzeichen verständigen und nun versuchen, die Plätze zu tauschen, ohne abgeschlagen zu werden. Wer aufgestanden ist, darf sich nicht mehr auf seinen Stuhl setzen! Das Verlassen des Kreises ist natürlich auch nicht erlaubt.
6. Gelingt es der Person in der Mitte durch schnelles Bewegen und Herumgreifen, eines der beiden „Tiere" abzuschlagen, kommt dieses Gruppenmitglied in die Mitte. Nach drei erfolglosen Versuchen wählen Sie eine andere Person für die Mitte aus.

Anmerkung

Es sind keine Störgeräusche der anderen zu akzeptieren, da die Person in der Mitte voll auf ihr Gehör angewiesen ist.

Variante

Etwas einfacher wird das Spiel, wenn man statt der Tiernamen Nummern vergibt. So braucht man nicht lange nachzudenken, was es noch gibt und welche Gruppenmitglieder schon länger nicht genannt wurden.

Tischlein, beweg dich

- **Spielkategorie:**
- **Material:** 4–6 Tische
- **Dauer:** 15 Min. +
- **Ort:** Klasse, Seminarraum
- **Teilnehmende:** 15 +

So geht's

Die Übung ist nicht nur eine Herausforderung für die Gruppenmitglieder, sondern auch für die Tische!

1. Alle Tische werden in der Mitte zu einem Quadrat oder Rechteck zusammengeschoben.
2. Nun sollen die Gruppenmitglieder schätzen, wie viele Tische man braucht, um alle Mitspielenden, darauf stehend, unterzubringen.
3. Dann steigen alle Gruppenmitglieder auf die Tische.
4. Nach und nach entfernen Sie Tisch für Tisch. Die Gruppenmitglieder entwickeln Strategien, wie man den Platz noch besser ausnutzen kann.
5. Das Spiel endet, wenn eine Person den Boden berührt. Die Schätzung vom Anfang wird mit der endgültigen Zahl der Tische verglichen.

255 Tischlein, deck dich

- **Spielkategorie:**
- **Material:** 1–3 Tische
- **Dauer:** 15 Min. +
- **Ort:** Klasse, Seminarraum
- **Teilnehmende:** 15 +

So geht's

Sie holen nicht den Knüppel aus dem Sack, sondern bitten die Gruppe auf den Tisch.

1. Eine Person wird gebeten, sich zu überlegen und zu schätzen, wie viele Gruppenmitglieder sie z. B. auf zwei Tischen unterbringt, ohne dass jemand den Boden berührt.
2. Nun ruft diese Person die Gruppenmitglieder nacheinander auf und bittet sie, sich auf den Tischen ihren Vorgaben gemäß zu platzieren. Bei dieser Übung sollten nur sehr stabile Tische verwendet werden, da die Belastung groß ist! Die Person sollte gut überlegen, ob sie stärkere Gruppenmitglieder in die Mitte stellt oder eher an den Rand, wo sie die leichteren Gruppenmitglieder anordnet usw.
3. Das Spiel endet, wenn die Person die Aufgabe erfüllt hat oder eingesteht, sich verschätzt zu haben.

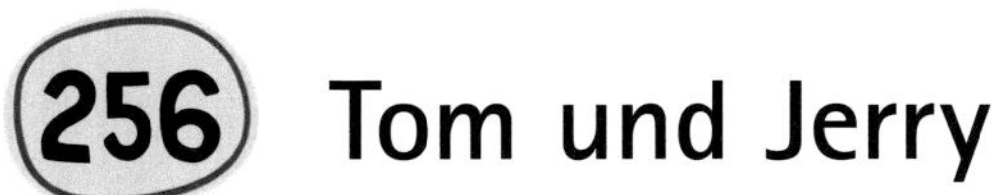

256 Tom und Jerry

- **Spielkategorie:**
- **Material:** keines; evtl. Band, Kappe o. Ä.
- **Dauer:** 10 Min. +
- **Ort:** Turnhalle, größerer Raum
- **Teilnehmende:** 10 +

So geht's

Nächstenliebe kann Mäuse retten!

1. Die Gruppe besteht aus lauter Mäusen und einer Katze, die irgendwie gekennzeichnet wird (durch ein Band, eine Kappe o. Ä.).
2. Der Kater Tom versucht nun, eine Maus zu fangen. Dies ist aber nicht möglich, wenn zwei Mäuse zusammenkommen und sich umarmen. So kann auch eine in Not geratene Maus durch eine andere mutige noch gerettet werden.
3. Wird aber eine Maus erwischt, mutiert diese zur Katze, erhält die Kennzeichnung und fängt nun ihre vormaligen Artgenossen.

257 Transportring

- **Spielkategorie:**
- **Material:** 1 Ring aus Holz (Ø ca. 8 cm), 6–8 Schnüre mit ca. 1,50 m Länge, einige Tennisbälle, 2 Eimer
- **Dauer:** 15 Min. +
- **Ort:** Turnhalle, outdoor
- **Teilnehmende:** 6 +

So geht's

Dieses Kooperationsspiel ist einfach herzustellen.

1. Sechs bis acht Gruppenmitglieder haben je eine Schnur in der Hand, die alle mit einem Ende am Ring verknotet sind. Durch Anspannen der Seile geht der Ring in die Waagerechte.
2. Sie legen einen Tennisball aus Eimer A (= Start) auf den Ring.
3. Die Gruppe transportiert den Ball zu Eimer B (ca. 10–15 Meter entfernt) und legt ihn hinein. Fällt er herunter, muss die Gruppe wieder zurück zum Start.
4. Das Spiel ist zu Ende, wenn sich alle Tennisbälle in Eimer B befinden.

Variante

Man spielt auf Zeit und stoppt, wie lange eine Gruppe braucht, um fünf Tennisbälle zu transportieren. Als weitere Erschwernis kann man Hindernisse in die Strecke einbauen.

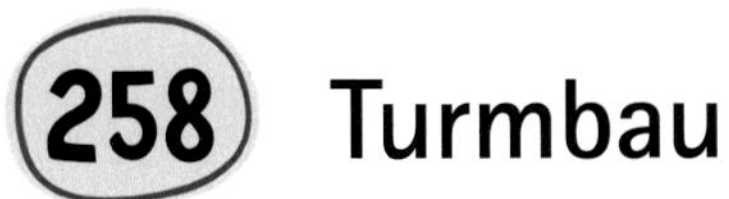

258 Turmbau

- **Spielkategorie:**
- **Material:** alles, was so herumliegt
- **Dauer:** 10 Min. +
- **Ort:** Klasse, Seminarraum
- **Teilnehmende:** 4 +

So geht's

Dies ist die Billigversion vom Turmbau zu Babel!

Alle Gruppenmitglieder arbeiten zusammen und sollen einen möglichst hohen Turm bauen. Dazu dürfen sie ausschließlich Materialien verwenden, die sich im Raum befinden.

259 Unglaublich, aber wahr

- **Spielkategorie:** 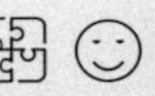 
- **Material:** keines
- **Dauer:** 45 Min. +
- **Ort:** Klasse, Seminarraum
- **Teilnehmende:** 12 +

So geht's

Eine Geschichte erscheint unglaublicher als die andere, aber jeweils eine ist tatsächlich passiert.

1. Es werden Vierer- oder Fünfergruppen gebildet. Alle Gruppenmitglieder überlegen zuerst, welches Erlebnis im bisherigen Leben das unglaublichste oder außergewöhnlichste war.
2. Dann erzählt jede*r den anderen Mitgliedern der Kleingruppe von diesem Ereignis und was sich genau zugetragen hat.
3. Anschließend wird die Geschichte ausgewählt, von der die Mehrheit meint, sie sei die unglaublichste von allen.
4. Alle anderen verändern nun ihre Erlebnisse, erfinden etwas dazu und versuchen, sie dadurch noch interessanter zu machen.
5. Im Anschluss berichten alle Mitglieder einer Gruppe nach und nach im Plenum von ihren Erlebnissen, von denen nur noch ein einziges wahr ist.
6. Alle anderen Teilnehmer*innen müssen die wahre Geschichte erraten.
7. Wurde das reale Ereignis herausgefunden, kann die Person, die es erlebt hat, noch ein wenig genauer davon erzählen.
8. So kommt jede Gruppe an die Reihe, bis alle ihre – teils wahren, teils erfundenen - Erlebnisse vorgetragen haben.

260 Verkehrte Bewegungsaufgaben

- **Spielkategorie:**
- **Material:** keines
- **Dauer:** 10 Min. +
- **Ort:** Klasse, Seminarraum, Turnhalle
- **Teilnehmende:** 10 +

So geht's

In dieser Übung geht es darum, Geist und Körper zu entkoppeln und unbewusste Denkmuster aufzuzeigen.

Die Gruppenmitglieder hüpfen von einer Seite des Raumes zur anderen mit folgenden Vorgaben:

- Sie ziehen bei jedem Schritt die Knie leicht nach oben.
- Sie müssen zusätzlich mit dem Kopf nicken und „Ja, ja, ja ..." sagen.
- Sie drehen den Kopf nach links und rechts und sagen dazu „Nein, nein, nein ...".
- Sie nicken mit dem Kopf, sagen dazu aber „Nein, nein, nein ...".
- Nun drehen sie den Kopf verneinend und sagen dazu „Ja, ja, ja ...".
- Bei der nächsten Bahn hüpfen sie zu zweit nebeneinander und fassen sich an der Hand. Eine Person sagt „Ja, ja, ja ...", die andere „Nein, nein, nein ... ". Dann wird gewechselt.
- Zum Schluss fassen sich die Paare an beiden Händen und hüpfen mit Blick zueinander seitlich durch den Raum.

261 Versteinerter Schuh

- **Spielkategorie:**
- **Material:** 1 Schuh oder Buch pro Person, Musik
- **Dauer:** 10 Min. +
- **Ort:** größere Klasse, Turnhalle
- **Teilnehmende:** 10 +

So geht's

Geschicklichkeit und Hilfsbereitschaft sind bei dieser Übung gefragt.

1. Alle Gruppenmitglieder haben entweder einen Schuh oder ein Buch auf dem Kopf und bewegen sich zur Musik.
2. Wenn bei irgendjemandem ein Schuh/Buch hinunterfällt, ist die betreffende Person versteinert und muss stehen bleiben. Allerdings kann sie erlöst werden, wenn ihr ein anderes Gruppenmitglied den Schuh wieder auf dem Kopf platziert (selbstverständlich ohne den eigenen zu verlieren).

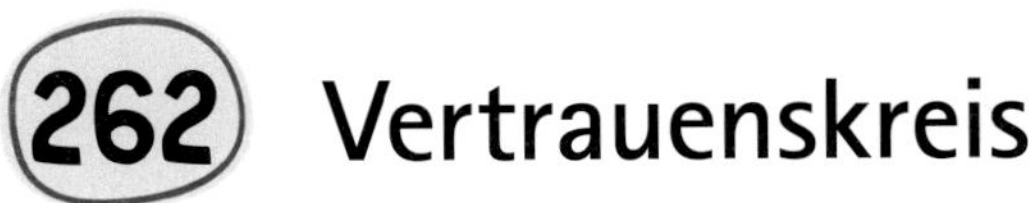

262 Vertrauenskreis

- **Spielkategorie:**
- **Material:** keines, evtl. Augenbinde, evtl. Musik
- **Dauer:** 10 Min. +
- **Ort:** überall
- **Teilnehmende:** 6 +

So geht's

Vertrauen kann man lernen, sich auf andere zu verlassen, auch.

1. Es wird ein Kreis mit ca. sechs Gruppenmitgliedern gebildet.
2. Eine Person stellt sich in die Mitte und schließt die Augen. Sie macht sich ganz steif, spannt alle Muskeln an und lässt sich nun in irgendeine Richtung fallen. Ihre Arme sind angelegt oder in Schutzposition vor der Brust gekreuzt und die Füße bleiben immer am selben Ort (kein Abknicken in der Hüfte). Die Gruppe schubst die in der Mitte stehende Person herum, indem die Mitglieder in Schrittstellung stehen, die Arme nach vorn halten und die Person in der Mitte nicht zu weit „fallen" lassen. Sie haben eher früher Kontakt als später: sanft schubsen, sanft auffangen. Es soll ein schöner und angenehmer Wechsel sein.
3. Eventuell können Sie leise, sanfte Musik als Untermalung spielen.

Anmerkungen

- Je ruhiger es bei dieser Übung ist, desto besser.
- Die Gruppe muss sehr vorsichtig agieren und Vertrauen aufbauen. Sie dürfen bei dieser Übung keinerlei Unsinn dulden!
- Es gibt bestimmt Gruppenmitglieder, die bei dieser Übung ihre Schwierigkeiten haben. Oft hilft es, wenn der Kreis noch enger zusammen geht. Bei Personen, die genügend Vertrauen haben und etwas gefordert werden wollen, kann der Kreis etwas weiter auseinander gehen, sodass das Gruppenmitglied ein wenig weiter fällt. Aber Achtung: Es müssen immer mehrere Hände auffangen! Die Beine sollten hier in Schrittstellung sein, um einen festen Stand zu haben!

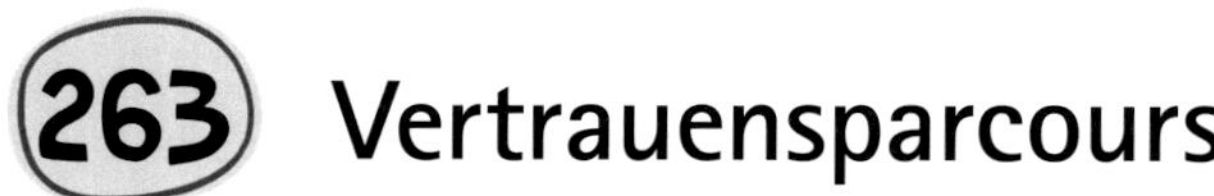

263 Vertrauensparcours

- **Spielkategorie:**
- **Material:** Hindernisse unterschiedlichster Art, evtl. Augenbinden
- **Dauer:** 20 Min. +
- **Ort:** größere Klasse, Turnhalle
- **Teilnehmende:** 10 +

So geht's

In dieser Übung geht es darum, Vertrauen aufzubauen, sich führen zu lassen und selbst Verantwortung zu übernehmen!

1. Es werden Paare gebildet, danach verlässt je eine Person kurz den Raum.
2. Die anderen Teilnehmer*innen bauen nun einen Parcours mit etwa zehn Hindernissen, wobei es abhängig vom Ort unterschiedliche Möglichkeiten gibt. In der Klasse können dies Rucksäcke, Mappen, Stühle und Tische sein; in der Turnhalle gibt es mit Hütchen, Reifen, Langbänken usw. noch mehr Material. Anfang und Ende des Parcours sollten gut markiert sein.
3. Alle Personen holen dann ihre Partner*innen herein, die ihre Augen geschlossen halten.
4. Anschließend geht das erste Team zum Startpunkt. Die Person mit den geschlossenen Augen wird von hinten an den Schultern gefasst und geführt, wobei Richtungswechsel durch sanften Druck auf die jeweilige Schulter angezeigt werden. Hindernisse dürfen nicht verrückt werden.
5. Sobald eine Person zwei Hindernisse bewältigt hat, kann das nächste Paar starten.

Varianten

- Wenn der Lauf gut funktioniert, bedarf es keiner ständigen „Verbindung", nur vor den Hindernissen und bei deren Bewältigung.
- Die Übung kann auch mit Wettbewerbscharakter durchgeführt werden. Dazu wird die Zeit für die Bewältigung des Parcours gestoppt. Außerdem gibt es Schlechtpunkte für Berührungen bzw. für das Verrücken von Hindernissen. Natürlich kann man in der Turnhalle auch drei oder vier Bahnen aufbauen, auf denen Paare gleichzeitig gegeneinander antreten.

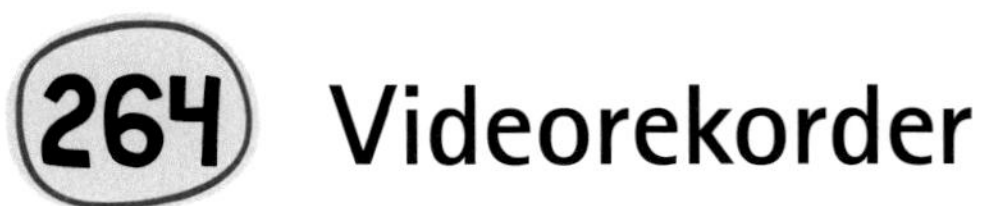

264 Videorekorder

- **Spielkategorie:**
- **Material:** 1 Stoppuhr, Smartphone o. Ä.
- **Dauer:** 15 Min. +
- **Ort:** Klasse, Seminarraum
- **Teilnehmende:** 8 +

So geht's

Das Spiel ist äußerst lustig, wenn die Vorspultaste gedrückt wird.

1. Es werden Gruppen mit jeweils zwei bis drei Personen gebildet.
2. Die Gruppenmitglieder sollen eine einfache Szene mit Vorgaben (Wer seid ihr? Wo seid ihr?) improvisieren. Es ist ratsam, die Szene ein zweites Mal zu üben, um Ablauf und Text zu fixieren.
3. Die erste Gruppe zeigt ihre Szene, während die Zeit gestoppt wird.
4. Anschließend wird alles noch einmal, nur doppelt so schnell gespielt – also im Zeitraffer. Dabei geht es meist chaotisch, aber extrem lustig zu. Sie stoppen wieder mit, eventuell können Sie durch kurze Zeitansagen helfen, die angepeilte Zeit zu erreichen, was gar nicht so schwierig ist. Sollte der Unterschied zu eklatant sein (zu schnell, zu langsam), dann kann die Gruppe die Szene noch einmal wiederholen, um die Zeitvorgabe zu erreichen.
5. Als Zugabe versuchen die Gruppenmitglieder, diese Zeit noch einmal zu halbieren, also viermal so schnell zu spielen, z. B.: Ursprungsszene = 1 Minute; half time = 30 Sekunden, half time der half time = 15 Sekunden.

Variante

Anstelle vom Zeitraffer kann man auch in Slow Motion spielen: Dann dauert die Szene statt einer zwei Minuten.

 Volle Kraft voraus

- **Spielkategorie:**
- **Material:** evtl. 1 Seil
- **Dauer:** 10 Min. +
- **Ort:** Turnhalle, größerer Raum
- **Teilnehmende:** 10 +

So geht's

Lasst uns auf eine Schiffsreise gehen!

1. Alle Personen stellen sich so hin, dass die Gruppe von außen den Umriss eines Schiffes bildet. Als Hilfe kann ein Seil dienen, das von allen gehalten wird.
2. Die Aufgabe der Gruppe ist es, ein möglichst präzise funktionierendes Schiff zu sein, das während der Fahrt über den Ozean nicht die Form verliert. Eine Person steuert das Schiff und gibt Kommandos, wie z. B.:
   - „Volle/Halbe Kraft voraus" = geradeaus bewegen
   - „Maschinen stopp!" = Schiff hält so schnell wie möglich an
   - „Hart Backbord!" = im rechten Winkel (90°) nach links wenden
   - „45° Steuerbord!" = im halben rechten Winkel nach rechts abdrehen

   Im Schiff kann z. B. auch ein weiteres Crewmitglied sein, das die Kommandos pantomimisch mit dem Ruder ausführt.
3. Wenn sich die Gruppenmitglieder an die Manöver gewöhnt haben, können Sie den Schwierigkeitsgrad erhöhen und die Situation z. B. durch folgende Beschreibungen verschärfen: Eine Riesenwelle rollt heran (zwei Personen halten ein Seil in ca. 30 cm Höhe, das überwunden werden muss), das Schiff soll an einer Insel anlegen, Hindernisse können aufgestellt werden, die es zu umschiffen gilt, usw.

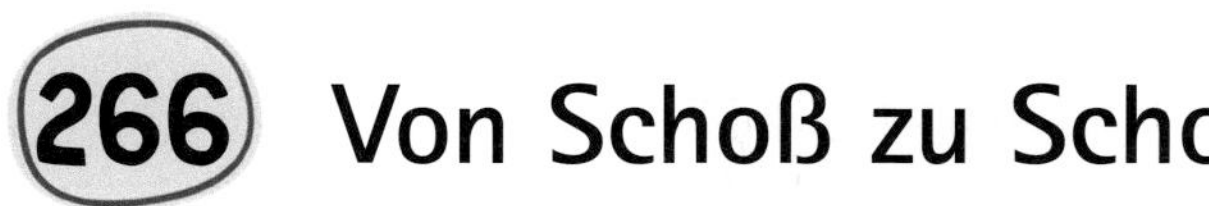

266 Von Schoß zu Schoß

- **Spielkategorie:** ☺
- **Material:** Stühle, 1 großer Würfel
- **Dauer:** 20 Min. +
- **Ort:** Klasse, Seminarraum
- **Teilnehmende:** 15 +

So geht's

Dieses Fun-Spiel ist eines der besten Sorte.

1. Die Gruppenmitglieder sitzen in einem Stuhlkreis und es wird immer bis fünf durchgezählt. Alle müssen sich ihre Nummer gut merken. Dann stehen alle auf und setzen sich woanders hin, um die Zahlen etwas durchzumischen.
2. Den neuen Platz müssen sich die Gruppenmitglieder merken, denn dort sollte man wieder als Erste*r ankommen, um zu gewinnen.
3. Nun beginnen Sie mit dem Würfeln, z. B. fällt die Zahl drei. Alle „Dreier" setzen sich einen Platz weiter nach links (im Uhrzeigersinn). Ist der Stuhl frei, nehmen sie dort Platz; falls er besetzt ist, setzen sie sich auf den Schoß dieser Person. Natürlich kann nur das Gruppenmitglied einen Platz weiterrücken, das allein auf einem Stuhl sitzt, oder eine Person, die in einer „Schoßreihe" oben sitzt. Wenn man durch eine auf seinem Schoß sitzende Person blockiert ist, darf man sich nicht weiterbewegen. Wird eine Sechs gewürfelt, rücken alle, die können, um einen Platz weiter.
4. Das Spiel endet, wenn die erste Person wieder auf dem ursprünglichen Stuhl sitzt.

Anmerkung

Es kommt oft zu lustigen Situationen, weil manche Plätze von drei oder mehr Leuten belagert werden. Manche, die „unten" sitzen, rücken gar nicht vor, andere wiederum überholen ständig.

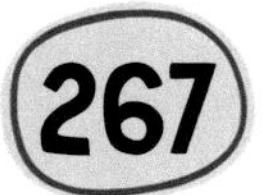

Vorstellung mit einer Lüge

- **Spielkategorie:**
- **Material:** Stühle
- **Dauer:** 30 Min. +
- **Ort:** Klasse, Seminarraum
- **Teilnehmende:** 10 +

So geht's

Dieses Spiel eignet sich zum näheren Kennenlernen von Gruppen, die schon etwas bekannt miteinander sind.

1. Die Gruppenmitglieder finden sich paarweise zusammen und ziehen sich für ca. zehn Minuten zurück. In dieser Zeit unterhalten sie sich und versuchen, etwas über ihre*n Partner*in zu erfahren.
2. Danach stellen alle ihre*n Partner*in vor. Bei der Präsentation fügen sie aber einen Fehler ein, der am Ende der Präsentation von den anderen entdeckt werden soll.

268 Was ist anders?

- **Spielkategorie:**
- **Material:** keines
- **Dauer:** 10 Min. +
- **Ort:** überall
- **Teilnehmende:** 10 +

So geht's

Eine Fehlersuche beim Gegenüber findet statt, aber nur optisch!

1. Die Gruppenmitglieder sitzen sich paarweise gegenüber. Eine Person beginnt mit der Beobachtung. Sie versucht, sich einzuprägen, wie ihr Gegenüber dasitzt, in welcher Position es die Hände und Füße hält usw.
2. Dann dreht sie sich um und die zu beobachtende Person verändert drei Sachen an sich, z. B. legt sie Brille oder Ring ab, schiebt die Ärmel weiter herauf, bindet die Armbanduhr um die andere Hand, schlägt ihre Beine anders über usw.
3. Danach gibt sie der anderen Person ein Zeichen, diese dreht sich wieder um und versucht nun, die drei veränderten Dinge zu erraten.

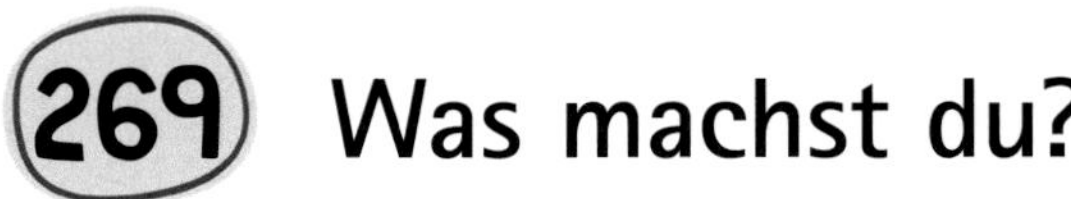

269 Was machst du?

- **Spielkategorie:**
- **Material:** keines
- **Dauer:** 10 Min. +
- **Ort:** überall
- **Teilnehmende:** 8 +

So geht's

Bei diesem Koordinationsspiel mit einem kleinen Bewegungsanteil geht es darum, etwas anderes zu sagen, als man tut, was nicht immer allen leichtfällt. Es eignet sich besonders zur Auflockerung und Erheiterung, nach einer Pause oder einfach zum Gehirnfreimachen.

1. Alle Gruppenmitglieder stellen sich im Kreis auf.
2. Person 1 macht eine Bewegung vor, alle anderen machen sie nach. Die Person könnte sich z. B. am Kopf kratzen.
3. Das Teammitglied links davon fragt: „Was machst du da?" Person 1 sagt daraufhin etwas, das nicht zu dieser Bewegung passt, wie z. B.: „Ich laufe auf der Stelle." Sie gibt also die nächste Anweisung, woraufhin Person 2 beginnt, auf der Stelle zu laufen. Person 1 bleibt anfangs noch bei ihrer alten Bewegung, ändert dann aber genauso auf die neue.
4. Alle anderen übernehmen das Gesehene reihum so schnell wie möglich. Dann wird Person 2 vom nächsten Teammitglied gefragt, was sie denn macht. Sie könnte antworten: „Ich sehe fern." o. Ä.
5. Wenn alle dran waren, beenden Sie das Spiel z. B. mit dem Satz: „Ich pfeife – auf dieses Spiel."

Anmerkung

Meist dauert es eine Weile, bis alle das System nicht nur verstanden, sondern auch verinnerlicht haben. Bewegungsvorschläge anzusagen, während man etwas anderes tut, ist gar nicht so einfach. Sehr oft machen die Gruppenmitglieder die Bewegung, die sie ansagen, nämlich auch gleich mit!

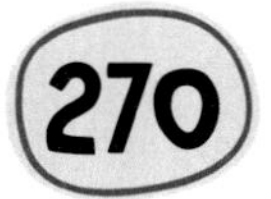

270 Was wir können

- **Spielkategorie:**
- **Material:** keines
- **Dauer:** 15 Min. +
- **Ort:** überall
- **Teilnehmende:** 8 +

So geht's

Dieses nette Spiel dient zur Persönlichkeitsstärkung, zum Kennenlernen und einfachen Darstellen.

1. Es werden Gruppen mit jeweils vier bis fünf Personen gebildet.
2. Die Gruppen erarbeiten für jedes Gruppenmitglied ein Standbild, das ausdrückt, was die jeweilige Person gut kann. Alle sollen Teil des Bildes sein. Sie ergänzen, machen dasselbe wie andere – je nachdem, was passt, bzw. abhängig von der Kreativität der Gruppe.
3. Nach der Gruppenarbeitsphase werden die Ergebnisse im Plenum vorgestellt, z. B.: „Das ist ..., er*sie kann gut ..."
4. Abschließend können alle Gruppenmitglieder gemeinsam ihre Haltungen einnehmen, sodass ein echtes Gemeinschaftsfoto mit dem Titel „Was wir können" gemacht werden kann.

271 Wellenbett

- **Spielkategorie:**
- **Material:** keines, evtl. Musik, evtl. Matten, evtl. Augenbinde
- **Dauer:** 10 Min. +
- **Ort:** überall
- **Teilnehmende:** 10 +

So geht's

Stelle dir einfach vor, du schaukelst ganz sanft auf einer Luftmatratze im Meer!

1. Vier Personen knien in Langbankstellung eng nebeneinander (z. B. auf einer Matte).
2. Ein Gruppenmitglied legt sich nun rücklings auf die so entstandene Liege, wobei Sie mithelfen: Die Hände liegen gemütlich auf dem Körper, der ganz locker bleiben soll. Um das Gefühl vollends auskosten zu können, soll das Gruppenmitglied die Augen schließen.
3. Sodann beginnt sich das Wellenbett zu bewegen, es geht sachte und langsam auf und nieder, leicht vor und zurück und hin und her. Dazu kann sanfte Musik gespielt werden.

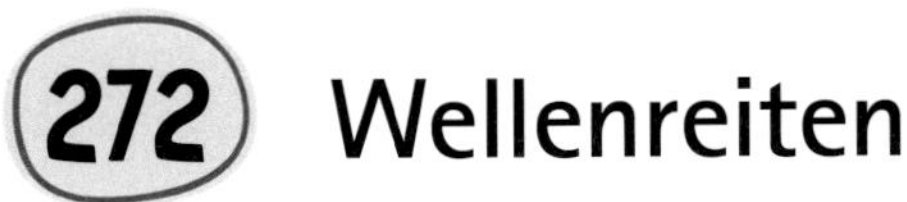

272 Wellenreiten

- **Spielkategorie:**
- **Material:** keines, evtl. Matten
- **Dauer:** 15 Min. +
- **Ort:** überall (am besten Turnhalle)
- **Teilnehmende:** 10 +

So geht's

Es ist ein wunderbares Gefühl, von der Gruppe so sanft bewegt zu werden.

1. Die Gruppenmitglieder liegen auf einer Bahn von aneinandergereihten Matten in Bauchlage wie Ölsardinen dicht nebeneinander.
2. Dann legt sich eine Person zum Wellenreiten quer auf den Rücken der anderen. Um das Gefühl intensiver zu erleben, schließt sie die Augen.
3. Danach setzt sich die Welle in Bewegung, indem sich alle in der gleichen Richtung um die eigene Achse drehen und so die Wellen reitende Person voranschieben, bis sie an den Strand gespült wird.
4. Dann reiht sich die Person hinten ein usw.

273 Wen magst du?

- **Spielkategorie:**
- **Material:** Stühle
- **Dauer:** 15 Min. +
- **Ort:** Klasse, Seminarraum
- **Teilnehmende:** 10 +

So geht's

Nein sagen muss gelernt sein!

1. Alle Gruppenmitglieder sitzen im Kreis. Eine Person hat keinen Stuhl und steht in der Mitte.
2. Dann fragt sie eine Person im Kreis: „Magst du die Person neben dir?" Bei der Antwort „Ja" rutschen alle einen Stuhl weiter nach links. Bei „Nein" stellt die Person in der Mitte als zweite Frage: „Wen magst du dann?" – Die andere Person antwortet nun z. B.: „Alle, die etwas Rotes anhaben!" oder „Alle, die gern Pizza essen!" Alle, auf die das Gesagte zutrifft, müssen nun ihren Platz tauschen. Die fragende Person darf sich auch einen freien Platz suchen. So bleibt eine andere Person übrig, die keinen Stuhl erwischt hat, und das Fragen kann wieder von vorn beginnen.

Wenn sich unsere Blicke treffen ...

- **Spielkategorie:** ☺
- **Ort:** überall
- **Material:** irgendein kleiner Gegenstand
- **Teilnehmende:** 10 +
- **Dauer:** 10 Min. +

So geht's

„Wenn sich unsere Blicke treffen ..." ist ein schnelles und witziges Ausscheidungsspiel.

1. Die Teilnehmer*innen bilden einen Kreis. Sie stützen sich mit den Händen leicht auf ihren Oberschenkeln ab und lehnen sich etwas nach vorn. Der Blick ruht auf dem Boden in der Kreismitte, wo zum besseren Fokussieren auch ein kleiner Gegenstand platziert werden kann.
2. Dann zählen alle gemeinsam bis drei. Bei drei heben alle blitzschnell den Kopf und schauen irgendeiner anderen Person im Kreis in die Augen. Der Blick darf dabei nicht herumschweifen.
3. Treffen sich zufällig zwei Augenpaare, schreien beide Teilnehmer*innen laut auf und scheiden aus.
4. Das Verfahren wird so lange fortgesetzt, bis nur eine bzw. zwei Personen übrig sind.

Wer bin ich?

- **Spielkategorie:** ☺ 🤝
- **Material:** keines, evtl. Zettel und Sicherheitsnadeln
- **Dauer:** 10 Min. +
- **Ort:** überall
- **Teilnehmende:** 4 +

So geht's

Mithilfe von Fragen kann man sein Gedächtnis wiedererlangen.

1. Sie schreiben jedem Gruppenmitglied den Namen einer bekannten Persönlichkeit (aus Sport, Film, Fernsehen, Politik usw.) auf die Stirn bzw. auf einen Zettel, der am Rücken mit einer Sicherheitsnadel befestigt wird. Niemand kennt seine eigene Identität.
2. Alle Gruppenmitglieder bewegen sich nun durch den Raum und stellen sich gegenseitig eine Frage zur gesuchten Person, die lediglich mit Ja oder Nein beantwortet werden darf. Nach jeder Frage sucht man sich ein neues Gegenüber.
3. Ziel ist es, möglichst schnell herauszufinden, wer man selbst ist.

276 Wer fängt Dr. Who?

- **Spielkategorie:** ☺ ♡
- **Material:** 2 Kärtchen als „Fluchttickets", evtl. Augenbinden
- **Dauer:** 10 Min. +
- **Ort:** Turnhalle
- **Teilnehmende:** 10 +

So geht's

Nur durch genaues Hören kann es der Gruppe gelingen, den gefährlichen Dr. Who zu fangen.

1. Die Gruppenmitglieder verteilen sich anfangs völlig verstreut im Raum und schließen danach die Augen. Dann bestimmen Sie eine Person als Dr. Who, indem Sie ihr die beiden „Fluchttickets" übergeben. Sie darf nun die Augen wieder öffnen. Alle anderen Gruppenmitglieder sind Detektivinnen und Detektive und haben die Aufgabe, Dr. Who zu erwischen.
2. Die ermittelnden Gruppenmitglieder sagen im Chor: „Dr. Who, wir finden dich! ..." Währenddessen begibt sich der Bösewicht in eine für ihn günstige Position. Sobald dies geschehen ist, geben Sie das Zeichen zum Start und die Gruppe verstummt, um gut hören zu können.
3. Dr. Who beginnt und macht möglichst leise zwei Schritte. Die restlichen Gruppenmitglieder lauschen, dann sind sie dran und gehen vier Schritte in seine Richtung. Dr. Who kann mit dem Körper ausweichen, darf aber seinen Platz nicht verlassen, wenn er nicht an der Reihe ist. Kommt ihm eine Person recht nahe, kann er eines von zwei „Fluchttickets" verwenden. Sobald er ein Kärtchen zu Boden fallen lässt, kann er ausnahmsweise vier Schritte weitergehen.
4. Das Spiel endet, wenn Dr. Who gefasst wurde.

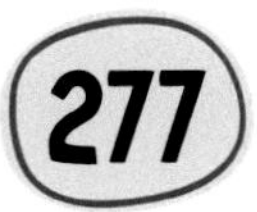

277 Wer mich hören kann ...

- **Spielkategorie:** ♡
- **Material:** keines
- **Dauer:** 2 Min. +
- **Ort:** überall
- **Teilnehmende:** 10 +

So geht's

Diese Übung kann man als Ritual zum Stillwerden einsetzen.

1. Sie rufen: „Wer mich hören kann, klatscht einmal."
2. Die Gruppenmitglieder, die das gehört haben, tun dies.
3. Dann rufen Sie: „Wer mich hören kann, klatscht zweimal/dreimal/viermal." Spätestens jetzt sollten alle mitklatschen.

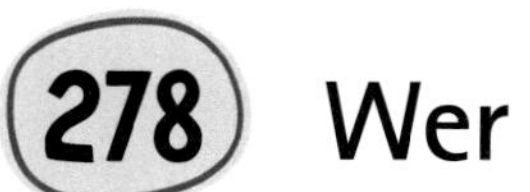

Wer ruft dich?

- **Spielkategorie:**
- **Material:** keines, evtl. Augenbinde
- **Dauer:** 10 Min. +
- **Ort:** überall
- **Teilnehmende:** 10 +

So geht's

Für diese Art der Stimmenerkennung braucht man keine Software, sondern ein gutes Gehör.

1. Die Gruppenmitglieder sitzen im Kreis.
2. Eine Person setzt sich mit geschlossenen Augen in die Mitte.
3. Sie bestimmen durch Zeigen ein Gruppenmitglied, das den Namen der Person in der Mitte ruft. Diese muss raten, wer es war.

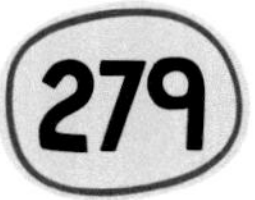

Wer steht wo?

- **Spielkategorie:**
- **Material:** keines
- **Dauer:** 10 Min. +
- **Ort:** überall
- **Teilnehmende:** 10 +

So geht's

Gehen, schauen, hören, merken, zeigen – alles nicht so einfach!

1. Alle Gruppenmitglieder gehen mit weitem Blick durch den Raum.
2. Dann nennen Sie den Namen einer Person. Während des Gehens konzentrieren sich alle auf die genannte Person.
3. Nach einem Klatschimpuls Ihrerseits schließen alle die Augen und bleiben stehen. Sie fordern nun die Gruppe auf, auf die genannte Person zu zeigen. Anschließend öffnen alle die Augen und kontrollieren die Position.
4. Nach einigen Durchgängen werden zwei Gruppenmitglieder beobachtet. Ihre Aufforderung lautet dann: „Zeigt mit eurer rechten Hand auf Person A und mit eurer linken Hand auf Person B." Dann wird wieder überprüft.

Wettermassage

- **Spielkategorie:**
- **Material:** keines
- **Dauer:** 10 Min. +
- **Ort:** überall
- **Teilnehmende:** 8 +

So geht's

Eine angenehme Massage im Kreis, auch für große Gruppen geeignet.

1. Die Gruppenmitglieder stellen sich im Kreis auf und drehen sich nach links.
2. Dann schildern Sie den Wetterbericht. Parallel dazu übertragen Sie die entsprechenden Bewegungen auf den Rücken der vor Ihnen stehenden Person und alle Gruppenmitglieder machen die Bewegungen nach:
   - Sonne – große Kreise malen
   - Schnee – mit Fingerspitzen leicht berühren
   - Wind – mit Fingerspitzen schnell über den Rücken streichen
   - Nebel – mit flachen Händen langsam darüberstreifen
   - Regentropfen – mit einzelnen Fingern tippen (immer stärker)
   - Donner – mit lockerer Faust klopfen
   - Blitz – Zickzack auf Rücken zeichnen

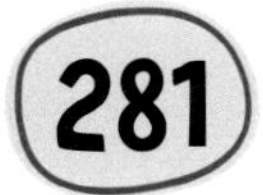

Wilder Fluss

- **Spielkategorie:**
- **Material:** kleine Holzbretter, Teppichfliesen oder Kartonstücke (ca. 10 x 30 cm)
- **Dauer:** 20 Min. +
- **Ort:** Turnhalle
- **Teilnehmende:** 10 +

So geht's

Nur wenn alle zusammenarbeiten, kann der reißende Fluss passiert werden.

1. Alle Gruppenmitglieder erhalten ein Holzbrettchen (Teppichfliese oder Kartonstück), mit dessen Hilfe die ganze Gruppe versuchen muss, einen „wilden Fluss" (eine vorher markierte Strecke) zu überqueren. Kein Brett darf ohne Körperkontakt auf dem Boden liegen, sonst wird es entfernt und die Aufgabe muss trotzdem fortgesetzt werden.
2. Berührt eine Person den Boden, steigt also jemand in den „wilden Fluss", muss die ganze Gruppe wieder von vorn beginnen.

Willkommensbriefe

- **Spielkategorie:**
- **Material:** Papier, Stifte und Briefumschläge
- **Dauer:** 45 Min. +
- **Ort:** Klasse, Seminarraum
- **Teilnehmende:** 10 +

So geht's

Diese Briefe sollen kleine Willkommensgrüße für die Neuzugänge an einer Schule oder eine Gruppe im nächsten Jahr sein. Ein Schritt für ein gutes soziales Klima.

1. Sie benötigen eine Liste aller Schüler*innen des kommenden Jahrgangs.
2. Je nach Geschmack kann man die nächsthöhere Klasse oder diejenige, die im Jahr darauf die Abschlussklasse bildet, für die Willkommensgrüße heranziehen. Beides hat etwas für sich: Im erstgenannten Fall sind die Kinder altersmäßig relativ nah beieinander, im zweiten handelt es sich um „die Großen", die sich um die Neuankömmlinge kümmern sollen.
3. Nun bekommen alle Gruppenmitglieder ein bis maximal zwei Schüler*innen zugeteilt, denen sie die unten stehenden Zeilen in einer persönlichen Nachricht per Post zukommen lassen sollen.
4. Sie teilen zuerst einen Beispieltext aus, der natürlich nur ein Vorschlag ist und auf die jeweilige Schule bzw. Gruppe zugeschnitten werden muss.
5. Dann schreibt jede*r die vorgegebenen Zeilen mit den entsprechenden Angaben über die eigene Person auf ein Blatt Papier und beschriftet einen Umschlag, den Sie ebenfalls für jede*n bereitstellen, mit Namen und Adresse der zugewiesenen Person. Der Brief erhält eine noch persönlichere Note, wenn die Schüler*innen ein Foto von sich hinzufügen.
6. Alle Briefe werden über die Direktion an die Neuzugänge versandt.
7. Nach Rücksprache mit den jeweiligen Klassenlehrer*innen heißen alle Verfasser*innen der Briefe die Neuankömmlinge am ersten oder zweiten Tag in ihrer neuen Schule herzlich willkommen.

Beispieltext

Liebe*r ...
Ich heiße ... und besuche ab September die ... Klasse der ...-Schule. Wir freuen uns schon darauf, wenn du in ein paar Wochen in unsere Schule kommst. An einem der ersten Tage werde ich dir unsere Schule zeigen.
Solltest du Fragen haben, kannst du dich jederzeit an mich wenden. Ich bin gerne dein*e Ansprechpartner*in, wenn du Probleme hast oder einfach nur etwas wissen möchtest.
Liebe Grüße und bis Anfang September!
(Name/Unterschrift)

Wir erfinden ein Spiel

- **Spielkategorie:**
- **Material:** Papier, Stifte, Materialien in der Turnhalle; evtl. noch andere von der Gruppe bestimmte Utensilien
- **Dauer:** ca. 2–3 x 45 Min.
- **Ort:** Turnhalle
- **Teilnehmende:** ganze Klasse, Kinder-/Jugendgruppe

So geht's

In diesem etwas längeren Stundenkomplex geht es darum, Führungspersönlichkeiten zu suchen, demokratische Strukturen anzuwenden und schlussendlich einen Stationsbetrieb mit Spielen in der Turnhalle für eine andere Gruppe zu erfinden.

1. Zuerst werden Gruppen mit etwa vier bis sechs Mitgliedern gebildet. Diese wählen eine*n Sprecher*in aus bzw. es meldet sich jemand freiwillig. Die Aufgabe besteht darin, ein Spiel für andere Personen zu entwickeln, das in einem Teil der Turnhalle stattfinden und maximal zehn Minuten dauern soll.
2. Sie lassen nun jeweils die Gruppensprecher*innen eines von fünf Kärtchen aus folgenden Kategorien ziehen: Geschicklichkeit, Teamwork, Quiz, Kreativität und Schnelligkeit.
3. Entsprechend dem Thema, soll nun jede Gruppe eine Aufgabe für eine von insgesamt fünf Stationen entwickeln, zuerst mittels einer Auflistung von Material, Regeln und Ablauf sowie der Positionierung in der Turnhalle.
4. Nach dieser theoretischen Sequenz soll die Gruppe ihre Station aufbauen und selbst praktisch überprüfen, ob ihre Ideen funktionieren oder eine Optimierung erfolgen muss.
5. In der darauffolgenden Woche präsentieren alle Stationsbetreiber*innen nach und nach ihre Aufgabe in der Großgruppe und die Mitglieder einer oder mehrerer anderer Gruppen versuchen, sie möglichst gut und rasch zu absolvieren.
6. Nach jeder Station gibt es Feedback, sodass Verbesserungen überlegt werden können und man zu einer finalen Version kommt.
7. Schließlich kann man eine Nachbarklasse, Neuankömmlinge bei einem Schnuppertag o. Ä. zu einem ca. einstündigen, lustvollen Event einladen. Nach einer kurzen Erklärung und der Einteilung in Gruppen können alle Stationen durchlaufen werden.
8. Ganz am Ende könnte noch eine Rückschau auf das gesamte Projekt stehen.

Wo läuft jemand?

- **Spielkategorie:**
- **Material:** keines
- **Dauer:** 10 Min. +
- **Ort:** Turnhalle, outdoor
- **Teilnehmende:** 10 +

So geht's

Sei ganz Ohr!

1. Die Gruppenmitglieder schließen die Augen und müssen sich voll und ganz auf ihr Gehör verlassen.
2. Eine freiwillige Person bewegt sich durch den Raum.
3. Alle versuchen, sie zu orten. Die Gruppenmitglieder verfolgen ihre Bewegungen und zeigen mit dem Zeigefinger auf die Position, wo sie sie vermuten.
4. Nachdem die freiwillige Person stehen geblieben ist, öffnen alle die Augen und überprüfen, ob die Richtung stimmt.

285 Wohlfühlschlange

- **Spielkategorie:** ♡
- **Material:** keines, evtl. Augenbinden
- **Dauer:** 5 Min. +
- **Ort:** Turnhalle, Seminarraum, Klasse
- **Teilnehmende:** 8 +

So geht's

Diese Wellnessübung ist für die ganze Gruppe!

1. Die Gruppenmitglieder sitzen oder stehen hintereinander, Sie befinden sich am Ende der Reihe.
2. Nun streicheln Sie der Person vor sich die Haare, massieren ihre Schultern, lassen es ihr auf den Kopf „regnen", klopfen ihr auf Rücken usw.
3. Diese „Streicheleinheiten" werden einfach weitergegeben.

286 Wolf im Schafspelz

- **Spielkategorie:** ♡
- **Material:** keines
- **Dauer:** 5 Min. +
- **Ort:** überall
- **Teilnehmende:** 8 +

So geht's

Tritt der unbekannte Wolf zuerst nur harmlos auf, so wird er irgendwann zur reißenden Bestie.

1. Alle Gruppenmitglieder schließen die Augen und Sie bestimmen einen Wolf.
2. Dann werden die Augen geöffnet und alle gehen friedlich in und um den Mittelkreis in der Turnhalle herum und aneinander vorbei.
3. Nach einiger Zeit offenbart sich der Wolf mit Gebrüll und versucht, möglichst viele Schafe zu „reißen", indem er sie fängt, noch bevor sie die Wand berührt haben.
4. Danach beginnt das Spiel von vorn. Alle schließen wieder die Augen und Sie bestimmen einen neuen Wolf für die nächste Runde.

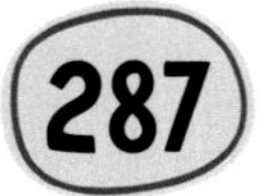

287 Wundpflaster

- **Spielkategorie:**
- **Material:** keines
- **Dauer:** 10 Min. +
- **Ort:** Turnhalle, größerer Raum
- **Teilnehmende:** 10 +

So geht's

Skurrile Positionen und Bewegungen sind bei diesem Spiel vorprogrammiert!

1. Sie bestimmen eine Person, deren Aufgabe es ist, möglichst viele Gruppenmitglieder zu berühren.
2. Wird man von der fangenden Person abgeschlagen, darf man trotzdem weiterspielen. Dies allerdings mit der Einschränkung, dass man ein Pflaster (eine Hand) auf die Wunde kleben muss, also auf die Körperstelle, an der man berührt wurde.
3. Auch beim zweiten Mal, wenn man erwischt wurde, geht das Spiel noch weiter, denn schließlich kann man mit der zweiten Hand die Stelle abdecken, die die fangende Person eben berührt hat.
4. Erst beim dritten Berühren ist das Spiel für das jeweilige Gruppenmitglied zu Ende und es scheidet aus.

288 Wunschladen

- **Spielkategorie:**
- **Material:** 1 großer Luftballon, Plakatschreiber
- **Dauer:** 15 Min. +
- **Ort:** überall
- **Teilnehmende:** 10 +

So geht's

Die Übung ist ein netter Einstieg in ein Seminar usw.

1. Sie bitten alle Gruppenmitglieder, ihre Erwartungen und Wünsche zum Seminar auf den Luftballon zu schreiben, z. B.: „Ich wünsche mir viel Spaß.", „Ich erwarte mir neue Anregungen." ...
2. Als Erweiterung kann auch ein zweiter Ballon beschriftet werden, auf dem alle notieren, was sie einbringen wollen, z. B.: „Ich bringe gute Laune mit."
3. Am Ende des Seminars kann man die Erwartungen, Wünsche usw. überprüfen.

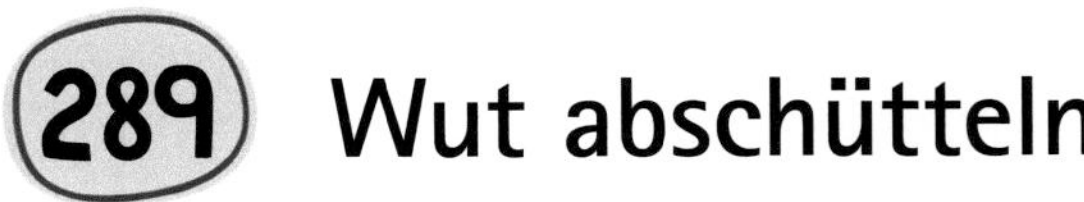

289 Wut abschütteln

- **Spielkategorie:** ♡
- **Material:** Musik
- **Dauer:** 2 Min. +
- **Ort:** Seminarraum, Klasse, Turnhalle
- **Teilnehmende:** 10 +

So geht's

Diese rasche Übung hilft beim Aggressionsabbau.

1. Sie schalten schnelle, laute Musik ein und die Gruppenmitglieder schütteln dazu ihre Körper, machen Drohgebärden, Schattenboxen o.Ä.
2. Danach (evtl. mit Musikwechsel) lösen sich die Aggressionen und Verkrampfungen der Gruppenmitglieder, sie lächeln die anderen an, schütteln ihnen die Hände, klopfen ihnen auf die Schulter, wünschen ihnen einen guten Tag usw.

290 Wutaufführung

- **Spielkategorie:** ♡
- **Material:** keines
- **Dauer:** 2 Min. +
- **Ort:** überall
- **Teilnehmende:** 10 +

So geht's

Dies ist eine gute Möglichkeit zum Abreagieren. Es geht darum, seine Wut kurzfristig und kontrolliert, aber trotzdem lustvoll in der Gruppe auszuleben.

1. Zuerst werden gemeinsam mit den Gruppenmitgliedern Möglichkeiten gesammelt, wie man seine Wut ausdrücken kann: schreien, herumschlagen, stampfen, trampeln, Faust ballen, Haare raufen usw.
2. Jedes Gruppenmitglied sucht sich etwas davon aus.
3. Sie geben dann das Zeichen zur Wutaufführung/zum Wutkonzert: Zuerst beginnen alle leise, dann wird die Gruppe immer lauter und schließlich endet das Konzert in einem furiosen Crescendo. Genauso gut kann man laut beginnen und immer leiser werden bzw. als Reihenfolge leise (Anfang) – laut (Mitte) – leise (Ende) festlegen.

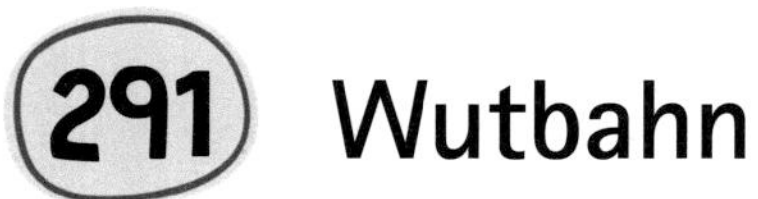

291 Wutbahn

- **Spielkategorie:**
- **Material:** 1 längere Papierbahn, z. B. Tapetenrolle, Stifte, evtl. Musik
- **Dauer:** 30 Min. +
- **Ort:** Klasse, Seminarraum
- **Teilnehmende:** 8 +

So geht's

Im Gegensatz zur „Glücksbahn" können bei dieser Übung Aggressionen weggemalt werden.

1. Die Gruppenmitglieder stehen oder sitzen um eine Papierbahn herum und erinnern sich an Situationen, in denen sie wütend waren.
2. Dann versuchen alle (evtl. zu passender Musik) gleichzeitig, ihre Assoziationen und Gefühle zur Wut aufs Papier zu bringen.
3. Danach kann die Bahn „ausgestellt" und diskutiert werden.

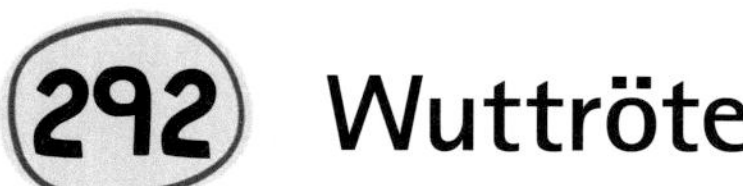

292 Wuttröte

- **Spielkategorie:**
- **Material:** 1 Papprolle bzw. DIN-A4- oder DIN-A3-Blatt
- **Dauer:** 10 Min. +
- **Ort:** überall
- **Teilnehmende:** 2 +

So geht's

Wenn man diese Übung zulässt, muss man mit lautstarkem Aggressionsabbau rechnen!

1. Alle Gruppenmitglieder bekommen eine Papprolle bzw. können sie eine Tröte oder ein Megafon auch aus einem festeren DIN-A4- oder DIN-A3-Blatt drehen. Wenn sie möchten, können sie diese vorher auch anmalen (natürlich zum Thema Wut).
2. Dann kann das Wutgetröte losgehen: Alle Gruppenmitglieder nutzen die Wuttröte/ihr Wutmegafon nun dazu, ihre ganze Wut herauszuschreien.

Anmerkung

Im schulischen Kontext kann man ein besonders schönes Exemplar auch in der Klasse deponieren. Wenn sich eine Person einmal schlecht oder ungerecht behandelt fühlt, kann die Tröte zum Einsatz kommen. So können Sorgen, Probleme oder sonstige Nöte und Ängste geäußert und eventuell besprochen werden.

Yin – Yang – Schweigen

- **Spielkategorie:**
- **Material:** keines
- **Dauer:** 10 Min. +
- **Ort:** überall
- **Teilnehmende:** 8 +

So geht's

Dies ist eine Konzentrationsübung, die man durch Erweiterung mit anderen Dreierkombinationen anspruchsvoller machen kann. Außerdem bietet sie eine gute Möglichkeit, die Gruppe zur Ruhe zu bringen.

1. Die Gruppenmitglieder stehen im Kreis.
2. Sie haben die Aufgabe, die Laute „Yin" und „Yang" sowie das „Schweigen" in Verbindung mit einfachen Bewegungen in einer fixen Abfolge weiterzugeben:
   - **Person 1** sagt „Yin" und legt eine Hand flach auf die Schädeldecke. Je nachdem, ob die Finger nach rechts oder links zeigen, ist die Person rechts oder links davon (Person 2) an der Reihe.
   - **Person 2** sagt „Yang" und legt die flache Hand unter ihr Kinn. Je nachdem, ob sie die linke oder rechte Hand genommen hat, ist das danebenstehende Gruppenmitglied dran, auf das die Finger zeigen.
   - **Person 3** deutet mit ausgestreckter Hand auf irgendein Gruppenmitglied im Kreis, sagt aber nichts, sondern schweigt nur.
3. Es folgt die nächste Dreierkombination, also wieder „Yin" – „Yang" – „Schweigen" usw. Mit der Zeit wird die Abfolge schneller und es entwickelt sich eine schöne Dynamik.

Anmerkung

Das Spiel kann mit „Ah – Ka – Ku" und „Bu - Shi - Dō" kombiniert werden. Ein Wechsel von einer Dreierserie zur anderen ist dabei erst möglich, wenn die jeweilige Serie beendet ist, z. B.: Yin – Yang – Schweigen → Ah – Ka – Ku → Ah – Ka – Ku (man kann wechseln, muss nicht!) → Bu – Shi – Dō ...

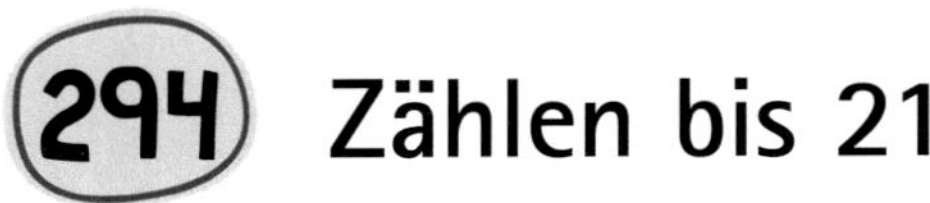

294 Zählen bis 21

- **Spielkategorie:**
- **Material:** keines, evtl. Augenbinden
- **Dauer:** 10 Min. +
- **Ort:** überall
- **Teilnehmende:** 10 +

So geht's

Das Spiel klingt so einfach und ist doch so schwer.

1. Alle Gruppenmitglieder stehen im Kreis und konzentrieren sich.
2. Ziel der Gruppe ist es, mit geschlossenen Augen von 1 bis 21 zu zählen. Die Schwierigkeit besteht darin, dass immer nur eine Person allein die nächste Zahl sagen darf – alles ohne Absprache und System. Sprechen zwei Personen gleichzeitig, muss die Gruppe wieder von vorn beginnen. Wichtig dabei ist es, zu spüren, sich Zeit zu lassen und den „richtigen" Moment für sich zu suchen.
3. Um die Übung für die Gruppe attraktiv zu halten und den Ehrgeiz anzustacheln, können Sie einen Zettel mit der zuletzt erreichten Zahl aufhängen. Bei einem anderen Mal soll die Gruppe dann versuchen, diesen Rekord zu überbieten.

Variante

Eine einfachere Variante dazu heißt „In den Kreis steigen": Dabei stehen alle Gruppenmitglieder in einem größeren Kreis, haben aber die Augen offen. Das Spielprinzip bleibt gleich. Die Gruppe versucht nun, von einem Außenkreis in einen Innenkreis zu steigen. Dabei macht eine beliebige Person beim Nennen der jeweils nächsten Zahl einen kleinen Schritt Richtung Mitte. Bei Doppelnennung müssen alle wieder in die Kreisaufstellung vom Anfang.

Zehn Hunde und ein Knochen

- **Spielkategorie:**
- **Material:** 1 kleiner Ball
- **Dauer:** 15 Min. +
- **Ort:** größerer Raum, Turnhalle, outdoor
- **Teilnehmende:** 10 +

So geht's

Hier handelt es sich um nettes Reaktionsspiel, das sich auch gut zum Stundenausklang eignet.

1. Zwei Gruppen (die Hunde) stehen einander im Abstand von ca. fünf bis acht Metern gegenüber. Dazwischen liegt in der Mitte ein Gegenstand (der Knochen), z. B. ein Tennisball o. Ä.
2. Die beiden Gruppen zählen nun durch, wodurch jedes Gruppenmitglied eine*n Gegner*in erhält, der*die ihm gegenübersteht.
3. Sie rufen nun eine Zahl, z. B. „4". Die Gruppenmitglieder mit der Nummer vier laufen in die Mitte und haben die Aufgabe, den Knochen zu ihrer Mannschaft zu bringen, ohne abgeschlagen zu werden. Es ist wichtig, abzuwarten, zu foppen und zu täuschen. Man muss schnell reagieren, es ist aber nicht ratsam, den „Knochen" gleich zu fassen. Schlägt eine Person die andere ab, während diese den Knochen hat, so erhält ihre Gruppe einen Punkt. Schlägt man jedoch ab, ohne dass das Gegenüber den Knochen in der Hand hält, ist es ein Fehler und der Punkt geht an die gegnerische Gruppe.
4. Das Spiel wird bis zu einer vorher bestimmten Punktezahl gespielt.

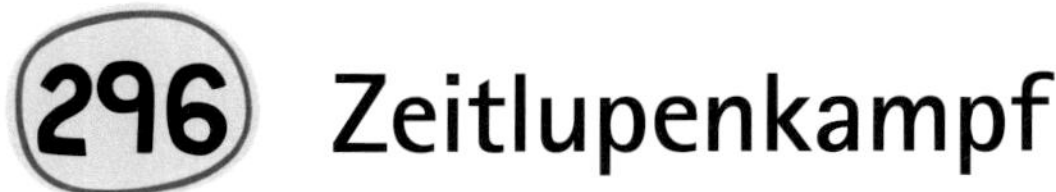

296 Zeitlupenkampf

- **Spielkategorie:**
- **Material:** keines
- **Dauer:** 5 Min. +
- **Ort:** überall
- **Teilnehmende:** 4 +

So geht's

Diese kurze Übung eignet sich zum ungefährlichen Aggressionsabbau.

1. Je zwei Gruppenmitglieder einigen sich auf eine Kampfart (Boxen, Fechten, Ringen, Karate usw.).
2. Sie geben das Zeichen zum Beginn, dann kann der Kampf in Zeitlupe losgehen. Somit werden schnelle Bewegungen und damit verbundene, unangenehme Berührungen vermieden. Obwohl sich die Gruppenmitglieder darauf konzentrieren sollten, die Bewegungen möglichst „naturnah" durchzuführen, steht der Spaßfaktor im Vordergrund.

297 Zip – Zap – Zboing

- **Spielkategorie:**
- **Material:** keines
- **Dauer:** 10 Min. +
- **Ort:** überall
- **Teilnehmende:** 10 +

So geht's

Dieses klassische Reaktionsspiel eignet sich auch für Großgruppen.

1. Alle Gruppenmitglieder stehen im Kreis und dürfen ausnahmsweise mit imaginären Laserpistolen schießen. Zu diesem Zweck werden beide Hände aufeinandergelegt und die Zeigefinger fungieren als „Pistole".
2. Nun gibt es zwei Möglichkeiten: Mit „Zip" schießt die erste Person zu einem Gruppenmitglied im Kreis, auf das sie zeigt, mit „Zap" schießt sie zu einer benachbarten Person. Niemand darf einen Schuss zurückzippen oder -zappen.
3. Funktioniert das gut, kann man eine dritte Möglichkeit einführen. Wenn eine Person „angezippt" wird, kann sie eine Art Schutzschild von oben nach unten ziehen und den Angriff damit abwehren. Dazu sagt sie „Zboing". Der Schuss prallt also zurück und die schießende Person ist wieder dran. Wird man von einer benachbarten „angezappt", ist ein „Zboing" nicht möglich! Wer sich irrt oder einen Fehler macht, scheidet aus.

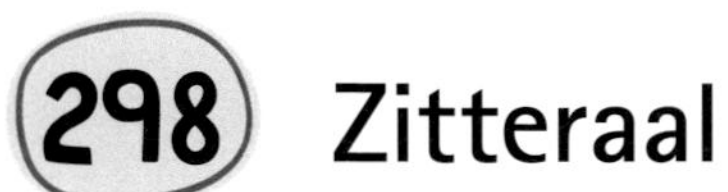

Zitteraal

- **Spielkategorie:** ☺
- **Material:** keines
- **Dauer:** 10 Min. +
- **Ort:** überall
- **Teilnehmende:** 10 +

So geht's

Hab keine Angst vor diesen Stromstößen!

1. Alle Gruppenmitglieder sind Fische, sie verteilen sich im Raum und schließen die Augen.
2. Sie bestimmen nun eine Person zum Zitteraal (indem Sie ihr auf die Schulter klopfen o. Ä.), woraufhin diese nun elektrisch geladen ist.
3. Dann öffnen alle Gruppenmitglieder die Augen und gehen durch den Raum. Wer auf eine andere Person trifft, gibt ihr die Hand. Dabei passiert normalerweise nichts Besonderes, außer man trifft auf den Zitteraal. Dieser teilt elektrische Stöße aus, indem er das Gegenüber beim Handschlag mit Zeige- oder Mittelfinger leicht in der Innenseite der Hand kitzelt, was für die anderen nicht ersichtlich ist. Wird man vom Zitteraal berührt, wird man selbst zu einem. So sind immer mehr Aale unterwegs.
4. Wenn sich zwei Zitteraale begegnen, entladen sie sich (evtl. schütteln sie den ganzen Körper dabei) und machen als normale Fische weiter.

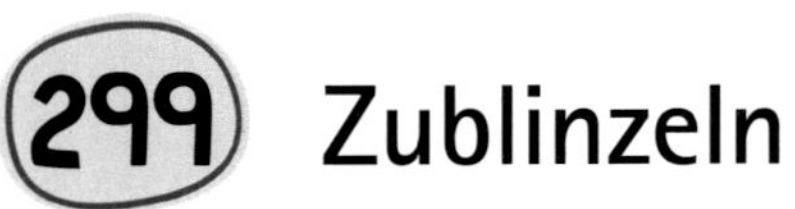

299 Zublinzeln

- **Spielkategorie:**
- **Material:** keines bzw. Stühle
- **Dauer:** 15 Min. +
- **Ort:** überall
- **Teilnehmende:** 15 +

So geht's

Das „Zublinzeln" ist ein Dauerbrenner unter den Spielen für Kinder und Jugendliche!

1. Bei diesem Spiel teilt sich die Gruppe paarweise auf. Eine Person soll übrig bleiben.
2. Pro Paar geht eine Person nach vorn und stellt sich mit den anderen im Kreis auf. Ihre Partner*innen stellen sich mit den Armen am Rücken hinter sie. Als „Wächter*innen" schauen sie nun auf den Nacken der anderen Person.
3. Die einzelne Person steht auch im Kreis und beginnt das Spiel, indem sie einer der vorderen Personen zuzwinkert. Diese muss dann versuchen, sich in einem guten Moment blitzschnell aus dem Staub zu machen, um zur einzelnen Person zu gelangen. Die „Wächter*innen" versuchen natürlich ihrerseits, das Weglaufen zu verhindern. Ihre Aufgabe ist es, die flüchtenden Personen durch flinkes Zupacken zurückzuhalten. Dabei ist aber zu beachten, dass dies nicht zu grob passiert.
4. Ist die Flucht geglückt, stellt sich die geflüchtete Person als Wächter*in hinter ihre*n neue*n Partner*in. Die übrig gebliebene Person macht nun mit Blinzeln weiter.

Varianten

- Pro Paar braucht man einen Stuhl, der im Kreis aufgestellt wird. Der einzige Unterschied zur ersten Version ist nur, dass die vorderen Personen sitzen und ihre Partner*innen zur Bewachung hinter den Stühlen stehen.
- Die vorderen Personen können auch in die Hocke gehen. Diese Version erleichtert es den Wächter*innen, zu sehen, ob ihrem Teammitglied zugeblinzelt wird.

Zur Suppe, zur Suppe

- **Spielkategorie:**
- **Material:** 1 Ball und 1 Reifen; Schreibzeug und 1 Blatt für die Spielleitung
- **Dauer:** 45 Min. +
- **Ort:** größerer Raum, Turnhalle, outdoor
- **Teilnehmende:** 6 +

So geht's

Quasi als Bonus gibt es als letztes Spiel eines, das entgegen den Richtlinien dieses Buches einer etwas umfangreicheren Erklärung bedarf. Aber dieses alte Spiel ist es wert, wiederentdeckt zu werden, auch wenn die Regeln anfangs etwas unübersichtlich erscheinen. Kinder und Jugendliche lieben dieses spannende Spiel, weil man jederzeit ausscheiden kann, selbst als beste*r Werfer*in oder Fänger*in.

1. Alle Gruppenmitglieder überlegen sich einen originellen (eher kurzen) Wahlnamen und flüstern Ihnen diesen zu. Sie tragen alle Namen in Ihre Liste ein. Es können Namen bekannter Persönlichkeiten oder nur Spaßnamen ausgewählt werden. So könnte neben Fatma z. B. „Shakira" notiert sein, bei Markus „Messi" und bei Philipp z. B. „Furzi", „Quaxi", „Suppenkaspar" usw.
2. Je nachdem, wie viele Gruppenmitglieder es gibt, wird vor Spielbeginn eine Anzahl an Leben definiert, z. B. bis acht Personen vier Leben, bei neun bis 14 Personen drei Leben und bei 15 bis 20 Personen eben nur zwei Leben.
3. Dann stellen sich alle Gruppenmitglieder in relativ engem Abstand um den Reifen, der in der Mitte des Raumes liegt. Darin wird ein Ball platziert.
4. Danach beginnen Sie mit dem immer gleichen Einleitungssatz: „Zur Suppe, zur Suppe, die Knödel sind heiß!" Nun folgt unmittelbar auf diesen Satz ein Name von der Liste – wie z. B. „Shakira".
5. Fatma alias Shakira schnappt sich so schnell wie möglich den Ball und versucht, eine andere Person abzuwerfen. Ein Fuß muss dabei im Reifen bleiben. Die anderen laufen währenddessen weg, um nicht getroffen zu werden.
6. Wird jemand abgeworfen, so verliert diese Person ein Leben. Fängt aber die andere Person den Ball oder wirft Fatma/Shakira daneben, verliert sie selbst ein Leben. Dies wird jeweils von Ihnen notiert. Manchmal kommt es vor, dass eine Person den Ball im Reifen berührt, obwohl sie nicht dran ist. Dann erhält sie ebenfalls einen Schlechtpunkt. Dies ist z. B. der Fall, wenn Sie einmal ein Gruppenmitglied foppen möchten und statt „Suppenkaspar" z. B. „Suppenteller" o. Ä. sagen, sodass das Gruppenmitglied vermutlich falsch reagiert.
7. Nach jeder Runde wird der Ball wieder in die Mitte gelegt und es beginnt ein neuer Durchgang. Dies geht so lange, bis eine Person alle Leben verloren hat. In diesem Fall wird eine Sonderrunde eingeleitet, nämlich der sogenannte „Gnadenschuss".

Zur Suppe, zur Suppe

8. Der Gnadenschuss hat ein direktes Duell zur Folge. Die Aufstellung bleibt wie gewohnt. Sie haben nun zwei Möglichkeiten. Sie sagen:

- „Shakira erhält den Gnadenschuss durch Messi!" (also durch irgendeine andere Person von der Liste) oder
- „Shakira erhält den Gnadenschuss durch ... sich selbst!"

Sagen Sie „Shakira erhält den Gnadenschuss durch Messi!", dann läuft Messi zum Reifen und versucht, Shakira abzuwerfen, aber nur diese (!), sonst niemanden. Die anderen Gruppenmitglieder laufen alle weg, damit sie Messi nicht behindern. Trifft dieser, bleibt alles, wie es ist, nur Shakira scheidet aus. Trifft er nicht, scheidet er selbst aus und Fatma übernimmt Messis Identität inklusive seiner verbleibenden Leben.

Sagen Sie aber „Shakira erhält den Gnadenschuss durch sich selbst!", so läuft Fatma alias Shakira zum Ball und versucht ihrerseits, eine beliebige andere Person abzuwerfen. Gelingt es ihr nicht, so scheidet sie aus dem Spiel aus. Trifft sie jemanden, so scheidet dieses Gruppenmitglied aus und Shakira übernimmt Identität und Leben dieser Person. Dies kann etwa bedeuten, dass Shakira beim Gnadenschuss z. B. Philipp alias Suppenkaspar abschießen konnte. Sie erhält seine restlichen Leben, hört aber ab nun klarerweise auf den Namen „Suppenkaspar".

9. Am Ende des Spiels stehen sich zwei Personen gegenüber - es kommt zum großen Finale.

Kurzfassung

- Alle Gruppenmitglieder wählen einen originellen, lustigen Namen. Sie schreiben diese neben die Vornamen aller in eine Liste.
- Sie platzieren einen Ball in einem Reifen und alle Gruppenmitglieder stellen sich in gleichem Abstand rundherum auf.
- Sie sagen den Einleitungssatz und nennen jeweils einen Wahlnamen aus der Liste.
- Die genannte Person wirft und es kommt zum Eintrag eines Schlechtpunktes in die Liste: entweder für die abgeworfene oder die werfende Person, wenn sie die andere verfehlt bzw. diese den Ball fängt.
- Bei Erreichen der maximalen Schlechtpunktezahl erhält das Gruppenmitglied den „Gnadenschuss": Es bekommt eine letzte Chance, eine andere Person abzuwerfen (Gnadenschuss durch sich selbst) oder vor einer werfenden Person davonzulaufen (Gnadenschuss durch jemand anderen). Das Gruppenmitglied scheidet dann aus oder erhält eine neue Identität.
- Danach wird bis zum Ende, dem letzten Duell, fertig gespielt.

Zur Suppe, zur Suppe

Tipps

- Ausgeschiedene Gruppenmitglieder können Sie noch insofern integrieren, dass sie den Einleitungssatz sprechen dürfen. Sie können ihnen auf der Liste auch Namen zeigen, die sie dabei nennen sollen, weil diese schon länger nicht dran waren.
- Besonders interessant für das Spiel sind Namen, die nicht nur witzig sind, sondern auch für etwas Verwirrung sorgen – zumindest beim ersten Aufrufen. So könnten die Gruppenmitglieder außergewöhnliche Namen wählen (oder von Ihnen erhalten, falls einmal Hilfe notwendig sein sollte): „Stopp!" – „Aus!" – „Rafi" (oder einen anderen echten Namen eines anderen Gruppenmitglieds) – „Gilt nicht!" – „Zur Suppe" (ein drittes Mal nennen!) – „Was soll das?" – „Alle zurück!" ...
- Wichtig ist auch, ein System zu finden, das gewährleistet, dass alle etwa gleich oft drankommen. Sie können sich dafür in der Liste Notizen machen, um einen Überblick zu haben, wer wie oft an der Reihe war.
- Nachdem die Auswahl beim Gnadenschuss natürlich heikel ist, sollten Sie nach dem Zufallsprinzip arbeiten. So können Sie Zahlen von ausgeschiedenen Gruppenmitgliedern erfragen, irgendwo in der Liste beginnen und dann nach oben oder unten zählen, sodass es möglichst objektiv und fair zugeht.

Alphabetische Übersicht

KO = Kooperation und Kommunikation
BE = Bewegung
FUN = „Just for fun"
WN = Wahrnehmung
KR = Kreativität
KT = Konzentration
KL = Kennenlernen

NAME	Nr.	KO	BE	FUN	WN	KR	KT	KL
Abfaller rückwärts	1	x			x			
Abschied am Bahnhof	2				x			
Acapulco-Sprung	3	x			x			
Adams Zeigefinger	4	x		x	x			
Adler	5	x			x			
AH - KA - KU	6			x			x	
Aliens unter uns!	7		x	x				
Alphabet	8	x			x			
And the Oscar goes to ...	9			x		x		
„Anders" kennenlernen	10							x
Anmäuerln	11			x				
Anti-„Hans im Glück"	12	x						
Arbeit am Vokal	13			x		x	x	
Arche Noah	14			x			x	
At my right, at my left	15							x
Atomspiel	16		x					x
Aufgabenliste	17							x
Aufzug	18	x	x					
Augen zu, Ohren auf	19	x			x			
Aura	20				x			
Autowaschanlage	21			x	x			
Baby-Fotos zuordnen	22			x				x
Bahnschranken	23				x			
Balanceakt	24	x	x					
Balancierende Stifte	25	x	x		x			
Ballwerfen mit Aufgaben	26						x	
Bauen nach Worten	27						x	
Begrüßungsrekord	28			x				x
Begrüßungsvielfalt	29							x
Beschriftung	30							x
Bewegungskanon	31		x				x	
Bewegungs-Memo	32		x	x	x		x	
Big Buddy	33		x	x				
Billi-Billi-Bop	34			x		x	x	
Blasebalg	35	x						

Alphabetische Übersicht

NAME	Nr.	KO	BE	FUN	WN	KR	KT	KL
Blickefokus	36				x		x	
Braver Hirtenhund	37		x	x				
Bravomaschine	38			x				
Brückenbau	39	x	x					
Bu – Shi – Dō	40			x			x	
Buchstabenkette	41			x			x	
Bussikreis	42			x				
Cat and mouse	43			x			x	
Chaosvorstellung	44							x
Commander Curry	45		x	x				
Den Gefühlen auf der Spur	46	x			x	x		
Der faule Apfel	47	x			x			
Drachenschwanzjagd	48		x	x				
Dracula	49			x				x
Drei Arme – zwei Beine	50		x				x	
Drei Hände – elf Finger	51			x				
Dreieck	52				x		x	
Dreiwortgeschichte	53					x		
Durch das Spinnennetz	54				x			
Eieruhrbombe	55			x				
Ein steiniger Weg	56	x						
Eins, zwei, drei	57		x	x			x	
Eisenbahntunnel	58				x			
Eitransport	59		x	x				
Elektrozaun	60	x						
Emotionen an der Wand	61				x	x		
Emotionen-Rallye	62	x		x	x	x		
Energy jump - Zehnerspringen	63		x				x	
Entwirrung	64	x						
Erlebnisse zuordnen	65							x
Evolution	66			x				
Fallende Bäume	67	x			x			
Fälscherbande	68	x		x		x		
Fantastische Maschine	69	x				x		
Federleicht	70	x			x			
Feel-good-Übung	71				x			
Fernsteuerung	72	x	x		x			
Finde deine Farbe	73			x				
Fingerschnappen	74		x	x				
Fische im Netz	75		x					
Fischfang	76		x					
Fliegende Fische	77	x	x	x	x			

Alphabetische Übersicht

NAME	Nr.	KO	BE	FUN	WN	KR	KT	KL
Fliegender Teppich	78	x						
Flugscheiben-Golf	79		x					
Follow me	80		x					
Förderband	81			x	x			
Fortbewegungs-Impro	82					x		
Foto-Klick	83				x			
Fuchsjagd	84		x	x			x	
Fünf-Finger-Feedback	85	x						
Gänsehautgarantie	86			x				
Geburtstagsaufstellung	87	x					x	x
Geräusche erkennen	88				x			
Geräusche orten	89				x			
Geräusche-Memo	90			x			x	
Geräusche-Oase	91	x			x			
Geschichte im Kreis	92					x	x	
Gewitter	93				x			
Give me five	94				x			
Glücksbahn	95				x			
Grimassen-Memo	96			x	x		x	
Gruppen-Knoten	97		x		x			
Gruppen-Puzzles	98	x						
Guten Morgen!	99			x				x
Hai – Hase - Vogel	100	x		x	x			
Handshakes	101	x		x				
Hängebrücke	102	x						
Heiß - Kalt	103			x	x			
Hey, my name is Joe!	104		x	x				
Hilf mir! - Aaaah! - Na warte!	105		x	x				
Hochdruck	106	x	x					
Hollywoodschaukel	107	x			x			
Hör auf deinen Namen	108				x			
Hörspiel	109				x	x		
Ich bin du – Identitätswechsel	110		x	x			x	x
Ich bin im Zentrum	111		x					x
Ich hab da eine Frage	112	x						x
Ich heiße ... und mache gerne so!	113		x			x		x
Ich sitze im Grünen	114			x			x	x
Im finsteren Wald	115				x			
Indoor-Biathlon	116		x					
Indoor-Boccia	117			x				
Jahreszeiten eines Baumes	118	x			x	x		
Ja-Nein-Verbot	119			x			x	

Alphabetische Übersicht

NAME	Nr.	KO	BE	FUN	WN	KR	KT	KL
Japanischer Skulpturenpark	120				x	x		
Karottenernte	121		x					
Kennenlern-Bingo	122							x
Kennenlernen mit Speed	123			x				x
Kennenlerngeschichten	124							x
Kettenreaktion	125		x	x				
Klapperschlangen	126				x			
Klatschen gleichzeitig	127						x	
Klatschen im Kreis	128			x				
Klipp - Klapp	129			x			x	x
Kofferpackspiel	130						x	
Komm, mein Küken!	131			x	x			
Komm mit, lauf weg	132		x	x				
Königliches Kommando	133			x				
Kooperatives Klettern	134	x	x					
Kopieren	135				x			
Krankenstation	136		x	x				
Kreative Vermittlungsanzeigen	137					x		x
Kreisball	138		x					
Kreishocke	139	x		x				
Kreissummen	140	x			x			
Kreisvorstellung	141						x	x
Lebendes Mühlespiel	142			x			x	
Leonardo, der Bildhauer	143				x	x		
Liegen im Quadrat	144	x						
Liegestütz im Quadrat	145	x	x					
Lockruf	146				x			
Lotsen	147				x			
Luftballonrafting	148	x	x	x				
Luftballonrap	149		x	x				
Luftballonrekord	150	x	x					
Luftballonsofa	151	x			x			
Luftballontransport	152	x	x					
Mach die Welle! – La Ola!	153	x		x	x			
Magischer Stab	154	x			x			
Magnetismus	155	x	x	x				
Mausefalle	156		x	x				
Mein anonymer Buddy	157	x			x			
Mein Star	158			x				
Menschentrichter	159	x			x			
Menschliches Sofa	160				x			
Merlin, der Zauberer	161		x	x				

Alphabetische Übersicht

NAME	Nr.	KO	BE	FUN	WN	KR	KT	KL
Minutenraten	162				x		x	
Mit den Händen sehen	163				x			x
Mörderisches Zwinkern	164			x	x			
Mordsmäßige Pantomime	165			x		x		
Moskito - Henne - Tiger	166		x	x				
Mumienmassage	167				x			
Musikalischer Spürsinn	168	x		x				
Nachrichten-Versand	169				x			
Nasenschrift	170				x			x
Netzwerk	171	x						
Not-Aus-Schalter	172			x	x			
Notbrücke	173	x						
Nummernshake	174			x				
Objektspiel	175					x		
Obstsalat	176			x				
Ohnmachtsanfall	177	x	x	x				
Ohrenradar	178				x			
Ozeandampfer	179	x			x			
Paarzeichnung	180	x			x	x		
Panikrufe	181		x	x				
Pantomimose	182				x	x		
Papier ansaugen	183		x	x				
Pärchensuche	184							x
Passender Beiname	185							x
Pizza-Massage	186			x	x			
Platschenten	187			x			x	
Platz ist in der kleinsten Hütte	188	x						
Platztausch ohne Worte	189				x		x	
Puschel, das Eichhörnchen	190		x	x				
Quak	191			x				
Raketenstart	192				x			
Raupenlauf	193		x					
Regenmassage	194				x			x
Reifenwechsel	195	x						
Rent a room – Zimmersuche	196		x	x				
Rettung vor dem Wassermann	197		x	x				
Ringelspiel	198		x	x				
Ritter*in – Löwe – Feigling	199	x		x				
Robo-Cops	200		x	x				
Roboter auf Abwegen	201		x	x				
Roboter außer Kontrolle	202		x	x				
Rutschpartie	203		x	x				

Alphabetische Übersicht

NAME	Nr.	KO	BE	FUN	WN	KR	KT	KL
Schatten-Spiel	204				x			
Schatzsuche im Meer	205			x	x			
Schiffe im Nebel	206				x			
Schlangenhäutung	207	x	x	x				
Schuhhockey	208		x					
Schuhwerfen	209						x	
Schützende Blase	210	x			x			
Schwarz-weiß	211		x				x	
Schwerelos	212	x			x			
Schwindender Eisberg	213	x						
Sesam, öffne dich	214				x			
Seven-up	215						x	
Shakehand	216				x			
Sicherer Fall	217	x			x			
Siebener-Hopp	218						x	
Skifahren	219	x	x	x				
Skulpturenkopie	220				x		x	
Speed-Ball	221	x					x	
Speed-Dating	222							x
Spinnennetz	223						x	
Spionage-Alarm	224		x	x				
Spooky, das arme Gespenst	225			x	x			
Spots in movement	226		x					
Stabiler Kreis	227	x			x			
Stand-up	228	x			x		x	
Stärke mir den Rücken	229	x			x			
Statuen raten	230				x	x		
Stille Minute	231				x			
Stille Post - Berührungsmuster	232				x		x	
Stille Post – Rückenzeichnen	233				x		x	
Stille siegt	234				x			
Stiller Wechsel	235	x			x			
Stöckchen-wechsle-dich	236	x	x				x	
Streichholzvorstellung	237							x
Streit-Standbilder	238	x			x			
Stromfluss	239				x		x	
Stuhlrunde	240	x						
Stuhlltanz – kooperativ	241	x	x	x				
Sturmflut	242			x				
Suchbild	243				x			
Summ, summ, summ	244			x	x			
Sumpfdurchquerung	245	x						

Alphabetische Übersicht

NAME	Nr.	KO	BE	FUN	WN	KR	KT	KL
Superkleber	246		x	x	x			
Tanz der Vampire	247			x	x			
Tauschgesellschaft	248			x				
Tauschhandel	249							x
Tausendfüßler	250		x					
Telefonstörung	251	x			x			
Tiere des Urwalds	252				x			
Tiere rufen	253			x	x			
Tischlein, beweg dich	254	x						
Tischlein, deck dich	255	x						
Tom und Jerry	256		x	x				
Transportring	257	x	x					
Turmbau	258	x						
Unglaublich, aber wahr	259	x		x		x		x
Verkehrte Bewegungsaufgaben	260		x				x	
Versteinerter Schuh	261		x	x				
Vertrauenskreis	262	x			x			
Vertrauensparcours	263	x	x		x			
Videorekorder	264			x		x		
Volle Kraft voraus	265	x						
Von Schoß zu Schoß	266			x				
Vorstellung mit einer Lüge	267							x
Was ist anders?	268				x		x	
Was machst du?	269		x			x		
Was wir können	270	x				x		x
Wellenbett	271				x			
Wellenreiten	272	x			x			
Wen magst du?	273	x		x				
Wenn sich unsere Blicke treffen ...	274			x				
Wer bin ich?	275			x				x
Wer fängt Dr. Who?	276			x	x			
Wer mich hören kann ...	277				x			
Wer ruft dich?	278				x			x
Wer steht wo?	279				x			
Wettermassage	280	x			x			
Wilder Fluss	281	x						
Willkommensbriefe	282	x						x
Wir erfinden ein Spiel	283	x	x	x		x		
Wo läuft jemand?	284				x			
Wohlfühlschlange	285				x			
Wolf im Schafspelz	286		x	x				
Wundpflaster	287		x	x				

Alphabetische Übersicht

NAME	Nr.	KO	BE	FUN	WN	KR	KT	KL
Wunschladen	288	x						
Wut abschütteln	289				x			
Wutaufführung	290				x			
Wutbahn	291	x			x			
Wuttröte	292				x			
Yin – Yang - Schweigen	293						x	
Zählen bis 21	294	x			x		x	
Zehn Hunde und ein Knochen	295		x	x			x	
Zeitlupenkampf	296				x			
Zip – Zap – Zboing	297			x			x	
Zitteraal	298			x				
Zublinzeln	299			x			x	
Zur Suppe, zur Suppe	300		x	x			x	

Übersicht nach Bereichen

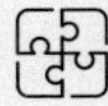

KO ➔ 94 Spiele aus dem Bereich **Kooperation und Kommunikation**

NAME	Nr.
Abfaller rückwärts	1
Acapulco-Sprung	3
Adams Zeigefinger	4
Adler	5
Alphabet	8
Anti-„Hans im Glück“	12
Aufzug	18
Augen zu, Ohren auf	19
Balanceakt	24
Balancierende Stifte	25
Blasebalg	35
Brückenbau	39
Den Gefühlen auf der Spur	46
Der faule Apfel	47
Ein steiniger Weg	56
Elektrozaun	60
Emotionen-Rallye	62
Entwirrung	64
Fallende Bäume	67
Fälscherbande	68
Fantastische Maschine	69
Federleicht	70
Fernsteuerung	72
Fliegende Fische	77
Fliegender Teppich	78
Fünf-Finger-Feedback	85
Geburtstagsaufstellung	87
Geräusche-Oase	91
Gruppen-Puzzles	98
Hai – Hase – Vogel	100
Handshakes	101
Hängebrücke	102
Hochdruck	106
Hollywoodschaukel	107
Ich hab da eine Frage	112

Übersicht nach Bereichen

KO ➲ 94 Spiele aus dem Bereich **Kooperation und Kommunikation**

NAME	Nr.
Jahreszeiten eines Baumes	118
Kooperatives Klettern	134
Kreishocke	139
Kreissummen	140
Liegen im Quadrat	144
Liegestütz im Quadrat	145
Luftballonrafting	148
Luftballonrekord	150
Luftballonsofa	151
Luftballontransport	152
Mach die Welle! – La Ola!	153
Magischer Stab	154
Magnetismus	155
Mein anonymer Buddy	157
Menschentrichter	159
Musikalischer Spürsinn	168
Netzwerk	171
Notbrücke	173
Ohnmachtsanfall	177
Ozeandampfer	179
Paarzeichnung	180
Platz ist in der kleinsten Hütte	188
Reifenwechsel	195
Ritter*in – Löwe – Feigling	199
Schlangenhäutung	207
Schützende Blase	210
Schwerelos	212
Schwindender Eisberg	213
Sicherer Fall	217
Skifahren	219
Speed-Ball	221
Stabiler Kreis	227
Stand-up	228
Stärke mir den Rücken	229
Stiller Wechsel	235
Stöckchen-wechsle-dich	236
Streit-Standbilder	238
Stuhlrunde	240
Stuhltanz - kooperativ	241
Sumpfdurchquerung	245
Telefonstörung	251
Tischlein, beweg dich	254
Tischlein, deck dich	255
Transportring	257
Turmbau	258
Unglaublich, aber wahr	259
Vertrauenskreis	262
Vertrauensparcours	263
Volle Kraft voraus	265
Was wir können	270
Wellenreiten	272
Wen magst du?	273
Wettermassage	280
Wilder Fluss	281
Willkommensbriefe	282
Wir erfinden ein Spiel	283
Wunschladen	288
Wutbahn	291
Zählen bis 21	294

Übersicht nach Bereichen

 **BE ➔** 79 Spiele aus dem Bereich **Bewegung**

NAME	Nr.
Aliens unter uns!	7
Atomspiel	16
Aufzug	18
Balanceakt	24
Balancierende Stifte	25
Bewegungskanon	31
Bewegungs-Memo	32
Big Buddy	33
Braver Hirtenhund	37
Brückenbau	39
Commander Curry	45
Drachenschwanzjagd	48
Drei Arme – zwei Beine	50
Eins, zwei, drei	57
Eitransport	59
Energy jump - Zehnerspringen	63
Fernsteuerung	72
Fingerschnappen	74
Fische im Netz	75
Fischfang	76
Fliegende Fische	77
Flugscheiben-Golf	79
Follow me	80
Fuchsjagd	84
Gruppen-Knoten	97
Hey, my name is Joe!	104
Hilf mir! - Aaaah! - Na warte!	105
Hochdruck	106
Ich bin du - Identitätswechsel	110
Ich bin im Zentrum	111
Ich heiße ... und mache gerne so!	113
Indoor-Biathlon	116
Karottenernte	121
Kettenreaktion	125
Komm mit, lauf weg	132
Kooperatives Klettern	134
Krankenstation	136
Kreisball	138
Liegestütz im Quadrat	145
Luftballonrafting	148
Luftballonrap	149
Luftballonrekord	150
Luftballontransport	152
Magnetismus	155
Mausefalle	156
Merlin, der Zauberer	161
Moskito – Henne – Tiger	166
Ohnmachtsanfall	177
Panikrufe	181
Papier ansaugen	183
Puschel, das Eichhörnchen	190
Raupenlauf	193
Rent a room – Zimmersuche	196
Rettung vor dem Wassermann	197
Ringelspiel	198
Robo-Cops	200
Roboter auf Abwegen	201
Roboter außer Kontrolle	202
Rutschpartie	203
Schlangenhäutung	207
Schuhhockey	208
Schwarz-weiß	211
Skifahren	219
Spionage-Alarm	224
Spots in movement	226
Stöckchen-wechsle-dich	236
Stuhltanz - kooperativ	241
Superkleber	246
Tausendfüßler	250
Tom und Jerry	256
Transportring	257
Verkehrte Bewegungsaufgaben	260
Versteinerter Schuh	261
Vertrauensparcours	263
Was machst du?	269
Wir erfinden ein Spiel	283
Wolf im Schafspelz	286
Wundpflaster	287
Zehn Hunde und ein Knochen	295
Zur Suppe, zur Suppe	300

Übersicht nach Bereichen

FUN ➲ 115 Spiele aus dem Bereich **„Just for fun"**

NAME	Nr.
Adams Zeigefinger	4
AH – KA – KU	6
Aliens unter uns!	7
And the Oscar goes to ...	9
Anmäuerln	11
Arbeit am Vokal	13
Arche Noah	14
Autowaschanlage	21
Baby-Fotos zuordnen	22
Begrüßungsrekord	28
Bewegungs-Memo	32
Big Buddy	33
Billi-Billi-Bop	34
Braver Hirtenhund	37
Bravomaschine	38
Bu – Shi – Dō	40
Buchstabenkette	41
Bussikreis	42
Cat and mouse	43
Commander Curry	45
Drachenschwanzjagd	48
Dracula	49
Drei Hände – elf Finger	51
Eieruhrbombe	55
Eins, zwei, drei	57
Eitransport	59
Emotionen-Rallye	62
Evolution	66
Fälscherbande	68
Finde deine Farbe	73
Fingerschnappen	74
Fliegende Fische	77
Förderband	81
Fuchsjagd	84
Gänsehautgarantie	86
Geräusche-Memo	90
Grimassen-Memo	96
Guten Morgen!	99
Hai – Hase – Vogel	100
Handshakes	101
Heiß – Kalt	103
Hey, my name is Joe!	104
Hilf mir! - Aaaah! - Na warte!	105
Ich bin du - Identitätswechsel	110
Ich sitze im Grünen	114
Indoor-Boccia	117
Ja-Nein-Verbot	119
Kennenlernen mit Speed	123
Kettenreaktion	125
Klatschen im Kreis	128
Klipp – Klapp	129
Komm, mein Küken!	131
Komm mit, lauf weg	132
Königliches Kommando	133
Krankenstation	136
Kreishocke	139
Lebendes Mühlespiel	142
Luftballonrafting	148
Luftballonrap	149
Mach die Welle! – La Ola!	153
Magnetismus	155
Mausefalle	156
Mein Star	158
Merlin, der Zauberer	161
Mörderisches Zwinkern	164
Mordsmäßige Pantomime	165
Moskito – Henne – Tiger	166
Musikalischer Spürsinn	168
Not-Aus-Schalter	172
Nummernshake	174
Obstsalat	176
Ohnmachtsanfall	177
Panikrufe	181
Papier ansaugen	183
Pizza-Massage	186
Platschenten	187
Puschel, das Eichhörnchen	190
Quak	191
Rent a room - Zimmersuche	196
Rettung vor dem Wassermann	197
Ringelspiel	198
Ritter*in – Löwe – Feigling	199
Robo-Cops	200
Roboter auf Abwegen	201
Roboter außer Kontrolle	202

Übersicht nach Bereichen

 FUN ➲ 115 Spiele aus dem Bereich „Just for fun"

NAME	Nr.
Rutschpartie	203
Schatzsuche im Meer	205
Schlangenhäutung	207
Skifahren	219
Spionage-Alarm	224
Spooky, das arme Gespenst	225
Stuhltanz - kooperativ	241
Sturmflut	242
Summ, summ, summ	244
Superkleber	246
Tanz der Vampire	247
Tauschgesellschaft	248
Tiere rufen	253
Tom und Jerry	256
Unglaublich, aber wahr	259
Versteinerter Schuh	261
Videorekorder	264
Von Schoß zu Schoß	266
Wen magst du?	273
Wenn sich unsere Blicke treffen ...	274
Wer bin ich?	275
Wer fängt Dr. Who?	276
Wir erfinden ein Spiel	283
Wolf im Schafspelz	286
Wundpflaster	287
Zehn Hunde und ein Knochen	295
Zip – Zap – Zboing	297
Zitteraal	298
Zublinzeln	299
Zur Suppe, zur Suppe	300

 WN ➲ 117 Spiele aus dem Bereich **Wahrnehmung**

NAME	Nr.
Abfaller rückwärts	1
Abschied am Bahnhof	2
Acapulco-Sprung	3
Adams Zeigefinger	4
Adler	5
Alphabet	8
Augen zu, Ohren auf	19
Aura	20
Autowaschanlage	21
Bahnschranken	23
Balancierende Stifte	25
Bewegungs-Memo	32
Blickefokus	36
Den Gefühlen auf der Spur	46
Der faule Apfel	47
Dreieck	52
Durch das Spinnennetz	54
Eisenbahntunnel	58
Emotionen an der Wand	61
Emotionen-Rallye	62
Fallende Bäume	67
Federleicht	70
Feel-good-Übung	71
Fernsteuerung	72
Fliegende Fische	77
Förderband	81
Foto-Klick	83
Geräusche erkennen	88
Geräusche orten	89
Geräusche-Oase	91
Gewitter	93
Give me five	94
Glücksbahn	95
Grimassen-Memo	96
Gruppen-Knoten	97
Hai – Hase – Vogel	100
Heiß – Kalt	103

Übersicht nach Bereichen

 **WN** ➔ 117 Spiele aus dem Bereich **Wahrnehmung**

NAME	Nr.
Hollywoodschaukel	107
Hör auf deinen Namen	108
Hörspiel	109
Im finsteren Wald	115
Jahreszeiten eines Baumes	118
Japanischer Skulpturenpark	120
Klapperschlangen	126
Komm, mein Küken!	131
Kopieren	135
Kreissummen	140
Leonardo, der Bildhauer	143
Lockruf	146
Lotsen	147
Luftballonsofa	151
Mach die Welle! – La Ola!	153
Magischer Stab	154
Mein anonymer Buddy	157
Menschentrichter	159
Menschliches Sofa	160
Minutenraten	162
Mit den Händen sehen	163
Mörderisches Zwinkern	172
Mumienmassage	167
Nachrichten-Versand	169
Nasenschrift	170
Not-Aus-Schalter	172
Ohrenradar	178
Ozeandampfer	179
Paarzeichnung	180
Pantomimose	182
Pizza-Massage	186
Platztausch ohne Worte	189
Raketenstart	192
Regenmassage	194
Schatten-Spiel	204
Schatzsuche im Meer	205
Schiffe im Nebel	206
Schützende Blase	210
Schwerelos	212
Sesam, öffne dich	214
Shakehand	216
Sicherer Fall	217
Skulpturenkopie	220
Spooky, das arme Gespenst	225
Stabiler Kreis	227
Stand-up	228
Stärke mir den Rücken	229
Statuen raten	230
Stille Minute	231
Stille Post mit Berührungsmuster	232
Stille Post mit Rückenzeichnen	233
Stille siegt	234
Stiller Wechsel	235
Streit-Standbilder	238
Stromfluss	239
Suchbild	243
Summ, summ, summ	244
Superkleber	246
Tanz der Vampire	247
Telefonstörung	251
Tiere des Urwalds	252
Tiere rufen	253
Vertrauenskreis	262
Vertrauensparcours	263
Was ist anders?	268
Wellenbett	271
Wellenreiten	272
Wer fängt Dr. Who?	276
Wer mich hören kann ...	277
Wer ruft dich?	278
Wer steht wo?	279
Wettermassage	280
Wo läuft jemand?	284
Wohlfühlschlange	285
Wut abschütteln	289
Wutaufführung	290
Wutbahn	291
Wuttröte	292
Zählen bis 21	294
Zeitlupenkampf	296

Übersicht nach Bereichen

KR ➲ 27 Spiele aus dem Bereich **Kreativität**

NAME	Nr.
And the Oscar goes to ...	9
Arbeit am Vokal	13
Billi-Billi-Bop	34
Den Gefühlen auf der Spur	46
Dreiwortgeschichte	53
Emotionen an der Wand	61
Emotionen-Rallye	62
Fälscherbande	68
Fantastische Maschine	69
Fortbewegungs-Impro	82
Geschichte im Kreis	92
Hörspiel	109
Ich heiße ... und mache gerne so!	113
Jahreszeiten eines Baumes	118
Japanischer Skulpturenpark	120
Kreative Vermittlungsanzeigen	137
Leonardo, der Bildhauer	143
Mordsmäßige Pantomime	165
Objektspiel	175
Paarzeichnung	180
Pantomimose	182
Statuen raten	230
Unglaublich, aber wahr	259
Videorekorder	264
Was machst du?	269
Was wir können	270
Wir erfinden ein Spiel	283

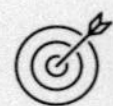

KT ➲ 53 Spiele aus dem Bereich **Konzentration**

NAME	Nr.
AH – KA – KU	6
Arbeit am Vokal	13
Arche Noah	14
Ballwerfen mit Aufgaben	26
Bauen nach Worten	27
Bewegungskanon	31
Bewegungs-Memo	32
Billi-Billi-Bop	34
Blickefokus	36
Bu – Shi – Dō	40
Buchstabenkette	41
Cat and mouse	43
Drei Arme – zwei Beine	50
Dreieck	52
Eins, zwei, drei	57
Energy jump - Zehnerspringen	70
Fuchsjagd	84
Geburtstagsaufstellung	87
Geräusche-Memo	90
Geschichte im Kreis	92
Grimassen-Memo	96
Ich bin du - Identitätswechsel	110
Ich sitze im Grünen	114
Ja-Nein-Verbot	119
Klatschen gleichzeitig	127
Klipp - Klapp	129
Kofferpackspiel	130
Kreative Vermittlungsanzeigen	137
Kreisvorstellung	141
Lebendes Mühlespiel	142
Minutenraten	162
Platschenten	187
Platztausch ohne Worte	189
Schuhwerfen	209
Schwarz-weiß	211
Seven-up	215
Siebener-Hopp	218
Skulpturenkopie	220
Speed-Ball	221
Spinnennetz	223
Stand-up	228

Übersicht nach Bereichen

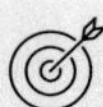

KT ➔ 53 Spiele aus dem Bereich **Konzentration**

NAME	Nr.
Stille Post mit Berührungsmuster	232
Stille Post mit Rückenzeichnen	233
Stöckchen-wechsle-dich	236
Stromfluss	239
Verkehrte Bewegungsaufgaben	260
Was ist anders?	268
Yin – Yang – Schweigen	293
Zählen bis 21	294
Zehn Hunde und ein Knochen	295
Zip – Zap – Zboing	297
Zublinzeln	299
Zur Suppe, zur Suppe	300

KL ➔ 38 Spiele aus dem Bereich **Kennenlernen**

NAME	Nr.
„Anders" kennenlernen	10
At my right, at my left	15
Atomspiel	16
Aufgabenliste	17
Baby-Fotos zuordnen	22
Begrüßungsrekord	28
Begrüßungsvielfalt	29
Beschriftung	30
Chaosvorstellung	44
Dracula	49
Erlebnisse zuordnen	65
Geburtstagsaufstellung	87
Guten Morgen!	99
Ich bin du - Identitätswechsel	110
Ich bin im Zentrum	111
Ich hab da eine Frage	112
Ich heiße ... und mache gerne so!	113
Ich sitze im Grünen	114
Kennenlern-Bingo	122
Kennenlernen mit Speed	123
Kennenlerngeschichten	124
Klipp - Klapp	129
Kreative Vermittlungsanzeigen	137
Kreisvorstellung	141
Mit den Händen sehen	163
Nasenschrift	170
Pärchensuche	184
Passender Beiname	185
Regenmassage	194
Speed-Dating	222
Streichholzvorstellung	237
Tauschhandel	249
Unglaublich, aber wahr	259
Vorstellung mit einer Lüge	267
Was wir können	270
Wer bin ich?	275
Wer ruft dich?	278
Willkommensbriefe	282